기독교문서선교회 (Christian Literature Center: 약칭 CLC)는 1941년 영국 콜체스터에서 켄 아담스에 의해 시작되었으며 국제 본부는 미국 필라델피아에 있습니다.
국제 CLC는 59개 나라에서 180개의 본부를 두고, 약 650여 명의 선교사들이 이동 도서차량 40대를 이용하여 문서 보급에 힘쓰고 있으며 이메일 주문을 통해 130여 국으로 책을 공급하고 있습니다. 한국 CLC는 청교도적 복음주의 신학과 신앙서적을 출판하는 문서선교기관으로서, 한 영혼이라도 구원되길 소망하면서 주님이 오시는 그날까지 최선을 다할 것입니다.

추천사 1

『한 페이지 설교』의 출판을 축하드리며

김 운 성 목사
서울 영락교회 위임목사

    저는 설교를 하는 목사이지만, 설교학에 대해 잘 알지는 못합니다. 단지 늘 성경에 충실한 풍성한 설교를 통해 성도들을 섬기고자 하는 열망을 가졌을 뿐입니다. 어떤 설교학 책은 현실과 동떨어진 이론만 개진한 느낌이 있습니다. 또 다른 책은 말씀에서 떠나 설교 기법에 치우친 것 같아 아쉽습니다.

    이런 차에 정원석 목사님께서 『설교가 쉽다』에 이어 『한 페이지 설교』를 펴낸 것을 기뻐하며 축하합니다. 모든 저서는 저자의 관심과 그 관심에 기울인 눈물과 땀의 결정체입니다.

    전작(前作) 『설교가 쉽다』는 목회 현장에서 자칫 무거운 설교의 짐 때문에 식어버릴 목회적 열정을 되살리는 자극이 되어, 다시 하나님의 말씀의 대언자로 헌신하게 하는 기폭제가 되었습니다. 어려운 설교학 이론이 아니라, 목회 현장에서 즉시 접목이 가능한 책이라는 점에서 다시 한번 저자의 노고에 감사드립니다.

특히, 이번 저서는 본문을 터로 삼아, 그 핵심 메시지를 발견하여, 그것을 제목에 담고, 세 대지에 요약하고, 청중에게 해석하는 틀을 제공해 줍니다. 제목이 올바르지 않으면 청중은 제목으로 인해 본문의 방향을 오해하게 됩니다. 본문을 오해하게 하는 선입견이 생기는 것이지요. 또 대지는 본문이 담고 있는 핵심 메시지가 어느 한쪽으로 기울지 않도록 균형을 맞춰줍니다.

본문을 한 가지 주제로 볼 수 있지만, 그 과정에서 생략되거나 놓칠 염려가 있는 주제도 많기에, 세 대지는 이러한 위험을 막아준다 하겠습니다. 그리고 해석은 대지를 좀 더 풍성하고 쉽게 펼친 것이라 하겠습니다. 한 페이지짜리 설교가 설교자의 손에 있다면, 그는 거기에 살을 더하고 간증을 붙여 정말 풍성한 설교문을 작성할 수 있을 것입니다.

무엇보다 정원석 목사님의 책은 다양한 예를 제시하는 특징이 있습니다. 성경에서 가능한 설교 주제를 700개나 제시한 것은 특별합니다. 목회자 한 사람이 오랫동안 한 교회의 강단을 지킬 때, 목회자의 성향이나 영성의 색깔에 따라 설교 주제가 균형을 잃을 수 있습니다. 그러나 700개의 주제는 저자의 노력을 보여 주는 대목입니다. 700개의 주제만 해도 일선 목회자들에게 큰 힘이 될 것입니다.

게다가 정원석 목사님은 이 책을 교재로 현장 세미나를 계속하고 있습니다. 목사님의 열망과 소원에 따라 하나님께서 은혜를 더하셔서 앞으로 교회들을 더 풍성하게 하고, 목회자들을 세우는 일에 많은 열매가 있길 기도합니다.

추천사 2

정 성 진 목사
거룩한빛광성교회 은퇴목사

　오랫동안 한국 교회의 설교에 여러 가지 설교법이 혼재하여 뚜렷한 기준 없이 본문 중심에서 쉽게 벗어나는 문제가 있었습니다. 심지어 설교 시작을 성경 말씀보다 예화로 시작하며 설교 제목도 성경적이지 않은 것을 많이 보았습니다. 이런 문제에 대한 실효적인 해답을 주신 분은 제가 모셨던 광성교회 김창인 목사님으로 생각합니다. 그는 대지 설교의 모범을 보이며 성도들에게 큰 은혜와 감동을 끼친 사실을 잘 알고 있습니다.

　그 이후 정원석 목사님이 쓰신 『설교가 쉽다』를 처음 접했을 때, 앞서 언급한 깊은 감동이 생각날 만큼 좋은 책이라는 것을 금방 알 수 있었습니다. 무엇보다 본문 중심의 실천적인 대지 설교로써 설교 주제의 핵심점을 정확히 추출하여 하나의 흥미로운 이야기 줄거리를 만들었다는 것입니다. 더욱이 주제를 바탕으로 쉽게 이해할 수 있도록 모든 설명을 "요약한 도표"로 보여 주었습니다.

이어서 정원석 목사님의 두 번째 책 『한 페이지 설교』는 제목부터 도전적이며 획기적인 설교 방법론으로써 교파를 초월하여 한국 교회 강단에 신선한 충격이 되리라고 믿습니다.

저자는 기존 설교법의 실상을 예리하게 바라보고 모든 설교 내용을 설명할 때 이론보다 철저히 설교 현장의 실습 위주로 설교 제목 작성부터 설교 전달까지 단계적으로 총 망라되도록 구성했습니다.

첫째, 설교의 기초 단계인 주제 작성 방법을 보면, 제목의 중요성과 대지 선정의 지혜와 한치의 흐트러짐 없는 해석의 명쾌한 언어 구사력에서 하나님의 뜻을 정확히 발견하는 예지가 돋보입니다.

둘째, 한 페이지의 특정한 양식에 정해진 시스템에 따라 쉽게 기재하고 원고에 매이지 않고 설교하도록 기획된 설교 프레임이 놀랍습니다. 그러므로 누구든지 이 방식을 터득하면 노력 여하에 따라, "목회 경험이 많은 설교자나 부흥사처럼 한 장의 메모만으로 원고없이 설교하는 수준"까지 가능케 될 줄로 믿습니다.

셋째, 부록 "성경적 설교 주제 700"은 성경 66권에 걸쳐 주옥같은 다양한 주제로 구성되어 있는데 저자의 특별한 노력이 경이롭습니다. 이는 마치 찌는 듯한 더위에 갈증을 해갈하는 얼음 냉수와 같은 청량제로써 설교를 힘겨워 하는 목회자들의 마음을 시원케 하는 지침서가 될 것입니다.

앞으로 『한 페이지 설교』로 인해 한국 교회 강단이 성경적으로 풍성한 말씀이 선포되도록 역할을 다할 것이라고 믿고 이 책을 추천합니다.

추천사 3

Paul C. Kim 박사
Georgia Central University 총장

정원석 박사님이 쓰신 실천적인 설교법의 구조를 알면 『설교가 쉽다』는 책을 펴내고 두 번째 『한 페이지 설교』를 출판하게 하신 하나님께 영광을 돌리며 출판을 축하드립니다.

정 박사님은 본교 Georgia Central University에서 목회학 석사(M.Div.)와 철학 박사 및 문화인류학 박사(Ph.D.)를 공부하면서 본인이 목회하며 고민하고 힘들었던 설교에 대하여 연구하여 하나님의 말씀이 온전히 설교를 통하여 성도들에게 진리의 말씀으로 선포되기를 원하셨습니다.

미국과 한국을 오가면서 '세계설교아카데미'(WPA)를 설립하고 많은 설교자를 만나고 본교와 여러 대학에서 후학들을 위하여 힘쓰고 있습니다. 특히, 설교의 어려움을 겪는 신학생들과 목회자들을 위하여 지속적으로 연구하고 함께 나누기를 바라는 사역의 모습을 통하여 연역법 3대지 설교를 체계적으로 구성하였습니다. 실천적인 설교 방법론을 통하여 성경이 어제나 오늘이나 동일하신 말씀으로 이론이 아니고 진리와 성령으로 온전히 나타나기를 소원하면서 『한 페이지 설교』를 저술하고 더 많은 성도가 설교를 통하여 은혜받는 축복의 시간이 되기를 기대합니다.

하나님께서 귀하게 쓰시는 정 박사님!

소원하는 귀한 사역이 하나님의 나라와 의가 온전히 설교를 통하여 설교자와 그리스도인들에게 평안과 은혜가 충만하시길 기원하면서 이 책을 적극 추천합니다.

21세기 설교의 정석
한 페이지 설교

본문을 떠나지 않는 3대지 설교!
한 편의 드라마 이야기 설교!
성경적 설교 주제 700선!

ONE PAGER SERMONS
Written by Wonsuk Chung
All rights reserved.
Korean Edition Copyright ⓒ 2024 by Christian Literature Center, Seoul, Korea.

21세기 설교의 정석
한 페이지 설교

2024년 1월 15일 초판 발행

지 은 이 | 정원석

편　　집 | 정희연, 이신영
디 자 인 | 이수정, 서민정
펴 낸 곳 | (사)기독교문서선교회
등　　록 | 제16-25호(1980. 1. 18.)
주　　소 | 서울특별시 동대문구 천호대로71길 39
전　　화 | 02-586-8761~3(본사) 031-942-8761(영업부)
팩　　스 | 02-523-0131(본사) 031-942-8763(영업부)
이 메 일 | clckor@gmail.com
홈페이지 | www.clcbook.com
송금계좌 | 기업은행 073-000308-04-020 (사)기독교문서선교회
일련번호 | 2024-8

ISBN 978-89-341-2640-9 (93230)

이 책의 출판권은 (사)기독교문서선교회가 소유합니다. 신저작권법에 의하여 한국 내에서 보호받는 저작물이므로 무단 전재와 무단 복제를 금합니다.

ONE PAGER SERMONS

21세기 설교의 정석

한 페이지 설교

정원석 지음

김운성 목사
정성진 목사
Paul Kim 총장
추천

본문을 떠나지 않는 3대지 설교!
한 편의 드라마 이야기 설교!
성경적 설교 주제 700선!

CLC

목차

추천사 1 김운성 목사 | 서울 영락교회 위임목사 1
추천사 2 정성진 목사 | 거룩한빛광성교회 은퇴목사 3
추천사 3 Paul C. Kim 박사 | Georgia Central University 총장 5

머리말 12

제1부 설교의 기본 이해 17
1. 설교의 정의 18
2. 설교의 본질 21
3. 설교의 형태 24

제2부 한 페이지 설교 27

제1장 설교 주제의 기초 31
1. 제목 만들기 34
2. 대지 만들기 45
3. 해석 만들기 52

제2장 설교 주제 실습하기 65
1. 설교 주제의 유형 66
2. 주제 수정하기 70선 68
3. 주제 연습 문제 풀기 105

ONE
PAGER
SERMONS

제3장 설교문 실습하기   **110**
   1. 설교 본문 정하기   110
   2. 설교문 양식 기재하기   112
   3. 설교문 12선   122

제4장 설교 전달하기   **136**
   1. 설교자의 자격   136
   2. 설교 전달시 유의하기   140
   3. 설교 전개하기   143
   4. 설교 전문 5선   148

설교 세미나 소감문   **208**

맺는 말   **216**

부록 성경적 설교 주제 700선   **221**

참고 문헌   **379**

머리말

　일반적으로 설교를 처음 접하게 되는 시기는 목회자가 되기 위해 신학교에서 설교학을 배울 때부터이다. 그 후 목회 현장에서 막상 설교를 준비하려고 보면 시작부터 높은 벽에 부딪히는 어려움에 직면한다. 심지어 설교를 오랫동안 경험해 온 많은 목회자 중에서도 설교를 준비할 때마다 보통 5페이지, 작성하고, 보통 일주일에 10여 편을 준비하는 것이 목회의 제일 큰 부담이라고 한다.

　이러한 근본적인 문제 요인은 설교문 작성의 고정된 틀이 없기 때문이라고 생각한다. 필자도 예외 없이 한동안 힘든 과정을 겪으며 근본적인 해결 방법을 찾고자 다년간 동분서주하며 설교 연구를 했다. 그 결과 국내외 세미나에서 강의했던 자료를 모아 정리한 끝에, 마침내 지금과 같은 설교 방법의 프레임을 갖추게 됐다. 즉 설교의 핵심 원리를 바탕으로 기본 틀을 갖추면 훨씬 쉽게 된다는 것을 터득했다.

　마침내 2021년 4월에 주변으로부터 도발적인 제목이라는 평을 들으며 『설교가 쉽다』를 출간했다. 이어서 『한 페이지 설교』를 출간하게 된 것은 주위 선후배 목사님들이 『설교가 쉽다』를 수시로 참고하면서 큰 도움이 되었다며 이어서 제2권을 기대한다는 말을 들을 때마다 첫 출간의 보람을 느꼈다. 또한, 국내외 세미나 과정에서 갖가지 유용한 주제들을 다루었고, 특히 "한 페이지로 요약한 설교"를 여러모로 분석하여 업그레이드된 내용을 강의하면서 제2권을 만들게 된 계기가 됐다. 이는 성령님의 인도하심으로 믿고, 새로운 도전의 여정을 시작한 것이다. 이제 설교에 소명 받은 자는 누구나 이 책에 담긴 획기적인 설교 방법론을 바탕으로 다양한 주제를 습득하면, 어려웠던 설교가 놀랍도록 쉬운 설교로 반전되리라 확신한다.

『한 페이지 설교』는 연역법 3대지 설교를 바탕으로 철저히 본문에서 벗어나지 않고 제목을 만드는 것부터 설교를 전달하기까지 총망라한 설교 실습을 직접 경험하는 단계를 밟게 된다. 이 과정에 '성경 분석 기법'과 '설교 역량 개발'에 결정적으로 도움이 되는 '한 페이지 설교 프레임'에 감동될 것을 믿어 의심치 않는다.

설교는 설교의 기초가 되는 제목 대지 해석을 어떻게 구성하느냐에 따라 성패를 좌우하는 결정적인 요인이 된다. 집을 지을 때 기초가 되는 초석이 주춧돌이며 성경적으로 '모퉁잇돌'(cornerstone)로써 기둥 밑에 반석이 되는 돌이다. 따라서 설교 주제 작성의 제목이 모퉁잇돌이라면 대지는 기둥이며 해석이 지붕인 것이다. 이런 비유를 통해 제목 대지와 해석은 상호 간에 연결되어 한 몸처럼 된다는 뜻이다.

따라서 이 책의 시작은 제목, 대지, 해석, 작성 방법에 대해 각각 7가지 기본 지침을 설명하고 있다. 제목은 본문 전체 내용의 대표성을 나타내는 정확한 표현이 매우 중요하다. 대지는 가장 핵심이 되는 3개 대지를 선택하여 제목과 연결할 때 매끄러운 문장이 되어야 한다. 해석은 주어진 상황에 가장 적절한 단어 선택으로 대지보다 쉽게 풀이한 것이다.

  이 책의 부록은 해석을 위한 것이라고 해도 과언이 아닐 만큼의 세밀한 표현은, 설교의 질을 높이며 하나님의 뜻을 정확하게 나타내는 중요한 요소이다. 부록을 통해 목회자들이 절기마다 설교 준비에 요긴하게 참고하며 본이 될만한 성경 66권에 걸쳐 성경에서 말하는 주제 700개를 심혈을 기울여 새롭게 수록했다.

  이 책은 목회자, 신학생 등 설교 사명을 가진 모든 사람에게 친밀한 설교의 길잡이가 될 것이다. 왜냐하면, 학술적 또는 이론적 설명은 간소화하면서 실습 경험을 토대로 "실전 위주의 설교 방법론의 지침서"이기 때문이다. 그러므로 누구든지 성령의 도우심을 간구하며 새벽 기도 직후에 10분-1주제-1년을 실천하면, 한 페이지 설교에 대한 자신감과 만족감으로 가득차게 될 것이다. 성도들이 이전보다 큰 은혜를 받고 모두가 하나님을 더욱 기쁘게 해드릴 수 있을 것을 확신한다.

2024년 1월
정원석 목사

제1부

설교의 기본 이해
The basic understanding of preaching

✽   ✽   ✽   ✽

1. 설교의 정의(The definition of Preaching)

'설교'(Preaching)는 하나님의 창조세계에서 무엇보다 가장 소중하고 가치 있는 것이다. 인류 역사상 어느 시대를 막론하고 하나님의 기름 부으심을 받은 사도, 선지자와 이 시대 주의 종들은 하나님의 말씀을 선포한다. 그 말씀의 핵심은 예수 그리스도의 십자가 복음으로써 인류의 죄를 대속하시고, 죽으시고, 부활하심을 믿는 자는 구원받고 영원한 생명을 얻게 된다, 이때 설교자가 진리의 말씀을 사람들의 구원을 위해 전하는 행위가 바로 설교인 것이다.

성경에서 말씀하신다.

> 말씀은 곧 하나님이시라(요 1:1).

즉, "말씀(Logos)을 하나님(Theos)과 동일시한 것으로" 성령의 도우심으로 진리의 복음인 말씀 그대로 받아들인 자는 하나님을 만남으로써 구원받음을 의미한다.

19세기 미국 최고의 설교자인 필립 브룩스(Phillips Brooks)는 그의 저서, *Lecture's on Preaching*에서 설교를 다음과 같이 간단명료하게 정의했다.

제1부 설교의 기본 이해 19

> 설교란 한 사람을 통해서 여러 사람에게 진리를 전달하는 것이다.

T. H. 페티슨(Thomas Harwood Pattison)은 그의 저서, *The making of the Sermon*에서 다음과 같이 말한다.

> 설교는 구원을 목적으로 하나님의 진리를 전달하는 것이다.

정장복 교수는 『설교학 개론』에서 "설교란 택함 받은 설교자가 당대의 커뮤니케이션을 통하여 회중에게 하나님 말씀인 성경의 진리를 선포하고 해석하고 이 진리를 회중의 삶에 적용함이다"라고 말한다.

또한, 김계봉은 『설교학』에서는 "설교란 일반적으로 성경이 증언하는 복음의 진리를 현대교회에 산 진리로 증언하는 행위"라고 말한다.

뉴욕하크네시야교회 전광성 목사는 말한다. 설교는 하나님에 의해 선택받은 설교자가 성령의 감동하심으로 하나님의 말씀을 해석하고 적용하여 성경에 근거한 삼위일체 하나님의 뜻만을 대언하는 선포적 행위이다.

설교는 죄 가운데 사는 청중에게 회개를 촉구하고 하나님을 잘 믿을 수 있도록 영적으로 깨우는 일이다. 또한, 설교는 세상 속에서 누구나 경험하는 절망과 좌절 등 고난 때문에 소망 없이 살아가는 이들에게 평안과 위로의 말씀을 전하는 것이다. 특히, 설교의 중심에는 예수 그리스도가 있다. 더 나아가 설교란 인간의 죄를 대신하여 죽으신 성자 예수님의 십자가의 죽음과 부활 및 심판의 왕으로 다시 오실 그리스도를 선포하는 일이다.

위의 여러 학자들 간에도 설교의 정의에 대해 각기 다른 각도로 접근하는 방법에 따라 표현을 달리한다. 그 외 많은 신학자는 설교의 정의를 바라보는 초점에 따라 다양하게 표현한다. 그러므로 종합적으로 보편 타당성 있고 일목요연하게 정리하기가 쉽지 않다.

이런 상황에서 필자의 소견을 한마디로 요약 정리했다.

> 설교란 하나님의 택함 받은 자가 하나님의 감동으로 된 복음의 진리인 성경을 교회에서 증언하는 행위이다.

즉, 설교는 설교자가 하나님에게서 받은 '좋은 소식'(Good news)을 해석하고 선포함으로써 구원받은 성도들의 삶에 적용하게 한다. 이때 성령의 인도하심에 따라 거듭난 성도들이 구원의 감격으로 천국을 소망하며 하나님 말씀에 순종하며 살아가게 된다. 이후 그들은 성령충만으로 삶 자체의 근본적인 변화로 성화 되어 간다.

2. 설교의 본질 (The essence of preaching)

'본질'이란, 자체의 성질이나 모습, 또는 사물이나 현상의 절대적 성질을 의미하며, 설교의 본질이란 설교의 절대적이고 필수적인 성질과 성격을 의미한다.

Jeorgia Central University의 Paul C. Kim 총장은 다음과 같이 "설교의 본질"을 말한다.

> 설교는 하나님 말씀을 전하는 것이다. 그 말씀은 내 안에 계신 그리스도로 말미암아 선포하고 나타내는 것이다. 오늘날 살아가는 그리스도인들은 말씀이 육신이 되신 예수님을 통해서 육신인 우리가 온전한 그리스도인이 돼야한다. 그런 관점에서 살아있는 말씀을 준비하고 전할 때 사람의 영혼을 구원할 수 있는 능력이 생긴다. 그런데 많은 그리스도인들이 하나님의 이름을 부르지만 말씀에서 자유를 얻지 못하고 오히려 말씀의 올무가 되어서 믿음이 아닌 신념으로 살아가는 사람이 많다. "너희는 먼저 그의 나라와 의를 구하라"(마 6:33)라고 예수님이 말씀 하셨다. 이는 도덕과 윤리가 아니고 먹고 마시고 입는 육신적인 축복이나 신념이 아니다. 하나님이 주신 살아 있는 영혼을 구원하는 말씀 중심인 믿음을 능력으로 선포해야 한다.

뉴욕예람교회 이영희 목사는 말한다.

(1) 신적 기원(Devine Origin)이다. 세상에는 강의 연설 등 사람에 의한 강화가 많지만 설교만이 그 기원이 하나님께로부터 오므로 하나님에 의하여 존재하고 진행되고 열매를 맺게된다.

(2) 영혼 구원을 목적으로 한다. 오직 기독교 설교가 영혼 구원을 목적으로 수행하므로 설교자는 설교 목적에 충실해야 한다.

(3) 성경말씀을 재료로 한다. 하나님의 말씀인 성경의 진리만이 영혼을 구원할 수 있는 능력이 있고 설교의 주된 재료이다. 설교자는 말씀에 대한 깊은 이해와 해석의 철저함을 갖추어야 한다.

(4) 회중의 삶에 적용되어야 한다. 하나님의 말씀에는 생명, 구원, 은혜, 축복 등 온갖 좋은 것들이 있는데 말씀 듣는 자의 인격과 삶에 적용돼야 한다. 설교자는 청중들의 삶의 현장을 잘 이해하고 익숙해야 한다.

(5) 성령의 능력으로 전해야 한다. 설교는 영혼을 다루며 영의 변화는 오직 성령의 역사로만 가능하다. 설교자는 늘 겸손하게 성령 하나님께 의지하며 설교 사역을 수행해야 한다.

뉴욕하크네시야교회 전광성 목사는 말한다.

설교는 하나님의 형상으로 지음받은 인간의 영혼을 살리는 영의 양식이다. 즉, 지속적으로 인간이 하나님과의 온전한 관계 속에서 살아가게 하는데 그 목적이 있다. 그렇기 때문에 사람들의 귀에 듣기에 좋아하는 격언 혹은 교훈이나 윤리와 도덕이라는 단순한 가르침과 구별된다.

설교의 본질은 인간의 귀와 마음에 감동을 주는 차원이 아닌 영혼을 깨우는데 그 주안점을 둔다. 다시 말해서 설교는 죽어서 가는 하나님의 나라가 아니라 바로 인간이 살고 있는 이 땅에서부터 천국백성으로 살아가도록 청중을 인도하는 것에서 그 본질을 발견할 수 있다는 것이다.

일산벧엘교회 박광석 목사는 「크리스천투데이'와의 인터뷰에서 말한다.

"목회의 본질은 설교이고 설교의 본질은 성경이며 성경의 본질은 예수 그리스도와 하나님"이라고 말한다.

"설교의 본질은 성도들이 그리스도 앞에 충실하고 그리스도를 성도들 마음속에 잘 심어 주고 그들이 그리스도와 그의 말씀을 붙들고 살게 할 것인가?"

예를 들면, 신학교에 가는 사람들이 설교를 잘하기 위해 본질을 알려는 것보다 방법을 배우려고 한다. 여기에 목적을 분명히 해야 하는 것은 비본질을 키우게 되어 본질을 훼손시키게 됨을 지적한다.

"설교의 본질"에 대하여 필자는 보편 타당성에 근접되도록 요약했다.

교회는 말씀과 기도와 찬양이 어우러진 예배를 통한 주요기능이 있지만, 예배의 핵심은 하나님의 말씀을 선포하는 설교다. "설교의 본질"이란 하나님과 인간 사이에 통로가 되는 설교자의 설교를 통해 하나님의 말씀인 생명, 은혜, 축복, 능력 등을 인간의 삶에 적용시킨다. 이때 성령의 역사로 말미암아 능력의 말씀을 전할 때 듣는 자에게 마음의 감동으로 궁극적으로 신앙의 열매가 나타난다. 특히, 설교자는 진리의 말씀인 십자가 복음으로 재림신앙과 영원 천국의 실재를 설파한다. 이에 따라 성도들이 거듭난 삶을 통해 사랑의 삶을 실천하며 천국을 소망하게 된다. 이런 모든 일련의 과정이 설교의 역동성 및 유용성의 결과로 나타나는 것이 설교의 본질이다.

3. 설교의 형태(The form of preaching)

한국 교회의 설교 형태는 귀납법(歸納法)과 연역법(演繹法)의 두 가지로 대별한다. 귀납법은 사전적인 의미로 개별적인 특수한 사실을 일반적인 명제로 유도하는 것이다. 연역법은 어떤 명제로부터 추론에 따라 결론을 도출하는 것이다. 어떤 설교법이든 각각 장단점이 있으므로 비교 우위을 논할 것이 아닌 상호 보완적인 관계다. 따라서 각각의 설교법 중 좋은 점을 수용하는 지혜를 발휘한다면 강단이 이전보다 더욱 풍성해지는 유익함이 있을 것이다.

1) 귀납법 설교(Inductive Preaching)

귀납법 설교란, 말씀이 처음부터 어떻게 전개될 것인지 모를 만큼 제목이 없을 수도 있으며, 있더라도 본문과 관련 없는 내용을 제목으로 제시할 경우도 있다. 서론에서 최근 시사, 예화 등으로 시작해, 설교 주요 내용이 청중들에게 궁금증을 불러일으키게 하고 본론 과정에서 그 궁금증을 풀어 가며 만족하도록 채워가게 한다. 설교의 결론 단계에서는 은혜가 되도록 설득력이 있고 핵심이 되는 메시지를 가장 강력하게 선포한다.

때로는 마지막까지 결론을 말하지 않음으로 설교가 끝난 후 청중들에게 여운을 남기게 한다. 귀납법 설교는 주로 강해 설교, 제목 설교 등이 있는데, 본문 중에 주요 단어 또는 한 문장을 선택, 집중적으로 확대하여 해석하기도 한다. 이에 따라 귀납법 설교는 여러 가지 장점이 있지만, 단점도 있다. 즉, 설교자의 주관에 따라 다양하게 설교를 펼치다 보면 자칫 본문의 내용과 관계없는 자신의 이야기나, 도덕적 교훈으로 흐를 우려가 있다.

2) 연역법 설교(Deductive Preaching)

연역법 설교는 한국 기독교 초기 당시, 선교사들을 통해 3대지 설교를 전래한 이래, 오랫동안 영적으로 큰 부흥을 이루며 대세를 이루었다. 연역법 설교란 서론에서부터 설교 내용의 핵심을 선포하는 방법이다. 즉, 본문 중심의 가장 명확한 논리 전개로 청중이 쉽게 진리의 말씀 그대로를 받아들이게 한다.

그런데 1970년대 이후부터 귀납법을 앞세운 랄프 루이스(Ralph Lewis)의 『귀납적 설교』(Inductive Preaching)와 프레드 B. 크레독(Fred B. Craddock)의 『권위 없는 자로서』(As One Without Authority)와 같은 책이 등장했다. 당시 미국 유학에서 돌아온 신학자 중심으로, 전통적이며 권위주의의 연역적 설교에 도전하는 새로운 설교 방식이 등장하여 한국 교회에 상당한 영향을 끼쳤다. 그때부터 귀납법 설교가 강단에서 유행처럼 퍼짐에 따라 이제는 연역법 설교자는 10명 중 1명을 보기도 힘들 정도로 줄어가는 추세다.

3대지 설교법은 이 책의 경우를 예로 든다면, 먼저 본문을 아우르는 대표 단어와 지명, 인명을 포함한 제목을 말함으로써 처음부터 설교의 목적을 위해 방향 제시를 한다. 그리고 3개의 중심 내용이 되는 대지를 첫째, 둘째, 셋째 등의 선포식으로 강조하여 청중들이 본문 내용의 전체 윤곽을 미리 시작부터 알게 한다. 이에 대해 당연한 논리 전개로 박진감이 없고 지루하다는 단점을 지적받기도 한다.

그러나 설교의 중심 사상을 나타내는 제목과 대지를 연결하여 하나의 이야기를 만들어 선포식으로 강조함으로써 설교 후에 기억에 남게 하는 이점도 있다. 또한, 논리적으로 합당한 틀에 따라 이야기식으로 전개하여 흥미가 있으며 반드시 본문과 연관성이 있는 성경적 예화를 통해 감동을 더 하기도 한다. 필자는 대지 설교가 퇴색되는 현재 상황에 이 책이 다음과 같이 발전적인 '연역법 3대지 설교'의 구조적 장점을 통해 대지 설교의 회복을 시도했다.

첫째, 본문 중심 사상에 충실하다.
둘째, 성경을 논리적으로 해석한다.
셋째, 주제를 명확하게 전달한다.
넷째, 선포식으로 은혜와 감동이 크다.
다섯째, 설교를 이해하고 기억하기 쉽다.

제2부

한 페이지 설교
One-pager Sermons

제1장 설교 주제의 기초
제2장 설교 주제 실습하기
제3장 설교문 실습하기
제4장 설교 전달하기

✻　✻　✻　✻

일반적으로 설교자들이 준비하는 설교 원고의 페이지 수는 대개 5-6페이지 정도이다. 어떤 설교자들은 토씨까지 풀어 쓰면서 무려 10페이지까지 쓰기도 한다. 이렇게 많은 분량의 설교를 준비하는 것은 매번 고역일 수밖에 없다. 더욱이 그렇게 장시간 투여하며 많은 분량의 원고를 열심히 준비하여 설교했는데 오히려 성도들이 밋밋한 반응을 보일 때 상당히 실망할 수밖에 없게 된다.

또한, 이런 장문의 원고로 설교를 하면 어쩔 수 없이 원고에 매이므로 정면을 향해 자주 고개를 움직일 수밖에 없다. 이때 청중들은 설교자와 시선을 충분히 마주하지 못하여 영적 교감과 집중력이 떨어져 은혜로운 설교를 기대하기 어렵다.

필자는 위의 문제를 개선하기 위해 획기적이고 과학적인 시스템으로 특화된 WPA(World Preaching Academy) 양식을 창안하고 최근에 일부 보완하였다. 이 양식은 '21세기형 발전된 연역법 3대지 설교'로서 충실한 본문 중심으로 구성된 '한 페이지 설교문'이다. 특히, 시각적으로 한눈에 들어오는 "B5 규격" 하에 양식 이름은 누구에게나 귀에 익은 "3-3-7"로 정했다. 그 의미는 본문과 서론만 7줄이고 그 외 모두 3줄로 되었다. 또한, 설교 시간이 서론과 결론이 각각 3분씩이고 본론의 각 대지가 7분씩 일관되게 배분된 형식을 근거로 한다.

결과적으로 설교자는 정해진 양식에 따라 설교 준비 시간이 대폭 줄

어드는 장점이 있고, 설교 원고를 거의 보지 않고 자유롭게 청중들과 시선을 마주함으로써 마음에 여유도 가질 수 있게 됐다. 지금까지 세미나에 참석한 여러 사람에게 WPA 양식 설교를 실행한 결과, 즉각적으로 긍정적인 반응이 나타났다. 이러한 설교자들의 호응을 견주어 볼 때 아래와 같이 한 페이지 설교의 장점으로 인한 유익함이 인정되어 더욱 퍼질 것으로 예견한다.

다음과 같이 한 페이지 설교의 양식에 따른 요약한 설교문의 장점을 나열했다.

✓ 요약한 설교문의 장점

번호	장점	비고
1	특정 양식에 핵심 내용만 간편하게 기록할 수 있다	설교 양식
2	설교문 작성 및 설교 숙지 시간을 줄일 수 있다	설교 준비
3	설교 원고 전체가 한눈에 들어와 설교하기 편하다	설교 방법
4	설교 원고에 매이지 않으므로 모든 동작이 자유롭다	원고 보기
5	회중에게 시선을 고정할 만큼 여유가 있다	설교자 시선
6	회중이 설교에 집중되어 쉽게 이해하고 은혜 받는다	성도의 은혜
7	B5 원고 한 장으로 성경책에 넣을 수 있다	원고 보관

제 1 장

설교 주제의 기초
(The basics of preaching theme)

'주제'(Theme)의 사전적인 뜻은 "작가가 드러내고자 하는 하나의 통찰력 있는 시각이나 가치관이다"라고 말한다. 성경에서 말하는 주제는 저자의 의도를 나타내는 본문의 핵심 내용을 분명하게 요약한 내용이다. 다시 말해서 주제는 본문 말씀의 의도를 청중에게 명확하게 이해시키는 뼈대가 되는 것이다.

주제 작성의 기본 구조는 제목-대지-해석으로 되어있다. 이들은 각각의 특징을 갖고 있으면서 서로 연결할 경우 한 편의 '이야기'로 되어 '도입-전개-결론' 또는 '서론-본론-결론'으로 구성될 수 있다. 그러므로 이들은 서로 끊을 수 없이 상호 소통하는 밀접한 유기적인 관계로써 이와 유사한 인간의 신체 구조에 비유할 수 있다.

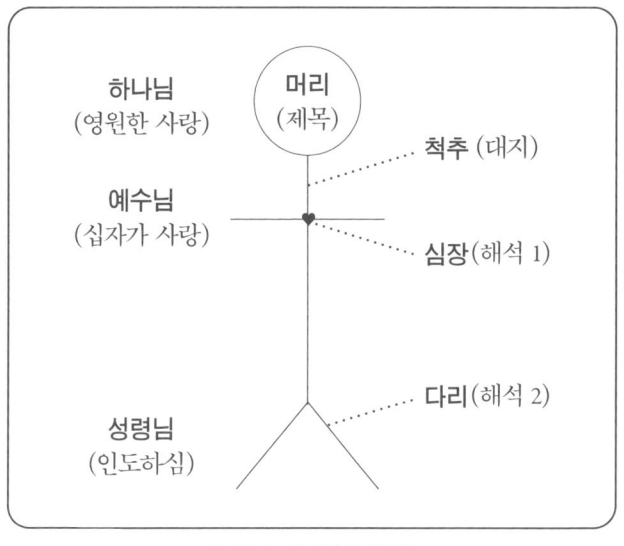

[그림 1. 설교의 통합도]

제일 위에 원 모양은 영원하신 하나님의 사랑을 의미하며 그 아래 예수님의 십자가 사랑과 이어서 성령님의 인도하시는 "ㅅ"자 모양을 연결하였다. 이는 성부 성자 성령, 삼위 하나님의 사랑으로 인류를 자기 형상대로 창조하셨다.

즉, 원은 '머리'로 설교의 '제목'을 의미한다. 십자가의 수직 모양은 척추로 몸을 지탱하는 골격이며 '대지'를 의미한다. 이때 수평 모양과 만나는 가운데 지점은 "심장"으로 '해석 1'을 의미한다. '교회의 머리는 예수님'이시며 머리는 온몸을 지휘 통솔하는 '컨트롤 타워' 역할을 하는 곳으로 제목이 매우 중요하다. 심장은 생명 유지를 위한 중추 기관이듯이 해석이 주제의 핵심이 되는 "하이라이트"이다. "ㅅ"자는 걷는 모양으로 성령님의 발걸음을 역동적으로 인도하시는 "다리"이다.

즉, 해석 1을 다른 관점에서 깊이를 더하는 "해석 2"를 의미한다.

결론적으로 하나님이 여섯째 날에 창조하신 인간의 인체 구조는 머리부터 발끝까지 서로 관통하며 한 몸이 된 것이다. 이와 마찬가지로 제목, 대지, 해석을 연결하면 처음부터 끝까지 하나의 이야기로 연결된 것은 한 몸처럼 설교 주제의 기본 골격을 갖춘 완전체가 된 것을 의미한다.

> 그는 머리니 곧 그리스도라 그에게서 온 몸이 각 마디를 통하여 도움을 받음으로 연결되고 결합되어 각 지체의 분량대로 역사하여 그 몸을 자라게 하며 사랑 안에서 스스로 세우느니라(엡 4:15-16).

주제를 만드는 방법은 먼저 본문 전체를 포괄하는 대표 단어를 정한다. 이 단어에 수식어인 형용사를 넣거나 인명 지명을 넣으면 제목이 된다. 제목은 대체로 형용사 플러스 명사 즉 형용사구가 가장 기본적인 형태이다. "제목"과 함께 대지를 쉽게 풀이한 "해석"을 연결하여 본문 말씀의 내용을 순차적인 하나의 문장으로 통하도록 표현한 것이 주제이다. 그래서 제목과 3개 대지 해석을 연결하면 본문 전체를 대변하는 본문 중심의 요약이 된다.

설교의 성패는 주제 작성의 기초가 되는 제목, 대지, 해석이 서로 연결하여 하나의 이야기화할 수 있느냐에 달려있다. 이러한 주제 만들기는 주안점을 어디에 두느냐 하는 관점에 따라 너무 다양하므로 집중적으로 체계적인 훈련이 필요하다. 따라서 주제 작성의 실수를 미연에 방지하도록 항목별로 7가지 지침 사항을 제시했다.

1. 제목 만들기

앞서 비유한 대로, 머리가 온몸을 지휘하듯이 제목(Topic)은 설교 전체의 핵심 내용을 함축하는 표현이 되어야 한다. 만약 제목이 본문의 의도대로 적절하지 못하면 대지와 해석과 연결이 매끄럽지 못하게 된다. 실제로 설교 작성을 해 보면 제목이 설교 전체의 큰 비중을 차지한다는 사실을 실감할 수 있다. 그런데도 많은 설교자가 성경적이지 않거나 이해가 안 되기도 하고 심지어 고사성어를 쓰는 경우도 보았다. 다음과 같은 7가지 지침을 참고로 제목을 정한다.

1) 대표 단어 찾기

본문 전체 내용 가운데 핵심이 되는 대표 단어를 찾는다. 예를 들면, 신앙, 은혜, 순종, 감사, 축복, 권면, 회개 등 함축된 의미를 가진 주요 단어를 정확하게 선택해야 한다. 그런데 본문에서 적합한 제목 찾기가 마땅치 않을 때가 흔히 있다. 이런 경우에는 자유롭게 본문 밖에서 더 나은 제목을 찾아야 한다.

(1) 대표 단어가 본문에 있는 경우

피난처 되시는 하나님 (시 91:1-7)	복음의 일꾼 바울 (엡 3:7-9)

1. 전염병에서 건지심(2)
  (질병을 이기게 하심)
2. 재앙이 가까이 못 오게 하심(7)
  (재앙을 면하게 하심)
3. 날개 아래 피하게 하심(4)
  (끝까지 보호하심)
 	
*대표 단어: 피난처(2절)
	1. 하나님 은혜의 선물을 받음(7)
	  (구원받음)
	2. 이방인에게 전함(8)
	  (이방인 전도자가 됨)
	3. 하나님 비밀의 경륜을 드러냄(9)
	  (천국 복음을 전함)
	
	*대표 단어; 일꾼(7절)

디모데에게 권면한 바울 (딤전 1:13-18)	솔로몬에게 복 주신 하나님 (왕상 3:7-13)

1. 선한 싸움을 하라 함(18)
  (영적으로 대적하라 함)
2. 믿음을 가지라 함(19)
  (하나님 말씀 위 굳게 서라 함)
3. 착한 양심을 가지라 함(19)
  (거듭난 양심 가지라 함)
 	
*대표 단어: 권면
	1. 왕이 되게 하심(7)
	  (기름 부어 왕으로 세우심)
	2. 지혜를 주심(12)
	  (지혜 요구에 응답하심)
	3. 부를 주심(13)
	  (구하지 않은 재물까지 주심)
	
	*대표 단어: 복

(2) 대표 단어가 본문에 없는 경우

성도의 축복 (롬 8:31-37)	라합의 신앙 결단 (수 2:10-18)

1. 대적할 자 없음(31)
   (원수가 없음)
2. 그리스도 사랑을 끊을 자 없음(35)
   (예수 사랑으로 고난 견딤)
3. 모든 일에 넉넉히 이김(37)
   (범사에 형통함)
	1. 홍해 물 마르게 한 것을 들었음(10)
	   (하나님의 권능에 감동함)
	2. 뒤쫓는 자를 돌아가게 함(16)
	   (주의 종을 보호함)
	3. 창문에 붉은 줄을 매었음(18)
	   (예수 십자가로 구원 얻음)

*대표 단어: 축복	*대표 단어: 신앙 결단

2) 한글 사용하기

아래와 같이 쉬운 한글이 듣는 사람에게는 이해하기 쉽다. 그러므로 회중들이 이해하기 쉽도록 한자나 기타 외래어는 피하고 최대한 한글로 바꾼다. 다만 자주 사용하여 귀에 익은 성경적 한자어는 사용해도 무방하다.

룻의 신앙 (룻 1:16-17)	재림하실 예수님 (계 22:16)

1. 어머니와 함께 가겠다 함(16)
   (어머니와 하나 됨)
2. 어머니와 함께 묻히겠다 함(17)
   (어머니를 끝까지 섬김)
3. 어머니의 하나님을 믿겠다 함(16)
   (오직 하나님 신앙)
	1. 다윗의 뿌리이심(16)
	   (약속대로 오심)
	2. 다윗의 자손이심(16)
	   (왕으로 오심)
	3. 광명한 새벽별이심(16)
	   (심판주로 오심)

3) 인명 지명 넣기

필자의 경험에 비추어 볼 때 제목에는,

첫 번째, 등장인물의 이름을 본문에 제일 많이 쓴다.
두 번째, 삼위 하나님.
세 번째, 지명이 언급된다.

제목에 이러한 항목들이 많이 나올수록 성도들이 시작부터 본문 전체 내용의 윤곽을 쉽게 가늠할 수 있게 된다. 특히, 제목의 끝부분 어미를 처리할 때 비유 상징의 경우는 '의미'를 붙이면 문맥이 쉽게 통한다. 그 외 '비결, 이유, 과정, 신앙, 믿음, 비유, 특징' 등이 있다. 또한, '-3가지'로 끝나는 제목의 경우는 3개 대지 내용이 서로 연관되지 않고 각각 독립적인 내용일 때 사용한다.

디베랴의 베드로 만난 예수님 (요 21:15-18)	해 설
1. 나를 사랑하느냐 물으심(15) (여전한 애정을 나누심) 2. 어린 양을 먹이고 치라 하심(16) (말씀과 전도 사명을 주심) 3. 띠 띄워 팔 벌리리라 하심(18) (순교 사명을 예언하심)	본문 제목만 보면, 디베랴, 베드로, 예수님 등 인명 지명 모두가 나오므로, 전체 의미를 쉽게 파악할 수 있다.

4) 짧은 표현 쓰기

글자 수가 적을수록 강력한 표현의 효과가 있고 특히 대지와 연결할 때 자연스럽다. 적절한 글자 수는 기본적으로 총 10자 미만으로 하되 최대한 12자를 넘지 않아야 한다. 이를 위해 수식어 또는 강조어에 해당하는 형용사, 부사 및 수식 구 등은 생략하는 것이 좋다.

한나의 신앙 (삼상 1:26-28)	성도의 삶 (롬 12:14-21)
1. 여호와께 기도함(26) 　(하나님께 아들을 달라고 간구함) 2. 여호와의 허락 받음(27) 　(기도 응답 받음) 3. 여호와께 그의 평생을 드림(28) 　(하나님께 아들의 일생을 바침)	1. 서로 마음을 같이함(16) 　(함께 마음을 나눔) 2. 선한 일을 도모함(18) 　(이웃 사랑을 실천함) 3. 원수를 갚지 않음(21) 　(원수를 사랑함)
※ 한나는 서원대로 아들을 바침	※ 성도는 형제 사랑의 본을 보임

5) 주어의 유동성

성구 분량을 늘이거나 줄이면 주어가 바뀌어야 하고, 주어를 바꾸면 주제가 완전히 다른 내용으로 변하게 된다. 첫 단락의 경우에 주어가 '북이스라엘'과 '고멜'에 따라 각각 대지와 해석이 달라진다.

북이스라엘의 신앙 변화 (호 3:1)	고멜의 신앙 변화 (호 3:1)
1. 다른 신을 섬김(1) (우상 숭배함)	1. 타인의 사랑을 받음(1) (다른 남자를 사랑함)
2. 건포도 과자를 즐김(1) (바알 의식에 빠짐)	2. 음녀가 됨(1) (육신의 쾌락에 빠짐)
3. 여호와가 그들을 사랑하심(1) (하나님의 사랑으로 돌이킴)	3. 다시 사랑받음(1) (남편 사랑을 회복함)

※ 주어: 하나님을 버리고 다른 신을 섬긴 북이스라엘은 집 나간 고멜과 같다. 하나님이 북이스라엘을 다시 신부로 삼으신 것처럼, 호세아가 고멜을 다시 값을 치르고 데려온다.

바울의 마지막 권면 (빌 4:1-5)	전도자의 자세 3가지 (빌 4:1-5)
1. 항상 말씀을 전파하라 함(2) (늘 전도에 힘쓰라 함)	1. 때를 얻든지 못 얻든지 항상 힘씀(2) (언제 어디서나 전도함)
2. 고난을 받으라 함(5) (핍박을 감당하라 함)	2. 고난을 받음(5) (십자가 고난에 동참함)
3. 직무를 다하라 함(5) (맡은 직분에 충실하라 함)	3. 직무를 다함(5) (사명을 감당함)

※ 주어가 '바울' 및 '전도자'에 따라 대지, 해석이 달라진다.

성도를 위한 예수님 말씀 (요 14:1-4)	천국으로 인도하시는 예수님 (요 14:1-4)
1. 아버지 집에 거할 곳이 많다 하심(2) (천국의 소망을 주심) 2. 거처를 예비하러 가심(2) (천국을 미리 준비하심) 3. 다시 오셔서 영접하심(3) (재림 때 천국으로 인도하심)	1. 나를 믿으라 하심(1) (구원하시기 원하심) 2. 거처를 예비하러 가심(2) (천국에서 먼저 기다리심) 3. 다시 와서 나와 있게 하심(3) (재림 때 함께 영생을 누림)

※ 주어 변화에 따라 각각 대지와 해석이 달라진다.

바울이 에베소에서 한 일 (행 19:1-6)	에베소의 성도들 (행 19:1-6)
1. 성령을 받았느냐 함(2) (거듭났는지를 물음) 2. 세례를 줌(5) (죄사함 받게 함) 3. 안수하여 성령이 임하심(6) (성령충만을 받게 함)	1. 성령을 듣지도 못함(2) (성령을 받지 못함) 2. 세례를 받음(6) (죄사함 받음) 3. 방언과 예언을 함(6) (은사가 나타남)

※ 주어의 변화에 따라 각각 대지와 해석이 달라진다.

6) 제목의 다양성

동일한 본문이지만, 주어 변화에 따라 다양하게 표현되는 주제 사례이다.

(1) 예레미야 29장 11-13절

성도를 인도하시는 하나님 (렘 29:11-13)	이스라엘을 도우시는 하나님 (렘 29:11-13)
1. 재앙이 아님(11) 　(징벌하지 않으심) 2. 부르짖어 기도하면 들으심(12) 　(통성 기도에 응답하심) 3. 미래 희망을 주심(11) 　(천국 소망을 주심)	1. 평안을 주심(11) 　(평안을 주심) 2. 부르짖는 기도를 들으심(12) 　(간절한 기도를 들으심) 3. 포로에서 돌아 오게 하심(13) 　(본국으로 돌아 오게 하심)

고난 중의 예레미야 (렘 29:11-13)	모든 것을 아시는 하나님(1) (렘 29:11-13)
1. 부르짖으며 기도함(12) 　(전심으로 기도함) 2. 하나님을 만남(13) 　(기도 응답받음) 3. 평안을 얻음(11) 　(평강으로 회복함)	1. 심장을 살피심(10) 　(중심을 보심) 2. 폐부를 시험하심(13) 　(속사람을 보심) 3. 행위대로 보응하심(11) 　(행한대로 상벌을 내리심)

(2) 신명기 8장 1-16절

자기 백성을 위하시는 하나님 (신 8:1-6)
1. 사십 년 동안 광야를 걷게 하심(2) (고난을 견디게 하심)
2. 낮추시며 시험하심(2) (겸손을 깨닫게 하심)
3. 아들을 징계함 같이 하심(5) (사랑으로 연단 하심)

자기 백성 광야로 지나게 한 이유 (신 8:2)
1. 낮추시게 하심(2) (겸손하게 되기 때문임)
3. 명령을 지키는지 알려고 하심(2) (순종하게 되기 때문임)
3. 말씀으로 사는 줄 알게 하심(2) (말씀으로 살게 되기 때문임)

광야길 통과의 의미 (신 8:2)
1. 낮추시기 위함(2) (겸손하게 됨)
2. 마음이 어떠한지 알기 위함(2) (하나님 말씀에 순종하게 됨)
3. 명령을 지키는지 알려 하심(2) (하나님을 의지하게 됨)

광야를 걷게 하신 하나님 (신 8:16)
1. 낮추게 하심(16) (겸손하게 하심)
2. 시험하심(16) (시련을 겪게 하심)
3. 복을 주려 하심(16) (궁극적으로 복을 주심)

7) 금기 사항

(1) 완전한 문장 형태

우연히 어느 T.V 채널을 돌리다가 한 유명 가수의 유행가 가사의 제목을 보았다. 일반적으로 대중 가사 내용 중에서 그대로 뽑은 것으로서 누가 보아도 아무 문제가 없다. 그러나 설교 주제에서는 이 같은 문장식 제목을 대지와 연결하면 내용이 통하지 않고 어색하다. 이 경우에는 아래와 같이 완전한 문장에서 수식 구 형태로 고치면 간편하게 대지와 쉽게 연결이 된다.

마산항에는 비가 내린다 → 비 내리는 마산항

(2) 의문문, 명령문, 대화체, 미완성 문장, 고사성어 등의 형태

마음에 돌덩어리가 있나요? (마 27:45-50)	아직 기회 있을 때 잡으라! (창 17:9-14)
그래서, 그래도 구해야 한다 (왕상 18:41-46)	사람에게 진심 하나님께 전심 (마 25:31-46)
코로나 이후 새판짜기 (눅 21:9-36)	잔치가 끝날 즈음에 (요 2:1-11)

(3) 혐오스러운 단어

뱀이 받은 저주 (창 3:14-15)	**살인**에 대한 가르침 (마 5:22)
디나 **강간** 사건 (창 34:1-7)	**고자**의 종류 (마 19:12)
※ 상기 제목을 하나의 대지로 사용하는 경우는 가능하다.	

(4) 한 단어 제목

| 하갈(창 16:1-6) | 근심(고후 7:8-10) |

(5) 두 개의 주어 및 단어 중복 사용

주어는 두 가지가 될 수 없으며, 제목에 있는 단어는 대지와 해석과 중복을 피해야 한다. 또한, 대지를 제목으로 또는 제목을 대지로 사용할 수 없다.

수정 전	수정 후
솔로몬의 헌신과 축복 (왕상 3:4-13)	솔로몬이 복 받는 과정 (왕상 3:4-13)

1. 일천번제를 드렸음(4)
   (일천번제를 드림)
2. 송사를 분별하는 지혜를 구했음(11)
   (선악을 분별하는 지혜를 구함)
3. 구하지 않은 부귀와 영광 받음(13)
   (부귀 영광의 복을 받음)
	1. 일천번제를 드렸음(4)
	   (전적으로 헌신함)
	2. 분별하는 지혜를 구했음(11)
	   (분별의 지혜를 구함)
	3. 부귀와 영광 받음(13)
	   (부귀영화를 누림)

※ 수정 전 1대지는 헌신에 해당하며, 3대지는 축복에 해당한다. 제목을 '복 받는 과정'으로 바꿈으로 3개 대지 내용 전체를 포괄할 수 있게 된다.	

2. 대지 만들기

대지(大旨: Major Points)란 사전적으로는 대강의 내용이나 뜻을 말한다. 영어로는 중요한 요점이라는 뜻이다. 일반적으로 3개 대지를 만드는 이유는 한국인의 특유한 급한 성격으로 경험적으로 3개 대지 30분 설교가 지루하지 않고 집중이 가능한 적절한 시간으로 여겨진다.

앞서 제목을 신체의 머리에 비유하듯이 대지는 신체의 중심 골격이 되는 척추와 같다. 또한, 건물의 기둥과 같은 기초 골조이다. 즉, 대지는 본문의 뼈대가 되는 중요한 지지대로서 3개 대지를 원칙으로 한다. 중요한 것은 대지와 제목을 연결할 때 완전한 문장 형태로서 순차적으로 하나의 이야기가 되도록 핵심적인 문장을 잘 선택해야 한다. 만약 대지의 수가 부족하면 본문 성구를 늘려야 하고 핵심 내용과 관련성이 미약하거나 불필요하게 과다한 성구는 줄여야 한다. 또한, 대지 선택에 따라 제목이 바뀔 수도 있다.

다음과 같은 7가지 지침을 참고로 하여 대지를 정한다.

1) 대지별 구분

1대지 : 영접 심판 등 과거 현재의 실상을 나타낸다.
2대지 : 죄악 회개 지옥 등에 해당된다.
3대지 : 구원 천국 영광 등 은혜롭게 매듭 짓는다.

디모데를 권면한 바울 (딤전 6:11-16)	해설

1. 선한 싸움을 다하라 함(12)
   (영적 전투에서 이기라 함)
2. 예수 나타나실 때까지 명령을 지키라 함(14)
   (예수 재림 때까지 말씀대로 행하라 함)
3. 하나님께 영광을 돌리라고 함(16)
   (하나님 이름을 높여 드려라 함)
	영적 전투→ 재림→ 영광의 단계로 진행된 바울의 권면 내용을 명확하게 그려냈다. 전투는 도입 단계로써 이야기의 발단이며, 재림 때까지 말씀을 지켜 행하는 준비 단계로 전개된다. 궁극적으로 하나님께 영광을 돌리며 결론 짓는다.

2) 대지 조합

일반적으로 본문 한 장 안에서 3개 대지를 선택한다. 그러나 예수님의 상징 설교 주제를 만들 때는 예수님의 공생애 가운데 주요 핵심 사역(탄생-십자가-부활-재림)을 먼저 염두에 둔다. 바울의 경우는 단계별 이야기로 진행되기 위해 필수적으로 성경의 장을 넘어 신약 전체를 관통했다. 또한, 욥도 예수님의 사역에 상응하는 유사한 사역을 욥기 전체에서 가장 적절한 대지를 찾았다.

제2부 제1장 설교 주제의 기초(The basics of preaching theme) 47

욥으로 보는 예수님 사명 (욥 16:21-17; 19:25-26; 42:13-15)	바울로 보는 예수님 사명 (행 9:15-18; 고전 2:1-2; 딤후 4:6-8)

1. 무덤이 준비되었다 함(17:1)
   (십자가에 죽으심)
2. 육체 밖에서 하나님 보리라 함(욥 19:26)
   (부활하심)
3. 일곱 아들 세 딸에게 기업을 줌(욥 13-15장)
   (재림 때 천국 주심)
	1. 택한 그릇으로 부름 받음(행 9:15)
	   (하나님의 종으로 오심)
	2. 십자가 못 박히심을 전함(고전 2:2)
	   (십자가에 죽으심)
	3. 의의 면류관이 예비 되었다 함(딤후 4:8)
	   (재림 때 상급 주심)

* 예수님의 십자가-부활-천국에 해당하는 욥기 중에 가장 적절한 성구를 선별했다.	* 예수님의 탄생-십자가-재림의 순서로 신약 여러 권에 걸쳐 대지를 조합했다

3) 순서 조정

요셉으로 보는 예수님 (창 37:1-4)	해설

1. 노년에 얻은 아들임(3)
   (하나님 사랑을 받으심)
2. 양을 쳤음(2)
   (선한 목자 되심)
3. 형들의 미움 받음(4)
   (핍박 받으심)
	대지 순서는 본문의 성구 순으로 정하는 것이 아니라 일의 진행된 순서에 따라 정하는 것이다. 즉, 3개 대지를 연결할 때 순서에 따라 대지 내용이 통하는 이야기가 되어야 한다.

4) 대지 변형

원칙적으로 대지는 본문에서 최대한 그대로 인용하는 것을 기본으로 정한다. 그러나 때에 따라 예외적으로 문장이 쉽게 통할 만한 단어로 대체해야 한다. 선택한 대지가 길거나 장황한 문장일 경우는 내용에 변화를 주지 않는 한도 내에서 간단명료하게 다듬는다. 이 경우 해석이 아니라 쉽게 이해되도록 수정하는 것이다.

어리석은 부자 (눅 12:16-21)	해설
1. 곳간을 크게 짓고 모두 쌓음(18) (물질 탐욕에 빠짐) 2. 먹고 마시고 즐거워함(19) (세상 향락에 빠짐) 3. 오늘 영혼이 불려갈지 모름(20) (생명이 하나님께 달림을 모름)	*3대지 20절:"네 영혼을 도로 찾으리니 준비한 것이 누구의 것이 되겠느냐 → **"불려갈지 모름"**으로 완전히 뜻이 다르게 고쳤다. 이에 따라 제목과 연결 시 문장으로 쉽게 통한다. 달리 해석하면 "언제 죽을지 모른다" 라는 뜻이다.

가버나움 맹인 만난 예수님 (마 9:27-31)	해설
1. 불쌍한 자의 소리를 들으심(27) (병약자를 긍휼히 여기심) 2. 일이 될 줄 믿느냐 하심(28) (온전히 낫겠다는 믿음을 보심) 3. 눈을 만져 밝아지게 하심(30) (안수로 병 고치심)	*2대지(28절 본문; 예수께서 이르시되 내가 능히 이 일 할 줄을 믿느냐 주어가 '일'이므로 문맥으로 보아 능동태 "할 줄" → 수동태 **"될 줄"**로 수정해야 문장으로 내용이 통한다.

데살로니가 성도의 신앙 (살전 1:2-4)	해설

1. 믿음의 역사를 행함(3)
   (구원의 기쁨으로 열심 봉사함)
2. 소망의 인내를 이룸(3)
   (예수 재림 사모하며 어려움 이김)
3. 사랑의 수고를 다 함(3)
   (헌신적으로 이웃 사랑 실천함)
	*주제 유형 중에 "특징적 주제"에 해당하며 귀에 익은 대로 믿음 소망 사랑의 순서대로 조정했다. 특히, 각 대지 어미가 본문에 없으므로 문맥에 따라 "행함-이룸-다 함"으로 추가했다.

5) 대지 요약

문장에 주요 단어는 남기고 중복된 글귀를 이해하기 쉽도록 단순화한 것으로서 "대지 변형"과는 의미가 다른 것으로 구별된다.

*제자 만나신 부활의 예수님(요 20:26-29)

1대지: 너희에게 평강이 있을지어다 하심(26).

→ 평강하라 하심.

2대지: 믿음 없는 자 되지 말고, 믿는 자가 되라 하심(27).

→ 믿음을 가져라 하심.

3대지: 보지 못하고도 믿는 자들이 복 되도다 하심(29).

→ 믿음으로 복 받으라 하심.

6) 성구 절수 조정

수정 전	수정 후
풍랑 속의 예수님 (눅 8:22-24)	풍랑 가운데 예수님 (눅 8:22-25)

1. 광풍에서도 잠드심(23)
   (위기의 해답을 아시므로 평안하심)
2. 바람과 물결을 꾸짖으심(24)
   (악의 세력을 물리치심)
3. 바람과 물결이 잔잔해짐(24)
   (참 평안을 주심)
	1. 제자들이 외칠 때 잠드심(23)
	   (모든 것을 아시므로 평안하심)
	2. 바람을 꾸짖어 잔잔케 하심(24)
	   (자연을 다스리는 권능을 베푸심)
	3. 네 믿음이 어디 있느냐 하심(25)
	   (제자들의 불신앙을 꾸짖으심)

※ 수정 전의 2대지와 3대지는 한 대지로 만들고 대신에 수정 후처럼 3대지 성구 25절을 추가하면 전체적으로 내용이 풍성해졌다.

수정 전	수정 후
예수님의 맹인 치유 과정 (요 9:1-7)	맹인을 실로암 보내신 예수님 (요 9:1-12)

1. 침으로 진흙을 이겨 눈에 바르심(6)
   (진흙으로 믿음을 시험하심)
2. 실로암 못에 가서 씻으라 하심(7)
   (명령을 따르게 하심)
3. 밝은 눈으로 오게 하심(7)
   (병을 고치심)
	1. 눈에 진흙을 바르고 씻으라 하심(6-7)
	   (명령대로 따르라 하심)
	2. 밝은 눈으로 보게 하심(7, 11)
	   (병을 고치심)
	3. 세상의 빛이라 하심(5)
	   (메시아임을 밝히심)

※ 수정 전 절수 7절에서 단순히 병 고침으로 끝나지 않고, 수정 후처럼 12절까지 늘릴 때 전체 내용이 풍성하게 매듭졌다.

7) 금기 사항

성구 자체 내용을 미리 해석하여 대지를 만들면 안 된다. 즉, 대지 해석은 한 번만 하는 것으로서 두 번 해석을 할 수 없다.

수정 전	수정 후
예수님이 택하신 제자들 (마 4:18-22)	갈릴리에서 베드로 보신 예수님 (마 4:18-22)
1. 현장에서 일하는 것을 보시고 택하셨다(18) (형제가 함께 일하는 모습을 보셨다)	1. 나를 따르라 하심(19) (절대적 권위로 택하심)
2. 말씀에 순종하는 것을 보시고 택하셨다(19-20) (나를 따라오라 하실 때 따름)	2. 그물을 버리고 따르게 하심(20) (세상 것 버린 제자 삼으심)
3. 일을 마무리하는 것을 보시고 택하셨다(21) (그물 깁는 것 다음의 일을 준비함)	3. 사람 낚는 어부가 되게 하심(19) (영혼 구원할 전도자 세우심)
※ 대지는 최대한 성경 구절 그대로 인용한다. 즉, 성경에 없는 내용을 첨가하거나 해석하지 않는다.	

수정 전	수정 후
누가 강도 만난 자의 이웃인가? (눅 10:25-37)	선한 사마리아인으로 보는 예수님 (눅 10:30-37)
1. 강도 만난 자를 보고 불쌍히 여김(33) (관심을 기울이는 이웃)	1. 불쌍히 여김(33) (긍휼히 여기심)
2. 그를 치료하고 돌보아 줌(34) (필요를 채워주는 이웃)	2. 기름과 포도주를 상처에 붓고 싸맴(34) (십자가로 구원하심)
3. 끝까지 친절을 베풀어 줌(35) (참사랑을 베푸는 이웃)	3. 다시 올 때 비용을 갚겠다 함(35) (재림 때 상급을 주심)
※ 수정 전은, 대지 자체를 해석하여 두 번 해석했다. 수정 후는 예수님 인물 상징 주제로서 본문에서 그대로 인용한 대지를 단 한 번 해석했다.	

3. 해석 만들기

앞서 제목을 신체의 머리로 비유하듯이 해석은 심장에 해당한다고 말할 수 있다. 머리와 심장은 사람의 생명을 유지하는 가장 중요한 기관으로서 유기적으로 상호 작용을 하는 것이다. 즉, 심장이 온몸에 생명의 피를 공급하듯이 해석은 설교 전체에 생명을 불어넣는 중요한 역할을 하는 것이다.

집을 지을 때 주춧돌을 놓고 기둥을 세우고, 이어서 지붕을 씌우고 기둥 사이 벽을 만들면 그제서야 완성된 집 모양이 드러난다. 이때 지붕 및 기둥 사이를 막은 벽은 각각 해석 1과 해석 2를 의미한다. 그런데 만약 지붕에 비가 새고 벽에 금이 갔다면 건물 준공 검사를 통과할 수 없다. 즉, 아무리 대지를 잘 선택했다 하더라도 해석을 제대로 표현하지 못하면 설교가 본문의 핵심 의도에서 벗어난 격이 된다. 따라서 건물 준공 시 마무리 작업이 중요하듯이 설교 주제를 다듬을 때 해석은 설교의 '하이라이트'라고 할 만큼 결정적인 것이다. 그러므로 독자들이 정확한 해석을 하기 위해 이 책의 부록을 참고하는 등 평소에 끊임없이 연구 노력을 해야 할 것이다.

다음과 같은 7가지 지침을 참고로 하여 해석을 정한다.

1) 최종적인 표현

대지보다 쉽게 풀어서 더이상 설명이 필요없을 만큼 해석한다.

데살로니가 성도의 신앙 (살전 1:2-4)	해설
1. 정신 차리고 기도함(7) 　(깨어 기도함) 2. 서로 사랑으로 죄를 덮음(8) 　(사랑으로 상대 허물을 용서함) 3. 은사 받은 대로 봉사함(10) 　(사명감으로 헌신함)	7절 '만물의 마지막이 가까워 왔으니'라는 말은 말세를 의미한다. '깨어 기도함, 허물을 용서함, 헌신함'은 더이상 설명이 필요 없을 만큼 완전한 풀이가 되었다.

2) 한글 사용하기

한자를 쓰는 것보다 될 수 있는 대로 한글을 사용하여 남녀노소 및 지적 수준과 상관없이 누구나 쉽게 이해할 수 있는 표현이 되어야 한다. 단, 귀에 익은 한자어는 사용해도 무방하다.

성도의 자격 (겔 36:25-27)	구제를 교훈하신 예수님 (마 6:1-4)
1. 맑은 물을 뿌려 정결케 함(25) 　(십자가로 죄사함 받음) 2. 굳은 마음이 부드럽게 됨(26) 　(성령으로 거듭남) 3. 규례를 지켜 행함(27) 　(말씀대로 순종함)	1. 사람에게 보이려 하지 말라 하심(1) 　(자랑하지 말라 하심) 2. 영광 받으려 하지 말라 하심(2) 　(자기를 높이지 말라 하심) 3. 은밀하게 하라 하심(3) 　(남모르게 하라 하심)

3) 신앙적 해석

일반적 해석은 의미가 통하지만, 은혜가 되지 못한다. 성경적 해석으로 해야만 제목과 연결 시 자연스럽고 듣는 자에게 은혜가 된다.

수정 전	수정 후
다윗이 모압을 이기며 한 일 (삼하 8:2, 11-14)	다윗이 모압에서 한 일 (삼하 8:2, 11-14)

1. 두 줄 길이의 사람을 죽임(2)
   (적을 무기력하게 함)
2. 여호와께 노략한 것을 드림(11-12)
   (하나님께 전리품을 바침)
3. 여호와께서 이기게 하심으로 명성 떨침(13)
   (하나님의 이름을 높임)
	1. 두 줄 길이의 사람을 죽임(2)
	   (마귀를 굴복시킴)
	2. 여호와께 노략한 것을 드림(11-12)
	   (하나님 것을 돌려드리며 헌신함)
	3. 여호와께서 이기게 하심으로 명성을 떨침(13)
	   (하나님의 이름을 높여 드림)

※ 두 줄 길이 사람 즉 전쟁 치를만한 자를 죽여 힘을 무기력하게 한 것은 맞지만 신앙적 은혜가 되지 못하는 문제가 있다.	

4) 해석 2

제1권 『설교가 쉽다』에서 주제 작성의 기본은 제목, 대지, 해석이었는데, 이 책의 처음에 언급한 대로 해석에 관해 해석 1과 해석 2로 다양화했다. 종전의 해석은 지금의 해석 1을 말한다. 이에 더하여 해석 2가 추가되었는데 이는 해석 1보다 다른 관점에서 풀이했다. 즉, 이면적, 비유적, 상징적인 표현 등이 가능함으로 좀 더 설교의 풍성함을 기할 수 있게 됐다(해석 2; 2번째 괄호 안의 진한 부분).

성령 받은 자 (행 1:8)	복 있는 자 (시 1;1-2)
1. 권능을 받음(8) (말씀의 능력을 행함) **(담대히 나아감)** 2. 땅끝까지 이름(8) (말씀으로 온 세상을 다님) **(미 전도지까지 선교함)** 3. 증인이 됨(8) (목숨을 다해 말씀을 전함) **(끝내 순교까지 감당함)**	1. 악인의 꾀를 따르지 않음(1) (세상 탐욕을 멀리함) **(불의를 탐하지 않음)** 2. 오만한 자의 자리에 앉지 않음(2) (하나님 조롱하는 자를 멀리함) **(불신자와 함께하지 않음)** 3. 율법을 주야로 묵상함((3) (늘 말씀 연구로 마음에 새김) **(항상 말씀으로 마음을 다짐)**

어리석은 부자 (눅 12:16-21)	다윗이 블레셋을 이긴 이유 (삼상 17:45-47)
1. 곳간 크게 짓고 모두 쌓음(18) (물질 탐욕에 빠짐) **(안목의 정욕에 몰두함)** 2. 먹고 마시고 즐거워함(19) (세상 향락에 빠짐) **(육체의 정욕에 사로잡힘)** 3. 오늘 영혼이 불려갈지 모름(20) (생명이 하나님에게 달림을 모름) **(언제 죽을지 모름)**	1. 이스라엘에 하나님이 계심을 믿음(46) (하나님이 지키심을 믿음) **(자기 백성을 눈동자같이 보호하심)** 2. 만군의 여호와의 이름으로 나아감(45) (하나님이 함께하심을 믿음) **(늘 동행하심을 믿음)** 3. 여호와께서 손에 붙이심(46) (하나님의 능력으로 이루어짐) **(전쟁은 하나님께 달렸음)**

5) 반어법 사용

반어법의 뜻은 "2개 대지를 서로 반대 의미로 대조하여 표현 효과를 높인다." 즉, 서로 대칭되는 반어법의 효과를 나타냈다.

바리새인과 세리 (눅 18:9-14)	헌금을 교훈하신 예수님 (눅 21:1-4)
1. 바리새인은 의롭다며 자기를 높임(9) (바리새인은 외식으로 교만함) 2. 세리는 회개하며 자기를 낮춤(13) (세리는 죄 용서를 구하며 겸손함) 3. 높인 자 낮아지고, 낮춘 자 높아짐(14) (바리새인 책망받고 세리 칭찬받음)	1. 부자들은 풍족한 중에 헌금함(4) (부자들은 형식적 헌금했다 하심) 2. 과부는 생활비 전부 헌금함(4) (과부는 넘치도록 헌금했다 하심) 3. 과부가 부자보다 많이 냈다 하심(3) (과부의 헌신을 칭찬하심)
1대지와 **2**대지는 각각 "교만함"과 "겸손함"으로 대조를 보임	**1**대지, **2**대지는 "형식적 헌금과 "넘치는 헌금"으로 대조를 보임

6) 단순 해석 지양

수정 전	수정 후
재림을 기다리는 성도의 삶 (벧전 1:13-15)	재림 때 성도의 삶 (벧전 1:13-15)
1. 주실 은혜를 바라는 삶(13) (은혜를 바라는 삶) 2. 사욕을 본받지 않는 삶(14) (사적 욕망을 버리는 삶) 3. 거룩한 자가 되는 삶(15) (거룩한 삶)	1. 은혜를 바라는 삶(13) (구원을 바라는 삶) 2. 사욕을 본받지 않는 삶(14) (세상 욕심을 멀리하는 삶) 3. 거룩한 자가 되는 삶(15) (성결하게 사는 삶)

※ 대지의 내용과 해석이 서로 중복되거나 비슷한 내용이다. 이런 표현은 "짠 맛을 잃은 소금"처럼 설교의 풍성한 묘미를 살릴 수 없다.

7) 비유 해석 및 상징 해석

(1) 비유 설교 공통 해석

※ 누가복음 15:1-24

아래의 도표는 누가복음 15장에 소개된 예수님의 가르침 3편으로 각 대지의 해석을 보면 죄악-구원-천국으로 일관성 있게 말씀하셨다.

"믿음이 연약하거나 죄에 빠져 방황하던 자들이 십자가로 구원받고 천국을 누린다."

	잃은 양 비유 (눅 15:3-7)
죄악	1. 잃은 양을 찾아다님(5) (예수님은 죄인을 부르려 이 땅에 오심)
구원	2. 찾은 양을 어깨에 멤(5) (십자가를 지시고 죄인을 구원하심)
천국	3. 집에 와서 이웃과 함께 즐김(6) (구원받은 자들이 함께 천국을 누림)

	드라크마 비유 (눅 15:8-10)
죄악	1. 열 드라크마 중 하나 잃음(8) (믿음이 연약한 자 죄에 빠짐)
구원	2. 잃은 드라크마를 찾음(9) (회개하고 구원받음)
천국	3. 하나님의 사자들 앞에 기쁨이 됨(10) (천국의 기쁨이 됨)

	탕자 비유 (눅 15:11-24)
죄악	1. 먼 나라에 가 허랑방탕함(13) (세상 유혹으로 타락함)
구원	2. 죄 뉘우치고 아버지께 돌아감(20) (회개하고 구원받음)
천국	3. 아버지 입 맞추며 먹고 즐김(23) (하나님과 천국 잔치 참예함)

※ 마태복음 13:47, 21:42, 마가복음 2:19

예수님이 심판-지옥-천국으로 일관성 있게 말씀하셨다.

"예수 재림 심판 때에 믿지 않거나 멀리하는 악인들은 지옥가고 예수 믿고 함께 한 의인들은 천국 간다."

그물 비유 (마 13:47-50)	
심판	1. 각종 물고기를 물가로 끌어냄(47/8) (세상 끝에 심판함)
지옥	2. 못된 것은 내 버림(48) (악인은 지옥 감)
천국	3. 좋은 것은 그릇에 담음(48) (의인은 천국 감)

머릿돌 비유 (마 21:42-46)	
심판	1. 돌이 사람 위에 떨어지면 흩으심(44) (재림 때 심판 받음)
지옥	2. 돌 위에 떨어지는 자는 깨짐(44) (믿지 않는 자 지옥 감)
천국	3. 하나님 나라의 열매를 맺음(43) (믿는 자 천국 상급을 받음)

금식 비유 (막 2:19-22)	
심판	1. 새 포도주는 새 부대에 넣음(22) (예수님의 진리의 말씀으로 거듭남)
지옥	2. 신랑을 빼앗길 날 금식함(20) (예수님을 멀리하면 지옥 심판 받음)
천국	3. 신랑이 있을 때 금식할 수 없음(19) (예수님 함께하면 천국을 누림)

※ 마태복음 25:1-46

마태복음 25장에 소개된 예수님의 가르침 3편으로 각 대지의 해석을 보면 심판-지옥-천국으로 일관성 있게 말씀하셨다.

"예수님 재림 때 거듭나지 못하고 거역하여 예수님을 영접하지 않은 자는 지옥 가고, 거듭나서 예수님을 따르고 영접한 자는 천국 간다."

\	열 처녀 비유 (마 25:1-13)
심판	1. 열 처녀 밤중에 신랑 맞으러 나감(6) (예수님 재림 때 심판하심)
지옥	2. 미련한 처녀들 기름을 사는 동안 문이 닫힘(10) (거듭나지 못한 자는 지옥 감)
천국	3. 슬기로운 처녀들 기름을 준비하여 혼인 잔치에 들어감(10) (거듭난 자는 천국 감)

\	달란트 비유 (마 25:14-30)
심판	1. 오랜 후 주인이 돌아와 결산함(19) (예수님 재림 때 심판하심)
지옥	2. 한 달란트 감춘 자는 어둠에 쫓겨남(30) (예수님을 거역한 자는 지옥 감)
천국	3. 두 달란트 남긴 자는 즐거움에 참여함(23) (예수님을 따르는 자는 천국 감)

\	양과 염소 비유 (마 25:31-46)
심판	1. 목자가 양은 오른편 염소는 왼편에 둠(33) (예수님 재림 때 심판하심)
지옥	2. 왼편에 있는 자 영원한 불에 들어감(41) (예수님을 영접지 않은 자는 지옥 감)
천국	3. 오른편 있는 자는 예비 된 나라 상속받음(34) (예수님을 영접한 자는 천국 감)

(2) 상징 설교의 공통 해석

※ 요셉(창 37:23-28)

성경적 상징 설교의 의미는 성경에 나타난 인물이나 사물의 특정한 의미를 상징하는 것으로 해석하는 것이다. 특히, 등장인물의 행적을 예수님의 공생애 가운데 해당하는 사역에 비추어 예수님의 사랑과 진리의 말씀을 전하는 것이다.

아래의 도표는 요셉의 다양한 행적을 예수님의 십자가-부활-재림 기본 사역에 일관되게 적용됨을 보여 준다.

요셉으로 보는 예수님(1) (창 37:23-28)	요셉으로 보는 예수님(2) (창 39:19-20, 41:14, 41:38-43)
1. 은 이 십에 팔림(28) (은 삼 십에 팔리심) 2. 구덩이에 던져짐(24) (십자가에 달리심) 3. 구덩이에서 올려짐(28) (부활하심)	1. 옥에 갇힘(39:20) (십자가에 달리심) 2. 요셉이 옥에서 놓임(41:14) (부활하심) 3. 애굽의 총리가 됨(41:41) (하나님 우편에 계심)

요셉으로 보는 예수님(3) (창 41:33-36)	요셉으로 보는 예수님(4) (창 45:4-8)
1. 지혜 있는 사람 택함(33) (열두 제자 삼으심) 2. 흉년에 망하지 않음(36) (환난 중에 보호하심) 3. 풍년에 곡물 저장함(36) (재림 때 천국 주심)	1. 애굽의 통치자가 됨(8) (세상에 왕으로 오심) 2. 애굽에 판 형들을 만남(4) (핍박 받으심) 3. 형들과 후손의 생명을 보존함(7) (재림 때 구원 완성하심)

※ 모세, 엘리사, 다윗

	모세로 보는 예수님 (출 6:6-8)
초림	1. 애굽의 노역에서 건짐(6) (인류를 구원하심)
십자가	2. 큰 심판들로 속량함(6) (십자가로 대속하심)
천국	3. 가나안으로 인도하고 기업 삼음(8) (천국을 유업으로 주심)

	엘리사로 보는 예수님 (왕하 2:19-22)
초림	1. 물이 나쁨(19) (죄악 세상에 오심)
십자가	2. 소금을 던짐(21) (십자가로 대속하심)
천국	3. 열매를 맺음(21) (천국으로 인도 하심)

	다윗으로 보는 예수님 (겔 37:24-28)
초림	1. 영원히 왕이 됨(25) (왕으로 세상에 오심)
십자가	2. 화평의 언약이 됨(26) (십자가로 화평케 하심)
천국	3. 성소에 영원히 함께 있음(28) (영원 천국에 함께 하심)

아래 도표는 예수님 공생애 사역 33가지로서 상징 설교시에 해석에 필요한 자료이다.

※ 예수님의 초림과 재림 사역 33가지

1. 탄생	2. 공생애
① 이 땅(세상)에 오심(요 1:11) ② 종으로 오심(막 10:45) ③ 구원주로 오심(마 1:21; 눅 2:11; 19:10) ④ 만왕의 왕으로 오심(계 1:5; 12:17) ⑤ 평강의 왕으로 오심(사 9:6)	① 목자 되심(요 10:11; 계 7:17) ② 임마누엘 되심(마 1:23) ③ 복음 전하심(가르치심)(마 4:23; 마 5:2) ④ 성령충만하심(눅 4:1) ⑤ 모든 병을 고치심(마 4:23-24) ⑥ 일용할 양식을 주심(요 6:11) ⑦ 마귀를 멸하심(요일 3:8) ⑧ 기적(이적)을 행하심(요 5:54; 6:13) ⑨ 겟세마네에서 기도하심 　(마 26:36; 막 14:32)

3. 십자가	4. 부활
① 죄 없으심(요 18:38; 히 4:15) ② 핍박 받으심(마 3:6; 눅 19:47) ③ 배반당하심(마 26:48, 74) ④ 버림받으심(마 27:46) ⑤ 십자가에 달리심(마 27:38) ⑥ 원수를 사랑하심(눅 23:34) ⑦ 십자가에 죽으심(마 27:50; 막15:37) ⑧ 무덤에 묻히심(마 27:60; 눅 23:53)	① 부활하심(눅 24:6) ② 승천하심(눅 24:51; 행 1:9; 히 4:14) ③ 천국 보좌에 계심(계 4:10) 　(하나님 우편에 계심-막 16:19)

5. 재림(심판)	6. 천국(영광)
① 신랑 되심(마 25:1; 계 19:7) ② 심판주로 오심(마 25:30; 살후 1:8) ③ 다시 오심(행 1:11; 계 1:7)	① 하나님의 기쁨 되심(요 8:29) ② 하나님의 뜻을 이루심(요 8:28) ③ 하나님께 영광을 돌리심(요11:40) ④ 천국으로 인도하심(요 14:2-3) ⑤ 천년왕국의 왕이심(계 20:4)

제2장

설교 주제 실습하기
(Create a topic for your preaching)

주제(Theme)란 중심이 되는 문제를 나타내는 기본적인 사상을 말한다. subject도 주제로 번역되지만, 다소 제한적인 느낌이 있다. 교회의 공적 모임에서 주제를 논의할 때가 있다. 이때 참석자들이 주어진 배경이나 전후 상황의 핵심 주제를 정확히 파악할 때 자기 직무를 잘 표현할 수 있다.

설교에 있어서도 핵심 주제를 파악하는 것이 가장 중요하므로 필자는 7가지 주제 유형을 분류하고 그 특징을 설명했다. 일반적으로 목회자들이 설교 주제가 설교의 핵심 뼈대인 줄을 잘 알면서도 당면한 설교 준비에 여념이 없기에 별도로 주제를 연구할 겨를이 없는 것이 오늘의 현실이다.

필자는 이러한 난제에 대안이 될만한 책을 출간하여 사명감으로 원하는 곳은 국내외 어디든지 달려가서 다양한 설교 주제의 즉석 교정을 시행한다.

이를 통해 감동하는 참석자들의 호응에 큰 보람을 느낀다.

1. 설교 주제의 유형

설교문은 본문 말씀의 의미를 문자 그대로 해석하는 문자적인 방법과 비유로 해석하는 방법과 상징으로 해석하는 방법 등 3가지가 있다. 그런데 문자적 주제는 너무 광범위하므로 다시 세분화했다.

유형	주 제	해 설
문자적	**구제를 교훈하신 예수님** (마 6:1-4) 1. 사람에게 보이려 하지 말라 하심(1) (자랑하지 말라 하심) 2. 영광 받으려 하지 말라 하심(2) (자기를 높이지 말라 하심) 3. 은밀하게 하라 하심(3) (남모르게 하라 하심)	성경에 기록된 문자 그대로 글의 성격과 문맥을 그대로 해석함으로 듣는 자들이 가장 이해하기 쉬운 해석 방법이다.
이면적	**비판에 대한 예수님 말씀** (마 7:1-5) 1. 비판하면 비판받는다 하심(2) (정죄하면 되돌아 온다 하심) 2. 자신의 눈의 들보를 빼라하심(5) (자신의 큰 허물 회개하라 하심) 3. 형제 눈의 티를 빼지 말라 하심(3) (이웃의 작은 허물을 덮으라 하심)	문자에 나타나지 않은 숨은 의미를 파악하여 주제를 작성하는 것이다. 문자적 해석보다 깊이가 있는 해석 방법이다.
점층적	**예수님 부활의 축복** (벧전 1:3-4) 1. 거듭나게 하심(3) (성령충만하게 함) 2. 산 소망이 있게 하심(3) (부활 소망을 갖게 함) 3. 하늘 유업을 주심(4) (천국을 상속케 함)	설교가 진행될수록 그 뜻이 점점 높고 크고 강해져 절정에 이르게 하는 해석 방법이다. (거듭남→ 부활→ 천국)

유형	주제	해설
점진적	**고린도 교회의 양육 단계** (고전 3:5-9) 1. 바울은 심었음 (6) (바울은 복음을 전함) 2. 아볼로는 물을 주었음 (6) (아볼로는 성경을 가르침) 3. 하나님은 오직 자라게 하심 (7) (하나님은 성장케 하심)	어떤 사건이나 상황이 진행되고 발전해 가는 과정을 순차적으로 설명하는 해석 방식이다.
특징적	**하나님의 사랑** (요일 3:1-3) 1. 자녀로 일컬으심 (1) (하나님의 자녀 삼으심) 2. 그와 같이 깨끗게 하심 (3) (성령으로 성화 되게 하심) 3. 장래 예수님 같게 하심 (22) (재림 때 예수님의 영화 주심)	3개의 대지가 일관되게 상호 연결되어 일련의 특징을 나타내는 해석 방식이다. ① 성부-성자-성령 (좌측) ② 칭의-성화-영화 (좌측) ③ 믿음-소망-사랑 ④ 왕-제사장-선지자 ⑤ 병 고침-가르침-전도
상징적	**노아로 보는 예수님** (창 6:9, 18; 8:16,17) 1. 의인으로 완전한 자임 (6:9) (죄가 없으심) 2. 방주 지어 온 가족이 들어감 (18) (교회 세워 인류를 구원하심) 3. 방주서 나와 생육 번성함 (18:16, 17) (재림 때 천국 축복하심)	성경의 인물이나 사물이 특정한 의미를 상징하는 것으로 해석하는 방법이다. 성경에 나타난 인물들을 예수님의 상징으로 해석하는 것이 좋은 예 중의 하나이다.
비유적	**포도나무 비유** (요 15:1-6) 1. 나는 포도나무 너희는 가지임 (5) (예수님과 성도는 하나됨) 2. 내 안에 거하지 않은 가지는 불에 던짐 (6) (예수님 떠난 자 지옥 심판 받음) 3. 내게 붙은 가지는 더 열매 맺음 (2) (예수님 따른 자 천국 상급 받음)	성경적인 교훈이나 영적인 진리를 전하기 위해 어떤 상황이니 사건에 준하여 해석하는 방법이다. 예수님이 천국을 비유로 설교하신 좋은 예가 된다.

2. 주제 수정하기 70선

　설교를 잘하려면 본문 내용의 핵심이 되는 주제 작성이 무엇보다 중요하다. 특히, 대지 설교에 관해 주제 작성은 설교 준비의 시작 단계로서 설교의 초안을 만드는 필수 과정이다. 필자는 본격적으로 주제 만들기를 시작할 때에 대략 연 500개씩 3년간 총 1,500개를 완성하고 나서 주제 작성의 문이 열린 것이다.
　필자의 WPA 강의법은 대면 강의로서 주로 칠판 강의를 하는데 설교 클리닉은 다음과 같이 두 가지 방법이 있다.

　첫째, 전 시간에 숙제물을 모두에게 복사해 주고서 강사의 설명을 통해 수정하면서 전체가 함께 다른 사람의 관점을 비교 분석함으로 직간접 경험을 공유하는 유익한 시간이 된다.
　둘째, 이론적인 설명은 최소화하고 참석자들이 현장 실습케 한다. 먼저 강사는 본문 성구를 알려주고 10분 이내에 세 사람씩 나와서 제목 대지 해석을 칠판에 쓰도록 한다. 이때 강사가 상세하게 즉석에서 수정하며 전체가 공유하는 기회가 강의의 백미라고 말할 수 있다.

　이처럼 필자는 참석자들이 칠판에 작성한 주제를 수정해 준 많은 경험이 있다. 그런데 수정하기 전의 대부분 주제는 제목, 대지, 해석 어느 한 가지도 흠 없이 만족할만한 작품은 그리 많지 않다는 것이다. 다시 말해서 필자가 설교 주제를 수정할 필요 없이 통과시킬 만한 작품은 극소수에 불과하다는 것이다. 앞으로 이 문제가 개선되도록 집중적인 연구의 필요성이 요구되고 있다. 그러나 이 훈련은 많은 참석자가 자신들의 미흡한 부분을 채우며 개선되는 유익한 시간을 보냈다고 고마움을 표시했다.

주제를 잘할 수 있는 유일한 길은 주제 작성을 많이 하는 방법밖에 달리 방도가 없다. 필자가 몇 번 강조한 바 있지만 처음 주제 만들기를 시작하는 독자들의 기초 단계는 연속적으로 하루 1개씩 대략 연 300개 이상 주제를 잡는 훈련이 필요하다. 이때 중요한 것은 하루도 빠짐없이 주제 만들기가 생활화되어야 한다는 것이다.

왜냐하면, 목회자들의 바쁜 일상에서 현실적으로 별도로 시간 내기가 쉽지 않기 때문이다. 그래서 필자가 제안하는 한 가지 방법은 새벽 기도가 끝난 직후 10분간 주제 만들기를 권면한다. 예수님이 습관을 따라 기도하신 것처럼 정해진 시간에 하지 않으면 매일 주제 작성은 실천하기 어렵기 때문이다.

설교 주제 수정 70선은 주로 국내외 설교 클리닉 참석자들의 주제 숙제물과 칠판 즉석 클리닉에서 수정했던 것 중에 발췌한 것으로서 독자들이 직 간접 경험을 통해 배우는 유익이 크다. 필자가 수정한 내용은 대체로 이 책의 제목, 대지, 해석의 작성법 7가지 지침 사항에서 벗어난 경우를 지적한 것이다.

그러므로 주제작성의 기초 지침만 잘 지키면 기본적인 실수는 미리 방지할 수 있을 것이다. 더 나아가서 주제 만들기를 일상화하여 매일 연구한다면 자신도 모르게 성경을 보는 눈이 열리고 주제 만들기 실력도 향상됨을 확연히 느끼게 될 것이다.

이제 설교 "수정 전"과 "수정 후"가 어떻게 달라졌는지를 살펴보겠다.

01

수정 전	수정 후
에덴동산을 지으심의 의미 (창 2:8-17)	에덴동산을 지으신 하나님 (창 2:8-17)
1. 하나님 보시기에 아름다움(9) (지혜가 충만하심) 2. 강이 동산을 적심(10) (성령이 충만하심) 3. 그것을 경작케 하심(15) (주의 일을 감당케 하심)	1 보시기에 아름답다 하심(9) (복되게 하심) 2. 강이 동산을 적시게 하심(10) (생존의 필수 조건을 주심) 3. 경작케 하심(15) (인간을 노동의 필요로 부르심)

*수정 전: 제목, 대지, 해석 모두 성경적인 표현으로 잘 됐다
*수정 후: 주어를 "하나님"으로 바꾸어 다르게 표현했다

02

수정 전	수정 후
하와 창조의 영적 비밀 (창 2:20-25)	하나님이 하와를 지으신 이유 (창 2:20-25)
1. 아담의 갈비뼈로 만드셨음(21) (교회의 보배성) 2. 아담이 내 뼈 중의 뼈라 고백함(23) (교회를 사랑하시는 예수님) 3. 아담을 돕는 배필 역할하게 함(20) (성도는 예수님 위한 삶)	1. 아담 갈빗대로 만드심(21) (아담과 하나됨) 2. 아담이 내 뼈 중의 뼈라 함(23) (배필의 기쁨이 됨) 3. 아담의 돕는 배필 되게 함(20) (아담의 반려자로 삼음)

*제목: 좀더 쉬운 표현이 좋다. *해석: 1대지는 어렵고 2.3 대지는 상징적이다.
예수님 상징 해석은 다음과 같이 풀 수 있다 1. 예수님 십자가 피로 교회 세움, 2. 예수님이 교회를 사랑하심. 3. 예수님과 교회가 하나됨.

03

수정 전	수정 후
죄에 대한 하나님의 심판 (창 3:14-19)	아담 부부 죄의 대가 (창 3:16-19)
1. 네 머리를 상하게 할 것임(15) (마귀를 멸하실 것임) 2. 임신하는 고통을 더하리니(16) (산고가 있게 될 것임) 3. 땀을 흘려야 먹게 될 것임(19) (인생고가 있게 될 것임)	1. 자식을 낳을 때 수고함(16) (아내는 해산의 고통이 따름) 2. 남편의 다스림을 받음(16) (남편의 권위에 복종함) 3. 땀을 흘려야 먹음(17) (남편은 끝까지 수고함)

*제목: 일반적이고 포괄적인 것보다 구체적이고 분명해야 한다. "죄"보다 구체적인 내용의 "아담 부부"가 좋다.
*대지(1): 뱀에 관한 내용이므로 제목과 맞지 않는다.
*해석(3): 남편의 책무가 표현되어야 한다.

04

수정 전	수정 후
노아 방주의 의미 (창 6:14-19)	노아 방주의 의미 (창 6:14-19)
1. 방주를 만듦(14) (교회를 세움) 2. 방주로 들어가게 함(18) (교회에 들어감) 3. 하나님 명하신 대로 준행함(22) (하나님의 뜻을 이룸)	1. 방주를 만듦(14) (예수님의 교회를 세움) 2. 방주로 들어감(18) (성도들이 구원받음) 3. 생명을 보존함(22) (영생을 누림)

*수정 후: 구약 시대에 따른 단순 해석보다도 이 시대 상황에 비추어 보았다. "노아 방주의 의미는" 예수님의 교회를 세우고 성도들이 구원받아 영생을 누리게 된다"라는 이야기이다.
*수정 전 3대지 해석: "하나님 계명을 따름"으로 고쳐야 한다.

05

수정 전	수정 후
아브람과 사래의 선택 결과 (창 16:1-6)	사래의 잘못 3가지 (창 16:1-6)
1. 여종이 그의 여주인을 멸시함(4) (멸시와 조롱을 당함) 2. 사래가 하갈을 학대함(6) (앙갚음 함) 3. 하갈이 사래 앞에서 도망감(6) (관계가 깨짐)	1. 아브람과 하갈을 동침하게 함(4) (불의한 자녀를 낳게 함) 2. 모욕은 당신이 받아야 옳다 함(5) (자기 책임을 남편에게 돌림) 3. 하갈을 학대하여 도망가게 함(6) (종을 시기하여 쫓아냄)

*제목: 대지와 연결하면 문장으로 잘 통하지 않는다. 이런 경우에 제목을 바꾸는 것이 좋다.
*대지: 2대지와 3대지는 이어지는 한 동작으로 유사하다. 두 대지 중에 한 대지는 바꾸어야 한다.

06

수정 전	수정 후
전능하신 하나님 (창 18:9-15)	연약한 사라 (창 18:9-15)
1. 사라가 어디 있느냐 함(9) (사라의 이름을 알고 있음) 2. 네가 웃었느니라 함(15) (사라의 행동을 알고 있음) 3. 사라에게 아들이 있으리라 함(17) (불가능을 가능케 함)	1. 아들이 있으리라 듣고 웃음(13) (하나님의 능력을 비웃음) 2. 웃지 않았다고 부인함(15) (위기를 면하려고 거짓말함) 3. 여호와는 능치못할 일이 없다 들음(14) (하나님에게서 책망 받음)

*수정 전: 제목과 1대지 2대지를 연결 시 의미가 통하지 않는다. 이 경우 제목이나 대지를 바꾸는 것이 좋다. 해석도 단순하다.
*수정 후: 주어를 사라로 바꾸면 좀 더 풍성한 이야기가 된다

제2부 제2장 설교 주제 실습하기(Create a topic for your preaching) 73

07

수정 전	수정 후
시험에 대한 아브라함의 모습 (창 22:1-3)	아브라함의 순종 (창 22:1-13)
1. 내가 여기 있나이다 함(1) (하나님 앞에선 모습) 2. 일러준 산에서 번제로 드리라 함(2) (하나님의 명령을 받는 모습) 3. 하나님이 일러 주신 곳으로 갔음(3) (순종의 모습)	1. 아들을 번제로 드리라 들음(2) (가장 소중한 것 바치라고 들음) 2. 칼 잡고 아들을 잡으려 함(10) (명령대로 행함) 3. 숫양으로 대신 번제를 드림(13) (하나님이 예비하신 번제물로 드림)

*제목: "시험에 대한"을 빼는 것이 설교하기에 편하다.
 전체 내용으로 보아 제목의 주어는 '모습'보다 '순종'이 맞다.
 1-3절은 특별한 내용이 없으므로 성구를 1-13절로 늘려 극적인 3대지로 이야기를 마무리했다

08

수정 전	수정 후
야곱의 꿈에서 본 하나님 음성 (창 31:11-13)	야곱을 도우시는 하나님 (창 31:11-13)
1. 라반이 행한 일을 보셨음(12) (억울함을 감찰하심) 2. 벧엘의 서원을 기억한다 하심(13) (서원을 기억하심) 3. 출생지로 돌아가라 하심(13) (천국 소망을 주심)	1. 라반의 행함을 보심(12) (라반의 불의를 아심) 2. 벧엘의 서원을 기억하심(13) (간구하는 기도를 들으심) 3. 출생지로 돌아가라 하심(13) (고향으로 가도록 허락하심)

*제목: "야곱의 꿈에서 본"의 수식어는 설교 때 말할 수 있다.
*해석(1): 야곱의 억울함보다 라반의 불의함을 표현해야 함.
 해석(3): 야곱이 라반을 떠나는 장면과 "천국"은 맞지 않는다.

09

수정 전	수정 후
요셉으로 보는 예수님 (창 37:1-3)	요셉으로 보는 예수님 (창 37:1-4)
1. 야곱의 깊은 사랑을 받음(3) (성부 하나님 사랑을 받은 예수님) 2. 양을 쳤음(2) (선한 목자이신 예수님) 3. 채색 옷을 입었음(3) (만왕의 왕으로 오실 예수님)	1. 노년에 얻은 아들임(3) (하나님의 사랑을 받으심) 2. 양을 쳤음(2) (선한 목자 되심) 3. 채색옷 입고 형들의 미움 받음(4) (핍박 받으심)

※ 해석**(3)**: 채색옷은 구약 시대 제사장들이 입던 옷과 비슷하므로 "대제사장 되신 예수님"으로 해석할 수 있다. 만약 "만왕의 왕"으로 해석하려면 대지를 "총리가 됨"**(45:26)**으로 해야 한다.
그러나 문맥으로 보면 채색옷은 형들의 질투로 고난 겪은 뜻이다.

10

수정 전	수정 후
모세 없을 때의 아론 (출 32:1-6)	아론의 범죄 (출 32:1-6)
1. 금고리를 빼어 모금함(2) (백성들의 잘못을 부추김) 2. 송아지 형상을 만듦(4) (우상 숭배함) 3. 그 앞에 제단을 쌓음(5) (헛된 예배를 드림)	1. 백성들로부터 금고리를 거둠(2) (백성들의 불의에 더함) 2. 송아지 형상을 만듦(4) (우상을 세움) 3. 우상 앞에 번제 화목제로 즐김(5) (우상 숭배에 빠지게 함)

※ 제목: 본문의 대표 단어는 "범죄" 또는 '악행'이다.
"모세 없을 때"는 대표 단어가 아니므로 빼는 것이 좋다.
※ 대지**(1)**: '모금함'으로 해석하지 않아야 한다.
대지**(3)**: '그'는 우상으로 해석해야 한다.

수정 전	수정 후
모세에게 명하신 하나님 (출 5-8)	모세를 부르신 하나님 (출 3:1-8)
1. 네 발에서 신을 벗으라 하심(5) (거룩하라 하심) 2. 애굽의 손에서 건져내라 하심(8) (백성을 구원하라 하심) 3. 가나안으로 가라 하심 (천국으로 인도하심)	1. 떨기나무 불꽃에서 나타나심(2) (애굽에서 백성 구원을 암시하심) 2. 네 발에서 신을 벗으라 하심(5) (거룩하라 하심) 3. 백성을 가나안으로 인도하라 하심(8) (약속의 땅으로 인도하라 하심)

*제목: 수정전 제목을 "하나님의 명령"으로 바꾸면 자연스럽다.
*대지: 2절은 빠뜨릴 수 없는 핵심 내용이므로 2대지로 대체하는 것이 좋다.
*해석: 종국적으로 "천국"을 상징하는 것으로 해석 2로 표현해도 된다.

수정 전	수정 후
아사의 기도 (대하 14:9-15)	아사의 승리 과정 (대하 14:9-15)
1. 부르짖는 기도(11) (위기 중 부르짖어 기도함) 2. 하나님만 도울 이로 기도함(11) (하나님만 의지함) 3. 사람이 하나님 이기지 못하게 기도함(11) (하나님의 영광을 구함)	1. 약자로서 여호와께 부르짖음(11) (위기 중 하나님께 간절히 기도함) 2. 구스 패망케하고 물건들 노략함(13) (원수를 이기고 전리품을 가짐) 3. 여호와가 모든 성읍을 두렵게 하심(14) (주변 나라들이 하나님을 경외함)

*제목: 본문의 대표 단어는 기도가 아니라 전쟁 "승리"이다
*대지: 11절 한 절은 기도로 한정되어 은혜로운 내용이 없다
*수정 후: "기도-전쟁 승리-위엄 떨침"의 기도 응답으로 순차적으로 풍성한 설교 작성의 재료가 됐다

13

수정 전	수정 후
욥의 고난으로 보는 예수님 (욥 2:7-10)	욥으로 보는 예수님 (욥 2:7-10)
1. 온 몸에 종기가 남((7) 　(인류 질병을 고치신 예수님) 2. 욥 아내가 하나님 저주하라 함(9) 　(제자들에게 고통당하심) 3. 하나님의 복 받고 화도 받음(10) 　(십자가에 죽으심)	1. 발바닥과 정수리 종기 남(7) 　(십자가 고난 받으심) 2. 아내가 하나님 죽으라 함(9) 　(제자들에게서 버림 받으심) 3. 하나님 복 받고 화도 받음(10) 　(하나님의 뜻을 이루심)

*제목: "고난"은 3대지와 맞지 않으므로 빼야 한다
*해석: 예수님의 십자가, 제자들의 배신 가운데 하나님 뜻을 이루신 사역에 설교의 풍성함을 나타낼 수 있다

14

수정 전	수정 후
하나님께 예배하는 자의 자격 (시 24:3-6)	참된 예배자 (시 24:3-4)
1. 손이 깨끗해야함(4) 　(행위가 성결함) 2. 거짓 맹세하지 않음(4) 　(진리를 말함) 3. 마음과 뜻을 허탄한데 두지 않음(4) 　(우상 숭배하지 않음)	1. 손이 깨끗함(4) 　(죄를 미워함) 2. 거짓 맹세하지 않음(4) 　(위선으로 서원하지 않음) 3. 허탄한 뜻을 두지 않음(4) 　(비진리를 따르지 않음)

*제목: 10자 이내로 줄이면 강한 표현이 될 수 있다.
주어는 "예배자"이므로 '자격'은 없어도 된다
*해석(2): 대지가 부정이면 해석도 부정적 표현이 좋다

15

수정 전	수정 후
고난의 기도 (시 18:1-19)	고난의 유익 (시 18:1-19)
1. 하나님께 부르짖음(6) (하나님께 기도하게 됨) 2. 여호와가 힘이심을 앎(1) (하나님의 힘이 됨) 3. 더 넓은 곳으로 인도 받음(19) (더 좋게 인도 받게 됨)	1. 하나님께 부르짖음(6) (하나님께 간절히 기도함) 2. 여호와가 힘이심을 앎(1) (하나님의 능력을 깨달음) 3. 더 넓은 곳으로 인도 받음(19) (기대 이상으로 기도 응답 받음)

*제목: 고난은 괴로움만이 아니라 축복의 시작이 되도록 기도해야 한다는 뜻이다.
*해석: 동사 "~됨"의 수동태보다 능동태로 바꾸면 더 직선적이고 강하게 표현할 수 있다.

16

수정 전	수정 후
주의 종의 할 일 (시 29:1-2)	영적 지도자의 신앙 (시 29:1-2)
1. 여호와께 영광을 돌림(2) (찬양을 드림) 2. 거룩한 옷을 입음(2) (말씀을 가르침) 3. 여호와께 예배를 드림(2) (예배를 인도함)	1. 거룩한 옷을 입음 (2) (하나님 말씀을 가르침) 2. 여호와께 경배드림((2) (하나님께 예배드림) 3. 여호와께 영광을 돌림(2) (하나님의 이름을 높임)

*제목: 제목을 다르게 표현해도 의미가 잘 통한다
*대지(1): 영광은 대부분 3대지에 쓰는 단어로 순서를 바꾼다
*해석(1,3): 여호와는 하나님으로 바꾼다

수정 전	수정 후
위기를 극복하는 다윗의 모습 (시 40:1-3)	위기 중 다윗이 한 일 (시 40:1-3)
1. 하나님께 부르짖음(1) (간절히 기도하는 모습)	1. 하나님께 부르짖음(1) (하나님께 기도함)
2. 웅덩이와 수렁에서 건져주심(2) (기도가 응답됨)	2. 웅덩이와 수렁에서 건져짐(2) (죽음에서 구원받음)
3. 하나님을 찬송함(3) (하나님께 영광돌리는 모습)	3. 하나님을 찬송함(3) (하나님께 영광돌림)

*제목: "극복하는"은 2대지에만 해당되므로 삭제해야 한다.
*대지(2): 다윗이 주어이므로 "건져짐"으로 수동태가 되어야한다

수정 전	수정 후
하나님 의지하는 자의 축복 (시 91:1-7)	피난처 되시는 하나님 (시 91:1-7)
1. 전염병에서 고쳐주심(2) (건강주심)	1. 전염병에서 건지심(2) (질병을 이기게 하심)
2. 날개 아래 피하게 하심(4) (보호하여 주심)	2. 재앙이 가까이 못 오게 하심(7) (재앙을 면하게 하심)
3. 재앙이 가까이 못 오게 하심(7) (재앙을 막아주심)	3. 날개 아래 피하게 하심(4) (끝까지 보호하심)

*제목: 주어가 하나님이라야 내용이 통한다 "어떤 환난이 닥쳐와도 피난처가 되시는 하나님은 질병을 이기고 재앙을 면하게 하며 끝까지 보호하심을 찬양합니다"이다. 따라서 본문에 대표단어가 되는 피난처를 제목 감에 쓰는 것이 좋다. *대지: 2대지와 3대지 순서를 바꾸어도 된다

제2부 제2장 설교 주제 실습하기(Create a topic for your preaching) 79

19

수정 전	수정 후
성도가 찬양할 이유 (시 96:1-3)	다윗의 신앙 (시 96:1-4)
1. 새 노래로 찬양함(1) (창조주 하나님을 찬양함) 2. 날마다 구원을 전파함(2) (구원자 예수님을 찬양함) 3. 기이한 행적을 선포함(3) (성령님 능력으로 전도함)	1. 기이한 행적을 선포함(3) (하나님의 권능을 높임) 2. 구원을 전파함(2) (구원의 은혜를 전함) 3. 여호와 이름을 송축함 (하나님을 찬양함)

*제목: '찬양'은 본문 내용에 대표 단어가 아니라 3대지에 해당된다.
*해석: 1대지 및 2대지 해석의 '찬양'은 제목과 중복됐다.

20

수정 전	수정 후
통치자 여호와의 명령 (시 97:1-12)	하나님의 명령 (시 97:1-12)
1. 우상은 헛되다 하심(7) (우상을 섬기지 말라 하심) 2. 죄와 싸우라 하심(10) (악을 물리치라 하심) 3. 여호와께서 건지신다 하심(10) (여호와께서 이기게 하심)	1. 악을 미워하라 하심(10) (죄를 멀리하라 하심) 2. 신상을 섬기지 말라 하심(7) (우상숭배 금하라 하심) 3. 여호와를 경배하라 하심(7) (하나님만 섬기라 하심)

*제목: 통치자는 삭제해도 되고 여호와는 하나님으로 바꾸어야 한다.
*대지 순서: 하나님은 백성들에게 "죄를 멀리하고 우상을 물리치고 하나님만 섬기라고 명령하셨다" 이다.

21

수정 전	수정 후
고난 중 다윗의 신앙 (시 123:1-4)	시련 중 다윗의 기도 (시 123:1-4)
1. 하늘에 계신 주라고 고백했음(1) (하나님을 주인으로 모심) 2. 하나님을 바라봄(2) (하나님만 의지함) 3. 여호와여 은혜를 베푸소서 함(3) (하나님의 은혜를 사모함)	1. 멸시가 영혼에 넘친다고 함(4) (힘겨운 고통의 한계에 이름) 2. 눈을 들어 주를 향함(1) (전적으로 하나님께 의탁함) 3. 은혜 베푸시기를 기다림(2) (긍휼하신 응답을 갈망함)

*수정 전 해석(1): 급박한 고난 중에 "주인으로 모심"이 어색하다.
*수정 후 대지(1): 도입 단계로서 다윗이 고통의 한계에 이르러 하나님만 의지하여 그의 긍휼하심을 갈망하는 기도를 하고 있다.

22

수정 전	수정 후
이스라엘 포로 귀환 모습 (시 126:1-6)	이스라엘의 포로 귀환 자들 (시 126:1-6)
1. 꿈꾸는 것 같다 함(1) (구원의 은총에 감격한 모습) 2. 웃음과 찬양이 가득함(2) (하나님께 기쁨으로 예배드림) 3. 여호와께서 큰일 행하셨다 함(3) (하나님께 영광을 돌림)	1. 꿈꾸는 것 같다 함(1) (구약 예언 성취에 감격함) 2. 여호와께서 큰 일을 행하셨다 함(3) (하나님이 구원을 베푸셨다 함) 3. 찬양과 웃음이 가득함(2) (하나님께 기쁜 감사예배를 드림)

*제목; 주어가 "포로 귀환 자들"로 하면 대지와 연결이 자연스럽다.
*대지: 이야기 순서로 간단히 동사만 연결하면,
"예언 성취에 감격하고 구원 베푸심에 감사예배 드림"이다

23

수정 전	수정 후
여호와를 경외하는 자의 축복 (시 128:1-6)	하나님을 경외하는 자 (시 128:1-6)
1. 네 손이 수고한 대로 먹음(2) (물질의 복) 2. 아내는 포도나무 자식은 감람나무임(3) (가족의 복) 3. 여호와가 시온에서 복 주심(5) (신령한 복)	1. 수고한대로 먹음(2) (일한 대가를 풍성히 받음) 2. 아내는 포도나무 자식은 감람나무 같음(3) (단란한 가정의 복을 받음) 3. 자식의 자식을 보게됨 (장수의 복을 누림)

*제목: 여호와는 하나님으로 바꾸어야 하며 너무 길다.
*대지(1): 나, 내, 너, 네 등 인칭 대명사는 빼야 문장이 매끄럽다.
*해석: 요약하기보다 이해하기 쉽게 풀이하는 것이다

24

수정 전	수정 후
이스라엘의 악한 행위 (렘 2:9-13)	이스라엘의 죄악 (렘 2:9-13)
1. 생수의 근원되신 하나님을 버림(11) (구원자 하나님을 잊고 삶) 2. 스스로 웅덩이를 팜(13) (우상 숭배함) 3. 백성이 하나님 영광을 무익하게 함(11) (하나님께 영광을 돌리지 못함)	1. 생수의 근원되신 하나님을 버림(11) (구원자 하나님을 불신함) 2. 터진 웅덩이를 팜(13) (우상 숭배함) 3. 신을 바꾸어 하나님 영광이 무익함(11) (배교하여 하나님의 영광을 가림)

*제목 대지 해석: 전체를 연결하면 쉽게 이해할 만큼 주제 작성이 잘 되었다. 다만 좀 더 정확하고 세련미를 갖추기 위한 노력이 필요하다

25

수정 전	수정 후
에스겔에게 주신 말씀 (겔 3:4-11)	에스겔에게 사명주신 하나님 (겔 3:2-11)
1. 반역한 족속을 두려워말라 하심(9) (강하고 담대하라 하심)	1. 반역한 족속을 두려워말라 하심(9) (강퍅한 백성 앞에 담대하라 하심)
2. 모든 말씀을 마음으로 받으라 하심(10) (말씀을 믿으라 하심)	2. 꿀 같은 두루마리를 먹이심(2.3) (생명의 말씀을 주심)
3. 듣든지 아니 듣든지 고하라 하심(11) (말씀 그대로 선포하라 하심)	3. 마음에 받은 말씀을 고하라 하심(10-11) (마음에 새긴 말씀 선포하라 하심)

*제목: 주어 하나님을 나타내야 한다. 요나의 사명과 동일하다.
*대지: 2대지와 3대지는 같은 연속 동작으로 하나로 묶는다.
*해석: 하나님은 에스겔이 담대히 생명의 말씀 선포하라 하신다.

26

수정 전	수정 후
두로 왕의 교만한 죄 (겔 28:2-6)	두로 왕의 교만 (겔 28:2-6)
1. 나는 신이라 함 (감히 하나님과 비교함)	1. 신이라 함 (무례히 하나님되기 바람)
2. 하나님 마음인 체 함(2) (자기를 속임)	2. 하나님 마음인 체 함(2) (마치 하나님인 양 착각함)
3. 은밀한 것을 다 깨달았다 함(3) (하나님의 권능을 무시함)	3. 은밀한 것을 다 깨달았다 함(3) (작은 지식을 과시함)

*제목: 가급적 간단 명료해야 강한 표현이 된다.
*대지(1): 인칭대명사 '나는'은 빼도 된다
*해석: 두로 왕 자신의 속셈이 뚜렷하고 섬세하게 드러나도록 정확한 단어 구사력이 필요하다

27

수정 전	수정 후
다니엘의 최후 (단 12:13)	하나님의 부름을 받는 다니엘 (단 12:13)
1. 마지막을 기다리라 하심(13) 　(죽음을 준비하라 하심) 2. 평안히 쉬리라 하심(13) 　(천국의 안식 누림) 3. 끝날에 업을 누림(13) 　(재림 때 일한 대로 영광을 누림)	1. 마지막을 기다림(13) 　(죽음을 준비함) 2. 평안히 쉼(13) 　(안식에 들어감) 3. 끝날에 자기 몫을 누림(13) 　(재림 때 상급 받고 영생을 누림)

*제목: 주어가 다니엘이 아니라 하나님이라야 된다. 아니면 "수정 후"처럼 주어를 다니엘로 하고 어미 조정을 잘해야 한다.

28

수정 전	수정 후
헤롯 왕의 반응 (마 2:1-8)	베들레헴 헤롯 왕의 행적 (마 2:1-8,16)
1. 소동하였음(3) 　(자기중심의 삶) 2. 어디서 나겠느냐 물었음(4) 　(말씀이 없는 삶) 3. 자기도 경배하겠다고 함(8) 　(거짓이 가득한 삶)	1. 다스릴 자가 나왔다 들음(6) 　(왕의 자리에 위기를 느낌) 2. 그를 경배하겠다 함(8) 　(아기 예수 살해 음모를 꾸밈) 3. 두살 아래 사내 모두 죽임(16) 　(메시아를 죽이려고 악을 행함)

*수정 전의 해석: 아기 예수의 나심에 따라 헤롯 왕의 악행의 핵심이 드러나지 않았다. 따라서 16절을 추가하여 도입-전개-결론의 순서로 폭넓은 스토리가 재구성됐다.

29

수정 전	수정 후
예수님의 사역 (마 4:23-25)	갈릴리에서 예수님이 하신 일 (마 4:23-25)
1. 회당에서 가르치심(23) (교회를 통해 말씀을 가르치심) 2. 천국 복음을 전파하심(23) (설교를 통해 천국 복음을 전파하심) 3. 모든 병과 약한 것을 고치심(23) (예수님 치유 사역)	1. 모든 병을 고치심(23) (각종 육신의 질병을 고치심) 2. 회당에서 가르치심(23) (영의 양식으로 깨우치심) 3. 천국 복음을 전파하심(23) (영원한 복음으로 구원하심)

*제목: 지명이 있는 것이 좋다.
*순서: 예수님의 3대 사역(육적 치유- 영적 가르침- 전도)
*해석: "교회를 통해" "설교를 통해" 등은 설교 때 할 수 있다.

30

수정 전	수정 후
주님이 바라시는 전도자 (마 10:16-23)	전도자의 신앙 자세 (마 10:16-23)
1. 뱀같이 지혜롭고 비둘기같이 순결하라하심(16) (지혜와 순결한 믿음을 가지라 하심) 2. 성령이 네 안에서 말씀하신다 하심(19) (성령이 그때 할 말을 주신다 하심) 3. 미움 받을 때까지 견디라 하심(22) (인자가 재림할 날이 가까웠다 하심)	1. 뱀같이 지혜롭고 비둘기같이 순결함(16) (신중과 순수함을 겸비함) 2. 성령의 말씀을 들음(20) (성령님의 음성을 들음) 3. 미움 받을 때 끝까지 견딤(22) (핍박 받을 때 끝까지 견딤)

*제목: "주님이 바라시는"은 빼도된다. 주님은 제목에는 안 쓴다.
*대지: 문장을 쉽게 이해하도록 내용 변화없이 변형해야 한다.
*해석(3): 재림은 너무 앞서 나갔다.

제2부 제2장 설교 주제 실습하기(Create a topic for your preaching)   85

31

수정 전	수정 후
중풍병자의 믿음 막 2:1-12	중풍병자를 만나신 예수님 막 2:1-12

1. 네 사람이 메고 예수님께 나옴(3)
   (예수님께 나옴)
2. 믿음을 보시고 죄 사해 주심(5)
   (죄 사함 받음)
3. 상을 가지고 나감(11)
   (육신의 치유를 받음)
	1. 지붕에서 내리는 병자 믿음을 보심(5)
	   (병자 믿음을 인정하심)
	2. 죄 사하여 주심(9)
	   (죄를 용서하심)
	3. 병자가 상 가지고 나가게 하심(12)
	   (질병을 고치심)

*제목: 주어를 예수님으로 해야 전체 이야기로 통한다.
*대지별 주어: 네 사람(1), 예수님(2), 중풍병자(3) 각각 다르다.
*해석: "예수님이 병자의 믿음을 보시고 죄 용서로 질병을 고치셨다"

32

수정 전	수정 후
수로보니게 여인의 믿음 (막 7:24-30)	수로보니게 여인의 믿음 (막 7:24-30)

1. 예수님 발 아래 엎드렸음(25)
   (예수께 예배함)
2. 귀신들린 딸을 위해 간구함(26)
   (예수께 기도함)
3. 예수님 말씀을 믿고 집에 감(29)
   (예수님 말씀을 확신함)
	1. 귀신들린 딸 위해 간구함(26)
	   (자녀 치유를 호소함)
	2. 개들도 부스러기 먹는다 함(28)
	   (겸손히 예수님 은총을 간청함)
	3. 딸의 귀신이 나갔다 들음(30)
	   (예수님 치유 능력을 믿음)

*수정 전: 1대지와 2대지의 해석이 유사하다. 따라서 두 대지를 한 대지로 합치고 수정 후의 2,3대지를 대신하면 풍성한 이야기로 구성된다.

33

수정 전	수정 후
제자들을 꾸짖으신 예수님 (막 8:14-21)	제자들을 교훈하신 예수님 (막 8:14-21)
1. 바리새인의 누룩을 주의하라 하심(15) 　(외식하지 말라 하심) 2. 떡 없음을 수근거리느냐 하심(17) 　(물질 부족을 염려말라 하심) 3. 아직 깨닫지 못하느냐 하심(21) 　(하나님을 의지하라 하심)	1. 바리새인의 누룩을 주의하라 하심(15) 　(외식과 세속화를 경고하심) 2. 떡 없음을 수근거린다 하심(17) 　(육적 양식에 연연한다 하심) 3. 아직 깨닫지 못하느냐 하심(21) 　(메시아임을 알라 하심)

*제목 및 대지: 잘되었다
*해석: 좀 더 세밀한 표현이 필요하다
*본문 내용: 우매한 제자들은 예수께서 행하신 많은 이적들을 똑똑히 목격했음에도 예수님이 메시야임을 깨닫지 못했다. 단지 눈앞에 양식 얻기에 급급했다

34

수정 전	수정 후
고침 받은 맹인 바디메오 (막 10:46-50)	맹인 바디매오의 치유 과정 (막 10:46-52)
1. 나를 불쌍히 여기소서 함(47) 　(긍휼을 호소함) 2. 더욱 소리 질러 이름(48) 　(간절히 기도함) 3. 겉옷을 버리고 예수께 나옴(50) 　(장애물을 버리고 예수께 나옴)	1. 더욱 소리 질러 외침(48) 　(마지막 기회로 통성 기도함) 2. 주께 보기 원한다 함(51) 　(오직 예수님만 의지함) 3. 믿음으로 곧 보게 됨(52) 　(믿음으로 기도 응답됨)

*제목: "고침 받음"은 본문의 결론으로서 3대지에 들어갈 것을 제목에 사용했다. 문제는 제목과 1대지를 연결할 경우 시차적으로 맞지 않는다. 이런 경우에 "과정"을 사용하면 의미가 통한다.

제2부 제2장 설교 주제 실습하기(Create a topic for your preaching)　87

35

수정 전	수정 후
부자가 예수님 떠난 이유 (막 10:17-22)	부자 청년이 영생 못얻은 이유 (막 10:17-22)
1. 예수님을 선한 선생님이라 함(17) (존경하는 스승 정도로 여김) 2. 어려서부터 다 지켰다 함(20) (자신이 죄인이라고 깨닫지 못함) 3. 재물이 많았음(22) (물질의 우상을 극복하지 못함)	1. 예수님을 선한 선생님이라 부름(17) (예수님을 구세주로 보지 못함)) 2. 어려서부터 계명을 다 지켰다 함(20) (죄인으로 깨닫지 못함) 3. 재물이 많음(22) (물질을 나누지 못함)

*제목: 본문의 대표 단어 "영생"이 제목에 빠질 수 없다. 설교 시에 돈 많은 청년이 재물을 모으는 욕심 때문에 영생을 얻지 못해 지옥에 갈 수밖에 없다는 것을 강조해야 한다

36

수정 전	수정 후
그리스도인의 신앙 (눅 6:47)	참 신앙을 교훈하신 예수님 (눅 6:47)
1. 그리스도 앞에 나옴(47) (예수님을 영접함) 2. 말씀을 들음(47) (하나님 말씀을 묵상함) 3. 행함(47) (말씀을 지켜 행함)	1. 내게 나오라 하심(47) (말씀을 사모하라 하심) 2. 내게 들으라 하심(47) (말씀을 깨달으라 하심) 3. 행하라 하심(47) (말씀대로 실천하라 하심)

*본문 내용: 예수님께서 산상수훈의 마지막으로 제자들에게 외식적 신앙을 경계하고 참된 신앙의 자세를 교훈하셨다.
*해석(3): "성령의 인도함 받음" 바꾸면, 삼위 하나님 표현이 된다

37

수정 전	수정 후
예수 이름의 권능 (눅 10:17)	예수 이름의 능력 (눅 10:17)
1. 귀신들도 항복함(17) (귀신들린 자 치유됨) 2. 원수의 모든 능력 제어함(19) (하나님 나라가 성취됨) 3. 이름이 하늘에 기록됨(20) (구원 백성이 됨)	1. 귀신들이 항복함(17) (마귀를 이김) 2. 뱀과 전갈이 해치지 못함(19) (믿는 자들을 보호함) 3. 하늘에 이름을 기록함(20) (생명책에 이름이 기록됨)
*제목: "권능" 또는 "능력"도 좋은 표현이다 *대지: 1대지와 2대지는 유사함으로 2대지를 바꿨다. 3대지 문장을 다듬었다	

38

수정 전	수정 후
주님 다시 오실날 (눅 17:26-35)	재림을 준비하는 이유 (눅 17:26-35)
1. 롯의 때와 같음(29) (죄악으로 불로 멸망 당함) 2. 롯의 처를 기억함(31) (뒤돌아 봄으로 멸망함) 3. 데려가거나 버려둠을 당함(34) (천국 지옥으로 갈림)	1. 노아 때 홍수로 멸망됨(26) (예고없이 물 심판 받음) 2. 롯의 때 불로 멸망됨(29) (예고없이 불 심판 받음) 3. 그날에 하나 데려가고 하나 버려둠(34) (심판 때 천국 지옥으로 나뉨)
*제목: 주님은 예수님으로 바꿈, *대지(2): 제목과 맞지 않다. *수정 후 내용: 구약 시대 죄가 관영할 때 노아의 때 물 심판, 롯의 때 불 심판이 예고 없이 있었다. 지금 죄악도 그때와 같으므로 불 원간에 오실 예수 재림을 항상 준비해야 한다는 뜻이다.	

수정 전	수정 후
영생을 얻기 위한 삶 (눅 18:18-23)	영생을 가르치신 예수님 (눅 18:18-23)
1. 계명을 지키는 삶(21) (하나님과 이웃 사랑의 삶) 2. 천국 보화를 위한 삶(22) (천국에 상급을 쌓는 삶) 3. 예수님을 따르는 삶(22) (예수님 제자의 삶)	1. 계명을 지키라 하심(21) (말씀을 지키라 하심) 2. 네 것 다 나눠주라 하심(22) (물질 탐욕을 버리라 하심) 3. 나를 따르라 하심(22) (자신을 본 받으라 하심)

*제목: 주어 '삶 보다 '예수님'이 강한 표현의 주어이다.
*대지(2): 보화를 바라는 것보다 탐욕을 버림이 더 은혜스럽다.
*해석(3): "제자의 삶"은 해석이 요구된다.

수정 전	수정 후
구원받은 삭개오 모습 (눅 19:1-10)	예수님을 만난 삭개오 (눅 19:1-10)
1. 무화과 나무에 올라감(4) (예수님을 사모함) 2. 급히 내려와 영접함(6) (예수님을 영접함) 3. 토색한 것 4배 갚겠다 함(8) (진정으로 회개함)	1. 즐거이 영접함(4) (기쁨으로 영접함) 2. 토색한 것 4배 갚겠다 함(6) (마음 깊이 회개함) 3. 아브라함의 자손이 됨(9) (천국 구원받음)

*제목: 이미 "구원받음"의 표현으로 1대지, 2대지와 연결 시 시차적으로 맞지 않는다. 그리고 예수님을 넣어야 한다.
*대지(3): 9절을 넣어야 아래처럼 순차적인 이야기가 된다.
"삭개오는 예수님을 영접하고 회개함으로 구원받은 것이다"

41

수정 전	수정 후
고난 당하신 예수님 (눅 22:63-65)	예수님을 심문하는 산헤드린 (눅 22:63-65)
1. 희롱 당하심(63) (대신 희롱 당하심) 2. 맞으심(63) (대신 맞으심) 3. 많은 말로 욕 먹으심(65) (대신 수치와 모욕 당하심)	1. 희롱하고 때림(63) (불법으로 체벌 가함) 2. 눈가리고 "너를 친 자 누구냐" 물음(64) (술래처럼 때리며 조롱함) 3. 많은 말로 욕을 함 (수치와 모욕을 줌)

*본문: 예수님께서 잡히신 목요일 밤부터 산헤드린 공회의 재판을 받으신 금요일 새벽까지 심문을 받으며 모욕을 당하신 장면이다
*해석: '대신' 반복을 피하고 '죄 없이, 이유 없이'로 쓸 수 있다

42

수정 전	수정 후
빌라도 (눅 23:1-7)	예수님을 심문한 빌라도 (눅 23:1-7)
1. 예수께 유대인의 왕인지를 물음(3) (반역죄를 밝히려 함) 2. 예수는 죄가 없다 함(4) (반역죄 증거를 찾지 못함) 3. 예수님을 헤롯에게 보냄(7) (난처한 문제에서 벗어남)	1. 유대인의 왕인지를 물음(3) (죽일 허물을 찾음) 2. 죄가 없다 함(4) (아무 죄가 없음을 알게됨) 3. 예수님을 헤롯에게 보냄(7) (문제를 분봉 왕에게 떠넘김)

*본문 내용: 예수님께서 이방인에게 넘겨져 재판을 받으며 빌라도에게 1차 심문을 받는 장면이다
*제목: 한 단어 제목은 너무 포괄적이다.
*대지: 선택은 잘 했으나 해석은 좀 더 정확성을 기해야 한다

43

수정 전	수정 후
베데스다 못 치유 의미 (요 5:2-9)	예수님의 치유 과정 (요 5:2-9)
1. 38년 된 병자가 있었음(5) (오래 된 병자임) 2. 낫고자 하느냐 물으심(6) (예수님이 찾아가심) 3. 일어나 네 자리를 들고 걸어가라 하심(8) (고쳐주심)	1. 38년 된 병자를 보심(5) (불치병 환자를 만나심) 2. '낫고자 하느냐' 물으심(6) (믿음을 확인하심) 3. 나아서 걸어가게 하심(9) (병을 고치심)

*제목: 주어는 예수님인데 1대지와 맞지 않다 '의미'는 빼도 된다
*대지(3): 8절보다 9절이 최종 결론이며 3대지에 해당된다.
*해석(2): 예수님이 단순히 가신 것이 아니라 믿음을 확인하셨다

44

수정 전	수정 후
예수님을 믿지 못하는 자 (요 5:40-47)	불신앙을 탄식하신 예수님 (요 5:40-47)
1. 영생 얻기를 원치 않음(40) (영생의 소망이 없음) 2. 하나님을 사랑하지 않음(42) (하나님을 사랑할 수 없음) 3. 자기 영광을 취함(44) (자기 영광을 내세움)	1. 영생을 얻으려 하지 않는다 하심(40) (영생을 믿지 않는다 하심) 2. 사람에게서 영광을 취한다 하심(41) (세상 유혹에 빠진다 하심) 3. 하나님 영광을 구하지 않는다 하심(44) (하나님께 영광 돌리지 않는다 하심)

*제목: 본문은 예수님이 직접 말씀하신 것으로 주어를 예수님으로 해야 한다. 당시 수많은 불신앙인들에 대한 예수님의 탄식하시는 심정으로 심금을 울리는 감동적인 설교 내용이 나타날 수 있다

45

수정 전	수정 후
예수님을 만난 무리들 (요 6:22-58)	**예수님을 배척한 무리들** (요 6:22-58)

1. 요셉의 아들로 부모를 안다 함(42)
   (예수님을 외모로 평가함)
2. 떡 먹고 배부를 수 있어 예수님 찾음(26)
   (세상의 떡을 구함)
3. 어찌 능히 자기 살을 주어 먹겠느냐 함(52)
   (말씀을 듣고 깨닫지 못함)
	1. 예수님을 요셉의 아들이라 함(42)
	   (메시아를 부인함)
	2. 떡 먹고 배 부르려 예수님을 찾음(26)
	   (육적인 양식만 찾음)
	3. 어찌 자기 살을 먹겠느냐 함(52)
	   (영적인 속죄를 깨닫지 못함)

*제목: 대표 단어 "배척"이 구체적으로 나타나야 한다
*대지: 간단 명료하게 다듬으로 더욱 분명한 내용이 된다
*해석: **2**대지 "육적". **3**대지 "영적"으로 대조한 표현이 돋보인다

46

수정 전	수정 후
예수님을 부인한 베드로 (요 18:15-27)	**예수님의 제자 베드로** (요 18:15-27)

1. 여종의 질문에 제자임을 부인함(17)
   (붙잡힐까 두려워 부인함)
2. 사람들에게 제자가 아니라 함(25)
   (여전히 두려워 부인함)
3. 베드로가 또 부인하니 곧 닭이 울음(27)
   (끝까지 부인하고 배신함)
	1. 여종의 물음에 제자가 아니라 함(17)
	   (두려움으로 예수님을 부인함)
	2. 불 쬐던 사람 앞에 아니라 함(18,25)
	   (죽음 앞에 맹세를 배신함)
	3. 귀 잘린자의 친척 물음에 아니라 함(27)
	   (말고의 물음에 3번째 부인함)

*제목: "부인"함이 대지와 중복을 피하는 것이 좋다.
*대지: "부인"으로 미리 해석하지 말고 본문대로 "아니라 함"으 로 해야 한다
*해석: "배신함" 대신 "닭 울음을 들음"이면 좋다

제2부 제2장 설교 주제 실습하기(Create a topic for your preaching)

47

수정 전	수정 후
간음한 여인을 구원한 예수님 (요 8:1-11)	간음녀를 보신 예수님 (요 8:6-12)
1. 간음하다 현장에서 잡힘(4) (죄로 인해 죽게 됨) 2. 죄 없는 자가 먼저 돌로 치라 하심(7) (다시 살려주심) 3. 다시는 죄를 범하지 말라 하심(11) (거룩하게 살기를 원하심)	1. 음행한 여인의 고발을 요구받으심(6) (율법을 거스릴 시험을 당하심) 2. 죄 없는 자가 돌로 치라 하심(7) (모두 죄인으로 정죄 못 한다 하심) 3. 다시 범죄하지 말라 하심(11) (죄를 떠나 구원받으라 하심)

*제목: 너무 길다, 구원은 결론적인 의미로서 제목보다 3대지에서 언급되어야 한다.
*대지(1대지): 간음녀로서 제목의 주어와 맞지 않는다
*해석: 핵심 내용을 좀 더 세밀하게 표현해야 한다.

48

수정 전	수정 후
예수님의 사명 (요 12:44-50)	예수님이 이 땅에 오신 목적 (요 12:44-50)
1. 세상의 빛으로 오심(46) (생명을 주심) 2. 세상을 구원하러 오심(47) (구원해 주심) 3. 심판하심(48) (심판하심)	1. 세상의 빛으로 오심(46) (마귀를 멸하심) 2. 세상을 구원하러 오심(47) (믿는 자를 구원하심) 3. 마지막 날에 심판하심(48) (불신자를 심판하심)

*제목 및 대지: 잘 되었다.
*해석: 대지와 유사함으로 소금에 짠맛이 없는 것과 같다.
*수정 후: 2대지와 3대지를 "믿는 자 불신자"를 대조하여 강조했다.

수정 전	수정 후
제자들과 함께한 자들의 신앙 모습 (행 1:12-14)	예수님을 도운 자들 (행 1:14)
1. 여자들의 모습(14) (예수님과 끝까지 함께한 신앙 모습) 2. 예수님의 어머니 마리아의 모습(14) (예수님 위해 끝까지 헌신한 신앙 모습) 3. 예수님의 아우들의 모습(14) (예수님께 마지막에 돌아온 신앙 모습)	1. 예수님의 어머니 마리아임(14) (마리아가 메시아 위해 헌신함) 2. 예수님의 아우들임(14) (아우들이 예수님을 믿게됨) 3. 여러 여자들임(14) (여인들이 끝까지 함께함)

*제목: '신앙 모습'은 전체적으로 빼도 된다. 대신에 주어인 ' 예수님'이 나타나야 한다,
*해석: 정곡을 찌르듯이 간결하고 정확하게 표현해야 한다.

수정 전	수정 후
사도가 해야 할 일 (행 6:1-6)	일곱 집사의 자격 (행 6:1-6)
1. 오르지 기도에 전무함(4) (기도함) 2. 말씀을 전하는 일에 전무함(4) (복음을 전하는 일에 힘씀) 3. 안수하여 일꾼을 세움(6) (좋은 일꾼들을 세움)	1. 성령이 충만함(3) (거듭남) 2. 지혜도 충만함(3) (삶의 자리에서 지혜가 넘침) 3. 칭찬 듣는 사람임(4) (신앙 평판이 좋은 사람)

*제목: 수정 전 주어인 "사도"에서 수정 후 "일곱 집사"로 주어를 바꾸면 내용이 다르게 되면서 풍성하게 된다,
*대지 순서: 직분자를 세우고 오로지 구제하는 일에 전념함

51

수정 전	수정 후
초대 교회의 신앙 (행 2:42)	초대 교회 성도들의 신앙 (행 2:42-47)
1. 사도의 가르침을 받음(42) (말씀 신앙) 2. 서로 교제하며 떡을 뗐음(42) (모이기 힘쓰는 신앙) 3. 오로지 기도에 힘씀(42) (오직 기도 신앙)	1. 성전에 모이기를 힘씀(46) (영의 양식을 사모함) 2. 서로 떡을 떼며 교제함(42) (육의 양식을 나누며 사귐) 3. 하나님을 찬미함(47) (하나님께 영광 돌림)

*제목: 성도가 포함되어야 대지와 문장 연결이 자연스럽다.
*해석: 한 단어로 표현된 해석은 포괄적이므로 구체성이 없다
1대지와 **2**대지 해석은 영과 육으로 대조되는 표현법을 사용했다

52

수정 전	수정 후
고넬료의 신앙 모습 (행 10:2-8)	하나님을 경외한 고넬료 (행 10:2-8)
1. 하나님을 경외함(2) (하나님을 두려워함) 2. 항상 하나님께 기도함(2) (규칙적으로 기도함) 3. 하나님께 순종하는 삶(7) (천사의 말을 들음)	1. 백성을 많이 구제함(2) (가난한 자들 가까이 돌봄) 2. 항상 하나님께 기도함(2) (습관 따라 하나님께 기도함) 3. 베드로를 청하라는 천사 말 들음(5) (베드로 만나는 기도 응답 받음)

*제목: 본문의 특징은 전체 내용으로 보면 대표단어 "경외"이다
*대지: 본문을 인용할 때 미리 해석하는 것을 금한다.
*해석**(3)**: 기도 응답으로 결론 지음이 좋다

수정 전	수정 후
거절보다 큰 은혜 (행 16:6-10)	바울을 인도하신 성령님 (행 16:6-10)
1. 성령이 아시아서 복음 전함을 막으심(6-8) (거절하시는 하나님) 2. 마게도냐 환상이 바울에게 보임(9) (하나님은 마게도냐로 가기를 원하심) 3. 곧 마게도냐로 떠나기를 힘씀(10) (하나님이 계획하고 인정하심)	1. 비두니아 가기를 허락치 않으심(7) (아시아서 복음 전할 길을 막으심) 2. 마게도냐에 와서 도우라 하심(9) (유럽 복음화 길을 여심) 3. 인정하고 떠나게 하심(10) (바울을 돌이키게 하심)

*제목: 무슨 의미인지 불분명하다.
*대지: 본문 그대로 인용해야 한다.
*해석(수정 후): "아시아-유럽", "막으심-여심"의 대조적으로 강조했다. 특히, 대지 순서에 따라 이야기가 되도록 구성했다.

수정 전	수정 후
루디아의 신앙 (행 16:11-15)	바울을 만난 루디아 (행 16:11-15)
1. 안식일을 지킴(13) (주일 성수를 지킴) 2. 바울의 설교를 들음(15) (말씀을 사모함) 3. 바울을 집에 모심(15) (주의 종을 섬김)	1. 바울의 말을 따름(14) (주의 종 말씀에 순종함) 2. 바울을 집에 머물게 함 (주의 종을 섬김) 3. 그 집이 다 세례받음(15) (온 가족이 구원받음)

*제목: 의미가 너무 광범위하다, 좀 더 구체적인 것이 좋다.
*대지(3): 단순하게 바울을 집에 모시는 것보다 "구원, 영광" 등 결과적인 내용으로 범위를 확대해야 한다

55

수정 전	수정 후
아브라함의 믿음 (롬 4:18-20)	아브라함의 믿음 3가지 (롬 4:18-20)

1. 바랄 수 없는 중에 바라고 믿음(18)
   (전능하신 하나님을 믿음)
2. 백 세 되어도 믿음이 약하지 않음 (19)
   (하나님과 약속을 믿음)
3. 하나님께 영광 돌리는 믿음(20)
   (능력의 하나님을 믿음)
	1. 바랄 수 없는 중에 바람(18)
	   (하나님의 권능을 따름)
	2. 백 세에 믿음이 약해지지 않음(19)
	   (하나님만 의지하여 담대함)
	3. 하나님의 약속을 의심하지 않음(18)
	   (하나님께 모든 것을 맡김)

*제목: "~3가지"는 3개 대지 내용이 각각 다를 때 사용한다.
*대지: 제목과 중복 표현(믿음)을 피하고 다른 용어로 풍성케 한다. 2대지 "되어도"를 삭제하여 문장을 매끄럽게 한다

56

수정 전	수정 후
바울의 교훈 (롬 12:1-2)	바울의 권면 (롬 12:1-2)

1. 몸을 거룩한 산 제사로 드려라(1)
   (거룩함으로 예배하라)
2. 이 세대를 본 받지 말라(2)
   (세상과 구별된 삶을 살라)
3. 하나님 뜻이 무엇인지 분별하라(2)
   (하나님 말씀을 기준하여 분별하라)
	1. 몸을 거룩한 산 제사로 드려라 함(1)
	   (거룩한 예배를 드려라 함)
	2. 이 세대를 본 받지 말라 함(2)
	   (세상 풍조를 따르지 말라 함)
	3. 하나님 뜻이 무엇인지 분별하라 함(2)
	   (영적 분별력을 가져라 함)

*제목: 간단 명료한 표현이 돋보인다.
*대지, 해석: 어미에 '함'을 넣어서 문장이 통해야 한다
*해석(3): 잘된 표현이다. 최적의 언어 구사를 위한 노력이 필요하다

57

수정 전	수정 후
바울의 신앙 (고전 15:9-12)	바울의 신앙 고백 (고전 15:9-12)
1. 사도 중 가장 작은 자라 함(9) (겸손한 신앙) 2. 나의 나 됨은 하나님 은혜라 함(10) (하나님 은혜 깨달은 신앙(10) 3. 예수 부활을 전파한다 함(10) (예수님 부활을 증거하는 신앙)	1. 사도로 감당하지 못함(9) (박해자가 사도 됨에 겸손해 함) 2. 나의 나 된 것 하나님 은혜임(10) (사도로 세워주신 하나님께 감사함) 3. 예수 죽으시고 살아나심 전파함(12) (예수님 부활을 증거함)

*제목: '신앙'은 포괄적이다. 더 구체적인 '신앙 고백'이 좋다.
*대지(3대지): '부활'이라고 미리 해석하지 말고 본문대로 인용해야 한다.
*해석: 주제 작성에는 굳이 제목의 '신앙'을 반복할 필요가 없다.

58

수정 전	수정 후
부활의 순서 (고전 15:20-26)	부활의 영광 (고전 15:20-26)
1. 첫 열매인 그리스도임(23) (예수 그리스도의 부활) 2. 예수 재림 때 그리스도께 속한 자(23) (예수님을 믿는 자의 부활) 3. 그 후에는 마지막임(24) (예수님을 믿지 않는 자의 부활)	1. 그리스도가 사자의 첫 열매 되심(20) (예수께서 첫째 부활하심) 2. 다음은 강림 때 그에게 속한 자임(23) (예수님 재림 때 믿는 자 둘째 부활함) 3. 그가 왕 노릇 하심(25) (예수님과 성도가 천년왕국 통치함)

*제목: 부활의 순서를 중요한 의미로 내세우기에는 미약하다.
대표 단어는 천국을 통치하는 "영광"이며 은혜가 된다.
*대지: 3대지는 지옥보다는 천국으로 표현해야 은혜가 된다

59

수정 전	수정 후
거듭난 성도의 삶 (고후 5:11-19)	성도의 삶 (고후 5:11-19)
1. 다시 사신 이를 위해 살게하심(15) (오직 예수님 중심의 삶) 2. 하나님을 위해 미쳐야 함(13) (하나님을 사모하는 삶) 3. 화목케하는 직분을 맡아야 함(18) (직분 감당의 삶)	1. 미치도록 하나님을 위함(13) (전심으로 하나님을 섬김) 2 새로운 피조물이 됨(17) (오직 예수님 신앙으로 거듭남) 3. 화목케하는 직분을 맡아야 함(18) (성령충만으로 사명 감당함)

*제목: 성도는 거듭난 자이므로 "거듭난"은 빼도 된다.
*대지(2): "새로운 피조물"은 2대지에 포함되어야 하는 대지 깜이다.
*해석: 제목에 맞춰서 "삶"시리즈로 중복 표현 하지 않아도 된다.

60

수정 전	수정 후
하나님께 버림 받을 자 (엡 2:1-3)	하나님을 진노케 하는 자 (엡 2:1-3)
1. 육체의 욕심을 따름(3) (탐욕에 몰두함) 2. 허물과 죄로 죽음(3) (영적으로 죽음) 3. 공중 권세 잡은 자를 따름(2) (사단의 통치에 따름)	1. 공중 권세자를 따름(3) (사단의 지배에 속함) 2. 세상 풍조를 따름(3) (세상 죄악에 물듦) 3. 육체의 욕심을 따름(2) (육신의 정욕에 빠짐)

*제목: 수동태보다 능동태가 좀 더 적극적이다
*대지: 이야기 식이 되도록 순서를 정하고 '따름'시리즈로 일관성 있게 설교하면 이해하기 쉽다. 2대지는 제목과 맞지 않다.

수정 전	수정 후
데살로니가 교회의 신앙 (살후 1:11-12)	**바울이 칭찬한 데살로니가 교회** (살후 1:11-12)
1. 하나님께 합당한 자로 여기심(11) (예수님의 제자가 됨) 2. 모든 선을 기뻐함(11) (믿음으로 능력을 행함) 3. 하나님이 영광을 받게 함(11) (하나님의 영광에 동참함)	1. 하나님이 합당하게 여기시게 함(11) (하나님께 온전한 믿음으로 나아감) 2. 모든 선을 행함(11) (매사에 선한 행실을 다함) 3. 하나님께 영광을 돌림(11) (하나님께 찬양드림)

*본문 내용: 데살로니가 교회의 참된 신앙에 대해 하나님께서 기뻐하심에 대하여 바울이 칭찬하는 기도이다. **3**자가 복합된 상당히 까다로운 주제이다 *제목과 대지가 맞지 않으므로 대지 변형을 해야 한다

수정 전	수정 후
천국에 들어가는 방법 (히 3:7-14)	**성도의 신앙 자세** (히 3:7-14)
1. 마음이 완고하지 말아야 함(8) (말씀을 거역하지 말아야 함) 2. 마음이 미혹되지 않아야 함(10) (유혹에 빠지지 않아야 함) 3. 확신한 것을 끝까지 붙잡아야 함(12) (말씀을 끝까지 지켜야 함)	1. 완고하지 않음(8) (말씀에 순종함) 2. 미혹되지 않음(10) (영적으로 분별함) 3. 확신한 것을 끝까지 붙잡음(12) (받은 은혜를 늘 기억함)

*제목: 천국이 대표 단어가 아닌데 너무 비약하여 앞서 나갔다.
*대지: "마음"은 삭제하여 어미 처리를 간결케 하는 것이 좋다.
*해석: 말씀대로 실천-영안을 떠서-하나님의 첫사랑을 깊이 간직함

63

수정 전	수정 후
삶 가운데 성도의 자세 (약 5:13-18)	성도의 신앙자세 (약 5:13-18)
1. 고난 중에 기도함(13) (하나님만 바라며 의지함) 2. 즐거울 때 찬송함(13) (하나님께 감사 찬송함) 3. 죄를 고백하며 기도함(16) (회개하고 중보기도함)	1. 고난 중에 기도함(13) (하나님만 의지함) 2. 죄를 고백함(16) (죄를 회개함) 3. 즐거울 때 찬송함(13) (기쁨으로 예배 드림)

*제목: "삶 가운데"는 생략해도 된다.
*대지: 2대지와 3대지는 순서적으로 바꾸는 것이 좋다.
*해석: 전체적으로 줄이며 다듬었다.

64

수정 전	수정 후
종말 때 성도가 집중해야 할 일 (벧전 4:7-11)	말세 성도의 삶 (벧전 4:7-11)
1. 정신 차리고 기도함(7) (기도해야 함) 2. 뜨겁게 서로 사랑해야 함(8) (뜨겁게 사랑해야 함) 3. 선한 청지기같이 서로 봉사함(10) (사명감으로 봉사해야 함)	1. 정신 차리고 기도함(7) (깨어 기도함) 2. 서로 사랑으로 죄 덮음(8) (사랑으로 상대 허물을 용서함) 3. 은사 받은대로 봉사함(10) (사명감으로 헌신함)

*제목: 너무 길어서 설교하기에 불편하다
*해석(1): "정신 차리고"에 대한 해석이 필요하다
전체적으로 "해야 함"을 '함'으로 줄여도 된다

65

수정 전	수정 후
하나님 증거의 내용 (요일 5:9-12)	요한의 증거 (요일 5:9-12)
1. 아들에 대하여 증언하심(9) (예수님은 하나님 아들이심) 2. 아들 안에 생명이 있음(11) (예수께서 구원주 되심) 3. 우리에게 영생 주심(11) (예수님 믿는 자 내세 축복을 주심)	1. 아들에 대하여 증언하심(9) (예수님에 대하여 증언하심) 2. 아들 없는자 생명 없다 하심(12) (예수님 믿지 않는 자 지옥 심판받음) 3. 아들 있는 자 생명있다 하심(12) (예수님 믿는 자 천국 영생 누림)

*위의 "수정 전, 수정 후"는 무시하고, 같은 제목 하에 **2**가지 관점으로 다르게 표현한 주제를 참고하기 위한 자료이다

66

수정 전	수정 후
육에 속한 자 (유 1:17-19)	거짓 선지자들의 특징 (유 1:17-19)
1. 경건하지 않음(18) (신앙이 없는 자) 2. 정욕대로 행함(18) (자기 의지대로 행하는 자) 3. 성령이 없음(19) (세상적인 삶을 추구하는 자)	1. 성령이 없음(19) (거듭나지 못함) 2. 분열을 일으킴(19) (당 짓고 서로 다툼) 2. 정욕대로 행함(18) (자기 욕심만 채움)

*본문 내용: 유다는 거짓 선지자와 교사들의 부당성을 지적하고 그들에게 미혹당한 자들을 구해 낼 것을 권면하고 있다.
*제목: 설명이 필요없는 구체적인 인물 표현이 이해하기 쉽다.
*대지 순서: 거짓 선지자는 거듭나지 못해 다투고 자기 욕심만 채운다.
*해석: "수정 전"의 **3**개 대지 해석이 모두 유사하다

수정 전	수정 후
재림 때 예수님의 심판 (계 6:12-13)	예수님의 재림 현상 (계 6:12-14)

1. 해가 검은 털로 짠 상복 같음(12)
   (해가 빛을 잃음)
2. 달이 온통 피 같음(12)
   (지진 현상 나타남)
3. 별들이 떨어짐(13)
   (우주도 심판함)
	1. 해가 검은 털로 짠 상복 같음(12)
	   (심판의 전조가 나타남)
	2. 지진나고 별들이 떨어짐(13)
	   (심판이 시작됨)
	3. 산과 섬이 옮겨짐(14)
	   (심판이 완전히 드러남)

*수정 전: 제목과 대지와 해석이 전체적으로 통하지 않는다.
*대지: 성구 **14**절 늘려서 필요한 대지를 보충했다
*해석: 상징으로 하지 않고 문자대로 해석했다.

수정 전	수정 후
예수님의 최후 재림 심판 (계 16:17-21)	예수님 재림 때 현상 (계 16:17-21)

1. 일곱대접쏟으매 지진일어남(17,18)
   (우주 만물 최후 심판 받음)
2. 진노의 포도주 잔 받으심)(9-20)
   (음녀 다원주의자 멸망함)
3. 하나님 비방으로 재앙이 큼(21)
   (적그리스도 비방으로 심판 받음)
	1. 일곱대접쏟으매 지진일어남(17,18)
	   (우주 만물이 멸망함)
	2. 진노의 포도주 잔 받으심(19-20)
	   (타락한 교회가 멸망함)
	3. 하나님 비방으로 재앙이 큼(21)
	   (회개치 않은 자들 멸망함)

*제목 : 재림 심판은 최후 의미가 포함되어 있으므로 "최후"는 빼도 된다.
*해석**(1,3)**: 제목의 '심판' 과 중복을 피해야 한다

수정 전	수정 후
천국 가는 자 (계 22:14)	재림 때 복 받을 자 (계 22:14)
1. 두루마기를 빠는 자(14) (계명을 지키는 자) 2. 생명나무에 나아가는 자(14) (예수님을 믿는 자) 3. 문들을 통해 성에 들어간 자(14) (좁은 문으로 들어간 자)	1. 두루마리를 빠는 자(14) (회개하는 자) 2. 생명나무에 나아가는 자(14) (예수님을 믿는 자) 3. 성에 들어갈 권세를 받는 자(14) (천국 들어가는 자)

*해석(1): "계명 지키는 자"도 맞지만, 전체 문맥상 "회개하는 자"가 더 적합하다.
해석(3): '좁은 문'은 천국을 의미 한다. 그 경우에 제목과 중복되므로 제목을 바꾸어야 한다.

수정 전	수정 후
예수님의 마지막 말씀 (계 22:18-21)	예수님의 마지막 경고 (계 22:18-21)
1. 예언의 말씀외 더하면 재앙 더함(18) (함부로 말씀에 더하면 심판 받음) 2.예언의 말씀 제하면 거룩한 성 참여 제하심(19) (적그리스도,종교다원주의자,천년왕국 못감) 3. 내가 진실로 속히 오리라 하심(20) (재림의 때가 가까이 왔음)	1. 예언의 말씀에 더하면 재앙 주심(18) (없는 말씀에 더하면 심판하심) 2.예언의 말씀 제하면 거룩한 성 참여 제하심(19) (말씀 변개로 감하면 천국 못감) 3. 내가 진실로 속히 오리라 하심(20) (임박한 재림에 대비하라 하심)

*제목: 예수님의 평범한 말씀이 아니라, 단호한 경고의 말씀이다
*대지: 대지 선정이 순서대로 잘 되었다
*해석(2): 수정 후처럼 문자적 해석이 바람직하다

3. 주제 연습 문제 풀기

지금까지 설교문의 기초가 되는 제목, 대지, 해석 및 주제를 작성하는 방법을 설명했다. 이제 실제로 독자들이 아래와 같은 연습 문제 실습으로 자가 진단하며 발전한 모습을 확인하는 기회로 삼고자 한다. 동 문제지는 몇 달 전 모 대학 대학원 목회학과 목회자 대상, 줌(zoom) 강의 자료의 일부로서 실전적 설교 세미나의 한 단면을 보여 준다.

1) 제목 수정하기

아래 제목을 10자 이내로 줄이며 달리 표현하십시오
(이 책 "제목 작성" 짧은 표현 쓰기 참조).

① 염려가 흔들지 못하는 인생(빌 4:6-7) → _____

② 예수님 안에서 새로운 생명을 얻은자(롬 6:4-11) → _____

③ 예수님이 자랑스럽지 않은가?(딤후 1:8) → _____

④ 요동하는 세상에서 살아남기(마 24:3-14) → _____

⑤ 사람에게는 진심 하나님께는 전심(마 25:31-46) → _____

2) 주제 수정하기

수정 전	수정 후
헤롯 왕의 반응 (마 2:1-8)	베들레헴 헤롯 왕의 행적 (마 2:1-8,16)

1. 소동하였음(3)
   (자기중심의 삶)
2. 어디서 나겠느냐 물었음(4)
   (말씀이 없는 삶)
3. 자기도 경배하겠다고 함(8)
   (거짓이 가득한 삶)
	1. (다스릴자가)(6)
	   (위기에 처함)
	2. (경배하겠다 함)(8)
	   ( )
	3. (두 살 아래)(16)
	   (악을 행함)

3) 주제 만들기

(1) 시 55:22

네 짐을 여호와께 맡기라 그가 너를 붙드시고 의인의 요동함을 영원히 허락하지 아니하시리라.

다윗을 도우시는 하나님	(시 55:22)
1. (맡으심)(22) 2. ( )(22) 3. (영원히)(22)	(염려를) (필요를 채워주심) (견디게 하심)

제2부 제2장 설교 주제 실습하기(Create a topic for your preaching) 107

(2) 딤후 1:8

너는 내가 우리 주를 증언함과 또는 주를 위하여 갇힌 자 된 나를 부끄러워하지 말고 오직 하나님의 능력을 따라 복음과 함께 고난을 받으라.

디모데를 권면한 바울	(딤후 1:8)
1. (부끄러워하지 않음)(8) 2. (십자가)(8) 3. (능력으로)(8)	(핍박을) (견딤) (증거함)

(3) 부모 섬기는 마음(잠 23:22-24)

1. 청종함(22)   (   )

2. 경히 여기지 않음(22)   (   )

3. 즐거움을 드림(24)   (   )

(4) 씨뿌리는 자의 비유(눅 8:4-8)

1. 길가에 떨어져 새들이 먹음(5)   (   )

2. 바위에 떨어져 싹이 났다가 마름(6) (   )

3. 좋은 땅에 떨어져 백배 결실 맺음(8) (   )

(5) (   )(행 2:1-4)

1. 강한 바람 같았음(2)   (   )

2. 불의 혀같이 보였음(3)   (   )

3. 다른 언어로 말하게 하심(4)   (   )

(6) (   )(고전 14:2-4)

1. 하나님께 드림(2)   (   )

2. 영으로 비밀을 말함(2)   (   )

3. 자기의 덕을 세움(4)   (   )

(7) (   )(벧전 1:3-4)

1. 거듭나게 함(3)   (   )

2. 산 소망을 갖게 함(3)   (   )

3. 하늘 유업을 잇게 함(4)   (   )

(8) 예수님의 사명(계 1:5-7)

1. 피로 죄에서 해방하심(5)   (   )

2. 죽은 자 가운데서 먼저 나심(5) (   )

3. 구름 타고 오심(7)   (   )

<문제2, 3 해답은 부록에서 찾을 수 있는데, 먼저 답안을 쓴 후에 비교하면 더 효과적임>

제3장

설교문 실습하기
(Create a topic for your Preaching)

1. 설교 본문 정하기

설교는 성경 본문을 해석하고 전하는 것이다. 그러므로 본문을 정하는 것은 중요한 요소로서 명확한 선택 기준이 있어야 한다. 본문을 정하기 위해 여러 가지 방법이 있다. 그중에서도 성경 권별로 순차적으로 본문을 정하거나, 주제별로 일정기간 집중적으로 정하거나 또는 시대적인 큰 이슈가 있을 때 회중의 관심사에 순발력 있게 잘 적용하도록 본문을 정하는 방법 등이 있다.

필자도 특정한 주제를 일시적으로 본문을 정하거나 사회적인 시사에 맞게 또는 절기에 맞게 본문을 정하기도 한다. 그러나 그런 특정한 시점에 본문을 정하는 어떠한 방법도 완벽하지 않고 각각 장단점이 있기 마련이다. 그런 방법과 달리 다음과 같이 일반 설교자들이 평소 일상적인 관습으로 현실적인 상황에 따라 적절하게 본문 정하는 방법에 대해 언급하고저 한다.

　무엇보다 늘 성경을 읽으며 묵상 기도 가운데 성령님의 음성에 귀를 기울여야 한다. 그때 마음에 감동이 되어 통찰력으로 깨달은 말씀이 본문 선택의 중요한 주제가 될 수 있다. 즉, 매일 기도 중에 성령의 감동을 받거나, 성경을 읽으며 연구 중에 착상되는 것 중에 선별한다.

　이에 더하여 다양한 종류의 책을 읽거나 사람과의 만남과 전화 통화, 인터넷, 뉴스 등 눈에 보이는 모든 사물이 설교의 거대한 배경으로 중요한 설교 자료가 된다. 심지어 드문 일이지만 꿈속에서 본문을 찾던 기억을 더듬어 보기도 한다. 즉 평소의 삶 속에서 끊임없이 기도하는 것 외에 습관적으로 신체의 예민한 오감을 동원하여 뇌리에 번뜩이는 기지로써 순간 포착하는 방법도 필요하다.

　최종적으로 설교 주제로 가장 강하게 마음에 와 닿고 제목과 대지 해석을 연결해서 이야기가 잘 되고 은혜가 되는 주제를 수요일까지 선택한다. 이 주제는 설교의 핵심 뼈대로서 설교의 반 이상을 한 것이나 마찬가지이다. 이후 뼈대에 살 붙이는 격인 관주성경, 예화, 간증, 찬양 등은 일사천리로 1시간 정도 진행하며 설교문이 완성된다. 이러한 설교 본문 선택 방법을 생활화한다면 본문을 정할 때마다 굳이 별도로 시간을 내면서까지 장시간 고심할 필요가 없게 된다.

2. 설교문 양식 기재하기

① 제목 (성경 약식 표기)		② 부제 인명 지명	20 . . 교회 성명
③ 성경 본문		④ 서론	
1	⑤ 대지 ⑥ (절)	⑦ (해석 1)	
	⑩ 예화 1	⑨ 관주 성구 1-2개	
	예화 2	⑧ 해석 2	
2	대지(절)	(해석 1)	
	1대지와 동일	1대지와 동일	
	1대지와 동일	1대지와 동일	
3	대지(절)	(해석 1)	
	1대지와 동일	1대지와 동일	
	1대지와 동일 　　　　　　　<말씀 정리>	1대지와 동일	
	⑫ 총결론	⑪ 해석 2 종합	

* 글체: 가는 으뜸체
* 글자 크기(폰트): ① 제목= 13-15, ⑤ 대지 ⑦ 해석 1 및 성경(제목 밑)= 10, 기타= 9

① 제목, 성경 약식 표기.
② 부제, 인명, 지명.
③ 성경 본문: 3개 대지 해당 성구만 기재, 공간을 늘리려면 ③과 ④ 사이 경계선 이동함. 필요 시 요약할 수 있다.
④ 서론: 저자, 시대, 동기, 본문 내용, 특기 사항 및 방향 제시 요약함.
⑤ 대지: 본문 그대로 인용함.
⑥ 해당 절을 본문③을 보면서 봉독함.
⑦ 해석 1: "설교 주제의 유형" 및 "부록" 참조.
⑧ 해석 2: 해석 1보다 다른 관점으로 표현, 또는 비유 상징 등으로 확대 해석함.
⑨ 관주 성경: 대지와 해석 1의 주요 단어와 연관된 것을 다른 성경에서 택하여 풀이함으로 풍성한 설교가 되게 한다. 원칙적으로 신구약 하나씩 기재함.
⑩ 예화 1, 예화 2: 신앙 및 성경 이야기 등으로 설교의 핵심을 좀 더 뚜렷하게 하면서 본문 주제와의 연관성이 분명해야 함.
그러나 설교의 핵심보다 강조하거나 너무 많으면 본문 의도를 희석하게 됨. 그러므로 간증, 찬양 등 다양하게 가미하면 청중들의 은혜 받기에 도움이 됨.
⑪ 해석 2 종합: 해석 2 모두를 함축하여 본문의 핵심 의도를 강조함
3대지 예화 2가 끝나는 시점에 "이제 말씀을 정리하겠습니다"라고 전하며
3개의 해석 2를 종합적으로 요약해서 첫 결론을 말함.
⑫ 총결론: 본문 내용을 강조하기 위해 본문 외 성경을 제시하여 성도들의 결단과 도전을 촉구하고 현실에 적용하여 은혜가 절정에 이르도록 함.

※ 3단 구성을 종합한 설교문

가버나움 맹인 만난 예수님 (마 9:27-31)		예수님 가버나움에서 하신 일 가버나움=주 사역	20 . . 장소 이름
27 예수께서 거기에서 떠나가실새 두 맹인이 따라오며 소리 질러 이르되 다윗의 자손이여 우리를 불쌍히 여기소서 하더니 28 예수께서 집에 들어가시매 맹인들이 나아오거늘 예수께서 이르시되 내가 능히 이일 할 줄을 믿느냐 대답하되 주여 그러하오이다 하니 29 예수께서 그들의 눈을 만지시며 이르시되 너희 믿음대로 되라 하시니 30 눈들이 밝아진지라 예수께서 엄히 경고하시되 삼가 아무에게도 알리지 말라 하셨으나			3대 사역 = 가르치심, 천국 복음 전파, 모든 병과 약한 것 고치심(마 9:35-36) 4복음서-공생애, 40여 가지 병 고침 주로 마 8장 9장에 갈릴리에서 9번 이적 사건 중 8번 치유 사역(40) 주요 병 고침 방법 = 말씀 명령 안수 성도! 예수님의 치유 과정 내용 살펴봄
1	불쌍한 자의 소리를 들으심(27)		(병약자를 불쌍히 여기심)
	〈첫째 칸〉	(마 9:2) 〈둘째 칸〉	
	(티비 조슈아) 〈셋째 칸〉		눈먼 자 새겨들으심 고통받는 인류 긍휼히여기시는 위로자
2	일이 될 줄 믿느냐를 물으심(28)		(온전히 낫겠다는 믿음을 보심)
		(요 5:1)	
	(혈루증 여자)		전적으로 맡기믿음 고백케하심. 죄인에게 복음전하시는 구원자
3	눈을 만져 밝아지게 하심(29-30)		(안수로 병을 고치심)
		(마 1:40)	
	(10명 나환자)		안수로 병고치심 치유 이적 보이심 모든병 고치신 권능자
정필도 목사 유언- 적당히 생각지 말고 확신을 가질 때 믿음, 능력 놀라운 열매 맺음 (막 16:18)병든 사람에게 손 은즉 나으리라 우리:초대 교회 성도 믿음 확신 예수 이름 능력과 권세로 병 고치며 죽은 영혼 살리는 일 더욱 매진 축원!			긍휼 베푸시는 위로자 복음 전하시는 구원자 모든병 고치는 권능자

1) 서론

가버나움 맹인 만난 예수님 (마 9:27-31)	예수님 가버나움에서 하신 일 가버나움=주 사역	20 . . 장소 이름
27 예수께서 거기에서 떠나가실새 두 맹인이 따라오며 소리질러 이르되 다윗의 자손이여 우리를 불쌍히 여기소서 하더니 28 예수께서 집에 들어가시매 맹인들이 나아오거늘 예수께서 이르시되 내가 능히 이일 할 줄을 믿느냐 대답하되 주여 그러하오이다 하니 29 예수께서 그들의 눈을 만지시며 이르시되 너희 믿음대로 되라 하시니 30 눈들이 밝아진지라 예수께서 엄히 경고하시되 삼가 아무에게도 알리지 말라 하셨으나	3대 사역 = 가르치심, 천국 복음 전파, 모든 병과 약한 것 고치심(마 9:35-36) 4복음서-공생애, 40여 가지 병 고침 주로 마 8장 9장에 갈릴리에서 9번 이적 사건 중 8번 치유 사역(40) 주요 병 고침 방법 = 말씀 명령 안수 성도! 예수님의 치유 과정 내용 살펴봄	

　제목의 오른쪽 작은 박스는 부제로서 제목을 대신할 수 있으므로 각 대지와 연결해도 문장으로 내용이 잘 통한다. 또한, 지명 인명을 소개할 수 있다. 본문 오른편의 서론은 본문 배경 시대의 저자, 저작 동기 등을 일반 주석 책에서 정보를 얻을 수 있다. 또한, 본문의 내용 특징 등 다양하게 기록할 수 있으며 마지막 일곱째 줄은 설교의 방향 제시를 한다. 자세한 배용은 설교 전달법의 설교 전문 항목에서 참고할 수 있다.

　오래전 필자가 대기업 입사시험을 치른 경험이 있었다. 당시 필기시험에 합격했는데 이보다 더 힘든 것은 3대 1의 경쟁률인 2차 면접시험이었다. 면접을 앞두고 입사한 선배들에게서 조언을 받았다. 즉, "첫인상은 첫 1분에 결정되니 표정, 복장, 걸음걸이 등을 연습하라"는 내용이었다.

　또한, 신학교 다니던 시절에 설교학 교수의 강의가 생각이 난다. 설교의 성패는 설교 시작 후 첫 1분에 판가름 난다고 들은 기억이 있다. 그런 영향 때문인지 최근 필자가 설교 세미나 또는 설교할 때 서론적인 첫 1분 발언을 상당히 중요시 한다. 이러한 골든타임에 청중들의 주의를 끌지 못하면 그들의 관심을 집중시킬 수 없다는 뜻이다. 그런데 대지 설교자들이 의도적으로 청중의 관심을 집중하도록 설교 시작 때부터 하나님 말씀보다 먼저 흥미로운 시사나 예화를 말하는 것은 성경적이지 않다. 설교자는 반드시 원고를 외워서 청중을 바라보고 성경 말씀으로 시작해야 한다.

2) 본론

(1) 주제 만들기

각 대지별 ① 해석 1과 ② 해석 2로 나누었다.

가버나움 맹인 만난 예수님 (마 9:27-31)	
대지	해석
1. 불쌍한 자의 소리 들으심(27)	① 병약 자를 긍휼히 여기심 ② 눈먼 자 외침을 새겨 들으심
2. 일이 될 줄 믿느냐 물으심(28)	① 온전히 낫겠다는 믿음 보심 ② 전적인 믿음을 고백케 하심
3. 전적인 믿음을 고백케 하심	① 안수로 병 고치심 ② 치유 이적 보이심

(2) 해석 2

설교 양식 오른편의 작은 네모 칸에 기재한다.

1	불쌍한 자의 소리를 들으심(27)	(병약 자를 불쌍히 여기심)
	〈첫째 칸〉	(마 9:2) 〈둘째 칸〉
	(티비 조슈아) 〈셋째 칸〉	눈먼 자 새겨 들으심 고통받는 인류를 긍휼히 여기시는 위로자
2	일이 될 줄 믿느냐를 물으심(28)	(온전히 낫겠다는 믿음을 보심)
		(요 5:1)
	(혈루증 여자)	전적으로 맡기는 믿음 고백케하심. 죄인에게 복음 전하시는 구원자
3	눈을 만져 밝아지게 하심(29-30)	(안수로 병을 고치심)
		(마 1:40)
	(10명 나환자)	안수로 병고치심 치유 이적 보이심 모든 병 고치신 권능자

(3) 관주 성경

앞 페이지 도표를 보면, 둘째 칸에 각 대지별 관주 성경(마 9:2; 요 5:1; 마 1:40)이 표기되어 있다. 대지 내용과 유사한 성구를 선택하여 좀 더 풍성한 설교가 되도록 했다. 신구약 한 개씩 하는 것을 기준으로 하되 이 경우처럼 하나의 성구로 풀이해도 된다.

(4) 예화

① 예화의 정의

예화(illustration)는 설교의 핵심을 좀 더 선명하고 뚜렷하게 강화하기 위한 보조 자료로써 음식의 조미료처럼, 신부가 화장하듯, 무대 연기를 돋보이게 하는 조명과 같은 역할을 한다. 또한, 청중들의 마음을 다소 부드럽게 설득력 있는 설교 분위기로 이끌기 위해 예화는 빠뜨릴 수 없는 설교의 필수 사항이다.

그러나 예화가 설교의 목적이 되거나 과장하지 않고 현장감 있는 생생하고 감동적으로 전해야 청중도 감동한다. 설교자의 감정은 청중에게 고스란히 전이 되는데 실제로 청중들은 수많은 설교를 들었지만, 예화만 오랫동안 기억에 남는 것이 사실이다.

② 예수님의 예화 사례

마태복음 5-7장과 아래의 13장, 25장을 보면 예수님이 일상의 삶 속에서 50여 개의 흔한 소재로써 천국과 지옥 이야기를 비유(Parable)로 말씀하셨다.

마 13장 7가지 비유	마 25장 3가지 비유
씨 뿌리는 자, 가라지, 겨자씨, 누룩, 감추인 보화, 진주, 그물.	열처녀, 달란트, 양과 염소.

내가 그들에게 비유로 말하는 것은 그들이 보아도 보지 못하며 들어도 듣지 못하며 깨닫지 못함이니라(마 13:13).

③ 예화의 유의 사항

예화는 첫째 칸 셋째 칸에 기재하되 첫째 칸의 경우는 원어 풀이, 간증, 찬양으로 대체할 수 있다. 예화는 반드시 본문과 본문 주제와의 연관성이 분명하고 성경적이라야 한다. 특히, 예화가 너무 많으면 본문 말씀을 희석하게 하고 혼란을 초래할 우려가 있다. 즉, 예화를 연극에 비유하면 조연 배우가 본연의 임무를 넘어 결코 주연 배우급의 역할을 할 수 없다는 뜻이다. 또한, 예화를 말할 때는 옆 사람과 대화하듯 될 수 있는 대로 편안하게 웃는 모습으로 원고를 안 보고 천천히 부드럽게 한다.

(5) 간증

설교자 자신이 삶 속에서 있었던 특별한 이슈 또는 영적 체험을 말함으로 청중들에게 감동이 되거나 본이 되게 하는 것이다. 이에 따라 청중들은 긍정적인 도전이나 새롭게 결단하도록 촉구하는 데 의의가 있다. 실제로 청중들은 간증을 들을 때 더욱 호기심과 흥미를 가짐으로 시선을 집중하는 데 도움이 된다. 이때 유의할 점은 지나치게 설교자 자신과 그의 가족들에 대해 자랑하거나 신비주의 색채가 강한 발언 등은 자제하도록 해야 한다. 특히, 이미 간증했던 내용을 반복하면 오히려 역효과의 우려가 있다.

3) 결론

정필도 목사 유언- 적당히 생각지 말고 확신을 가질 때 믿음, 능력 놀라운 열매 맺음 (막 16:18)병든 사람에게 손 은즉 나으리라 우리=초대 교회 성도 믿음 확신 예수 이름 능력과 권세로 병 고치며 죽은 영혼 살리는 일 더욱 매진 축원!	긍휼 베푸시는 위로자 복음 전하시는 구원자 모든 병 고치는 권능자

3대지 셋째 칸 끝나는 시점에 "말씀을 정리하겠습니다"로부터 결론이 시작된다. 첫 결론은 3개 대지의 해석 2를 종합하여 다음과 같이 말한다.

> 가버나움 맹인 만난 예수님은 긍휼을 베푸시는 위로자, 복음 전하는 구원자, 모든 병을 고치시는 권능자이십니다.

최종적으로 총결론은 설교문 제일 아래 칸에 정필도 목사의 유언으로 "믿음의 확신을 가질 때 열매 맺는다"라고 강력하게 호소하며 말씀을 선포한 뜻은 맹인처럼 믿음의 확신을 본받으라는 권면이다. 이어서 본문 밖(막 16:18) 예수님 안수로 치유 역사의 예를 들어 성도들도 믿음의 확신으로 육신의 병과 영혼 살리기를 권면하며 결론을 맺고 있다. 즉, 3개 대지를 종합할 만한 성구 선정과 예화를 들어 성도들에게 은혜스럽게 도전하게 하며 설교가 끝난다. 결론은 설교의 "클라이맥스"로써 성도들이 실천에 옮기도록 결단을 촉구해야 한다.

이러한 방법으로 설교문 만들기에 어느 정도 숙달이 되면 자연적으로 설교 준비 시간이 점차 줄게 된다. 마침내 설교 본문을 정한 후 통상 1시간 정도 크게 힘들이지 않고 한 페이지 설교문을 만드는 수준에 이르게 된다.

위에 3단 구성을 종합한 설교문인 "가버나움 맹인 만난 예수님"을 포함하여, 12편의 한 페이지 설교문 예시를 게재했다.

3. 설교문 12선

1) "한 페이지 설교"의 효율성

첫째, 설교 전문 처럼 많은 설교 준비 시간을 투여해야 하는 수고가 필요치 않다. 단지 특정한 한 페이지 설교 양식에 손쉽게 기재함에 따라 결정적으로 시간을 대폭 단축할 수 있다.

둘째, 설교자가 강단에서 최소 5 페이지 이상의 설교 전문으로 설교를 한다면 어쩔 수없이 수시로 원고를 보아야 하는 매임에서 벗어날 수 없다. 그러나 한 페이지 설교문은 작성이 끝날 때가 되면 이미 설교 전문을 보듯이 전체 윤곽을 파악하게 된다. 연이어 설교문을 숙지 할 때까지 몇번 반복하며 읽으면 강단에서 원고를 거의 안보고 설교할 수 있다. 따라서 자유롭게 회중과 시선을 마주하여 영적으로 교감하며 여유있게 설교할 수 있다.

2) 양식(#337) 보완으로 풍성한 설교

기존의 제1권 설교문 양식에서 해석2가 추가되어 해석을 다른 각도로 다양한 해석을 한다. 또한 3대지 이후 결론 부분을 개선하여 현실 적용과 신앙 결단을 위한 공간이 밑단에 새로 추가되어 더 이상 부족함이 없는 설교 양식의 완전체가 되어 풍성한 설교를 기하게 됐다.

※ 설교문 예시(1)

가버나움 맹인 만난 예수님 (마 9:27-31)		예수 가버나움에서 하신 일 가버나움=주사역지	20 . . 교회: 성명:
27 예수께서 거기에서 떠나가실새 두 맹인이 따라오며 소리 질러 이르되 다윗의 자손이여 우리를 불쌍히 여기소서 하더니 28 예수께서 집에 들어가시매 맹인들이 나아오거늘 예수께서 이르시되 내가 능히 이일할 줄을 믿느냐 대답하되 주여 그러하오이다 하니 29 예수께서 그들의 눈을 만지시며 이르시되 너희 믿음대로 되라 하시니 30 눈들이 밝아진지라 예수께서 엄히 경고하시되 삼가 아무에게도 알리지 말라			3대 사역 = 가르치심, 천국 복음 전파, 모든 병약한 것 고치심(마9:35-36) 4복음서-공생애, 40여 가지 병고침 주로 마8장 9장에 갈릴리에서 9번 이적사건 중 8번 치유 사역(40) 주요 병고침 방법 = 말씀 명령) 안수 성도! 예수님의 치유 과정 내용 살펴봄
1	불쌍한 자의 소리를 들으심(27)		(병약 자를 불쌍히 여기심)
소리 지르다(크라조),부르짖다, 외치다 예수님 가시는 곳에 병약한 신체 장애자들이 낫고저 군중 멀리 소리지를 수밖에. 우리= 부르짖으며			(마 9:2) 그들의 믿음 보시고 중풍병자 긍휼히 여김 "작은 자야 안심하라 네 죄사함 받았다--믿을 때 치유 우리= 확실히 믿고 의지할 때 하나님 응답하심
티비 조슈아(T.B Jdsua,나이지리아의 열방교회 세계적 치유 사역자 주일예배 4만명, 전세계 1천여 명 방문.최근 해외 병약 자들 긍휼히 여겨 2016년 한국,멕시코 대영집회 수많은 불치환자 고침, 고통받는 자 사랑실천			눈먼 자 새겨 들으심 고통받는 인류 긍휼히 여기시는 위로자
2	일이 될 줄 믿느냐를 물으심(28)		(온전히 낫겠다는 믿음을 보심)
믿다(파스튜오), 신뢰하다, 의지하다, 맡기다 갈릴리 환자들= 소문 듣고 예수 절대능력 신뢰 전적으로 맡길 때 치유 역사 일어남			(요 5:1) 예루살렘 베데스다 38년 병자 물으심 "네가 낫고자 하느냐" 자신의 믿음 고백 확인 우리=간구할 때 될 수 있다 확신기도-응답됨 믿음
열두 해 혈루증 앓는 여자- 예수 뒤에서 겉옷 만지니-만져도 구원받겠다 함 딸아 안심하라 네 믿음이 너를 구원하였다(마 9:20-22),믿음으로 치유 영적 구원의 복 받음, 우리= 예수님 사모하는 여인의 믿음 본받기를			전적으로 맡기는 믿음 고백케하심. 죄인에게 복음 전하시는 구원자
3	눈을 만져 밝아지게 하심(29-30)		(안수로 병을 고치심)
(막 8:23) 벳세다 한 맹인 손 붙잡고 눈에 침뱉으며 안수하심. 예수=안수 전 물으심, 네가 나를 사랑? 본문 28절"일을 할줄 믿느냐? 그러하오이다			(마 1:40) 나병환자 꿇어엎드려" 저를 깨끗이" 주께 맡기는 간구자 참된 자세, 예수님= 모세의식법 위반 무릅쓰고 안수로 병 고치심
아홉은 어디 있느냐(눅17:17)-아홉 나병환자=영적 무지-감사없는 유대인 거듭나지 못한 현대 교인. 사마리아인 한 명만 은혜 감사-원 은혜 받음 메시아 인정 이방 교회. 우리=사마리아인 감사 믿음- 영육 간 구원확신 갖기			안수로 병고치심 치유 이적 보이심 모든 병 고치신 권능자
정필도 목사 유언- 적당히 생각지말고 확신가질 때 믿음능력 놀라운 열매맺음 (막 16:18) 병든 사람에게 손 얹은 즉 나으리라 우리= 초대 교회 성도 믿음확신 예수 이름 능력과 권세로 병고치며 죽은 영혼 살리는 일 더욱 매진 축원!			긍휼 베푸시는 위로자 복음 전하시는 구원자 모든 병 고치신 권능자

※ 설교문 예시(2)

동방박사들의 행적 (마 2:9-12)		별 따른 동방박사 바벨론 점성술사 마태복음 언급	20 . . 장소: 이름:
9 박사들이 왕의 말을 듣고 갈새 동방에서 보던 그 별문득 앞서 인도하여 가다가 아기 있는 곳 위에 머물러 서 있는지라 10 그들이 별을 보고 매우 크게 기뻐하고 기뻐하더라 11 집에 들어가 아기와 그의 어머니 마리아가 함께 있는 것을 보고 엎드려 아기께 경배하고 보배함을 열어 황금과 유향과 몰약을 예물로 드리니라 12 그들은 꿈에 헤롯에게로 돌아가지 말라 지시하심을 받아 다른 길로 고국에 돌아가니라			별 의미= BC 4년 메시아 탄생 본체 하나님--낮고 천하게 성육신 구유= 더러운 죄 십자가 대속 동방박사 긴 여행= 천국까지 신앙 여정 예루살렘 소동= 정치 권력 메시아 아님 성탄 주인공 예수님-최대 기쁨과 감사 성도! 동방박사 헌신행적 !
1	머문 별을 보고 크게 기뻐함(10)	(메시야 만날 기쁨이 절정에 이름)	
안나, 84세 되도록 성전에서 주야로 금식 기도하다 평생 메시야 학수고대, 아기 예수 감격적 만나 기뻐함 모두에게 예수 복음 전함		(삼상 2:1) 거룩, 반석 같은 주의 구원을 기뻐함 한나가 아들을 구했을 때 기도 응답에 기쁨으로 아들을 주시면 바치겠다 서원함	
촛불 새벽송, 중학생 때 기쁨으로 어른들 따라 나섬. 밤새 수고한 선물 개봉 너무 기대함. 잠간 눈 붙이려다 깊이 잠에 깨어 교회가니 모두 끝남 허전했던 추억이 이맘때만 되면 생각남. 서운했지만 가장 기쁜 추억 남음			이 땅에 성육신 하신 구세주와 만남에 감격함
2	아기 예수께 경배했음(11)	(유대 왕께 예배드림)	
경배하다(프로스퀴네오),예배하다, 경의 표하다 메시야에게 경외심과 겸손으로 무릎 꿇음 우리=경건 자세 예배드릴 때 하나님 기뻐 받으심		(행 10:26) 절하는 고넬료를 일으킨 베드로 (계 22:9) 천국 보인 천사-하나님께 경배하라 경배 대상=오직 하나님만, 아기 예수 영광받으심	
이희돈 간증,세계무역협회 부총재,맨하탄기독실업인회 첫 만남. 911사고 비행기 탑승 직전 내림, 주일성수 후 출장지 다시 돌아감, 청년 때 멕시코 선교비 200만불 서원 후 10의 9조 헌금 실행, 예배 시 예물 필수(대상16:29)			만왕의 왕께 찬양 정성껏 예물 드림 하나님 뜻 이루게함
3	지시받은 길로 고국에 돌아감(12)	(성령의 인도로 무사히 귀향함)	
십자가 가상칠언 6번째 "다 이루었다"(요 19:30) 구원사역 완성한 승리 선포함-하나님 뜻 이루심 동방박사들 성령의 인도- 고향가서 예수 탄생전함		(미 5:2) 예수께서 베들레헴 에브라다야 작을지라도 이스라엘 다스릴 자가 네게서 나올 것이라. 구약 예언대로 예수 탄생=구약성경에 응하게 됨	
장기려 박사 부산 복음병원-안락한 삶 거부, 크리스챤 양심-인술 인도주의 실천 어렸을 때 극빈자 돕는 병원 기억. 북에 부인 생각- 평생 독신 청십자 의료보험-서민 돕고, 후학 위해 헌신적 삶 귀감, 하나님의 뜻 이룸.			마귀의 계략을 물리치고 피할 길로 인도받음
바울의 로마행,사두개인 40명 바울암살단 먹지도 마시지 않고 바울 죽이려 천부장 470명 로마호송(행 23:11) 그날밤 주께서 바울 곁에 서서 담대하라 내일 로마에서도 증언하라. 독신으로 헌신적 삶- 하나님 뜻 이루게함			아기 예수 감격적 만나 정성껏 예물 드리고 무사귀환 성탄 전함

※ 설교문 예시(3)

비판에 대한 예수님 말씀 (마 7:1-5)		비판을 교훈하신 예수님	20 . . 장소: 이름:
1 비판을 받지 아니하려거든 비판하지 말라 2 너희가 비판하는 그 비판으로 너희가 비판을 받을 것이요 너희가 헤아리는 그 헤아림으로 너희가 헤아림을 받을 것이니라 3 어찌하여 형제의 눈속에 있는 티는 보고 네 눈 속에 있는 들보는 깨닫지 못하느냐 5 외식하는 자여 먼저 네 눈 속에서 들보를 빼어라 그 후에야 밝히 보고 형제의 눈 속에서 티를 빼리라			핵심 내용: 비판하지 말아야 할 이유 남의 사소한 허물 들추면서 자신의 심각한 죄악을 모른 체하는 모순 범하지 말라는 것임 본문 목적=12절 "남을 대접하라" 황금률 위한 전제 조건 남을 비판하지 않으려면 어떻게?
1	비판하면 비판 받는다 하심(2)	(정죄하면 그대로 되돌아온다 하심)	
비판(크리노) 판단, 분쟁, 평가 비판 위한 비판= 메아리, 부메랑처럼 되돌아 옴 누구든지 비판하면 그만큼 죄지음, 비판하지 말라		(요 3:10) 의인은 없다, 비판자에게 화살 돌아감 (민16:1-33) 고라 당 짓고 모세 아론과 대적 하나님 멸시로 고라- 산채로 땅에 파묻힘	
함의 죄악(창 9:21-27)= 아비 노아 하체 봄, 셈, 야벳-뒷걸음 추함 덮음 노아의 진노- 함이 셈, 야벳의 종됨, 오늘날 셈과 야벳만 창대한 복 받음 비판하면 댓가 치를 뿐- 하나님만 죄묻는 결정권자 깨닫고 비판 말아야 함			예수님 교훈의 말씀= 남을 정죄하면 그대로 되돌아 옴
2	형제 눈의 티를 보지 말라 하심(3)	(이웃의 작은 허물은 덮으라 하심)	
티(카르포스) 잔가지, 적은 결점(비유적) 실수 들추어 적은 결점 과장 말하기 좋아하는 습성 우리는- 단점 지적보다 덮어줌-형제가 깨닫는 계기		(엡 5:11) 죄에 동조치 말고 책망하라 하심 한편 죄의 길 갈때 방관치 말고 반드시 권면 우리=남의 부족함보다 사랑으로 덮는 아량	
베드로 부활 예수님 갈릴리 찾으심 - 배신한 베드로 허물 덮고 회복시키심 "네가 나를 사랑하느냐" 3번 물으심 - 비판 대신 넘치는 사랑의 본 보이심 우리는 비판 않고 남의 허물 덮는 용서로 죄에서 자유함 얻기를 축원!			남의 부족 너그럽게 포용, 허물은 덮되, 한편 충고 경고 필요
3	먼저 자신 눈의 들보를 빼라 하심(5)	(자신의 큰 허물 부터 회개하라 하심)	
들보(도코스) 대들보, 큰 결점 대들보 같은 근본적인 큰 결함 가진 자 남의 사소한 결점조차 탓할 자격없음- 우선 자신 회개부터		(고전 15:31) 날마다 죽음, (롬 7:24) 곤고한 자 (고후 5:10) 심판대 앞 행한 것 따라 받음 바울=끊없는 회개, 우리는 철저한 회개 선행	
찬송 337장 "인애하신 구세주여 내말 들으사 죄인 오라 하실 때에 날 부르소서 자비하신 보좌 앞에 꿇어 엎드려 자복하고 회개하니 믿음 주소서! (후렴) 비판 난무 시대- 자신부터 허물 회개-형제 포용 진정한 그리스도인 되길 축복!			성령받은 자 죄 짓고 회개치 않으면 견딜 수 없음
예수님의 용서(마 18:21-22): 베드로 일곱 번 용서 질문-일곱 번 일흔 번 즉 490번 용서는 상징적 표현-- 끝까지 무한한 용서 의미, 예수님 이웃사랑(눅 10:27): 목숨 다 해 자신같이 사랑-예수님 십자가 사랑은 배신 베드로 용서= 우리에게 본 보이심			남 정죄 말고, 허물덮음 자신 회개 우선 원수 사랑 실천

※ 설교문 예시(4)

요셉과 마리아의 사명 (눅 2:1-7)		택함받은 요셉과 마리아. 사명자= 하나님의 지명 일꾼	20 . . 장소: 이름:
1 모든 사람이 호적하러 각각 고향으로 돌아가매 4 요셉도 다윗의 집 족속이므로 갈릴리 나사렛 동네에서 유대를 향하여 베들레헴이라 하는 다윗의 동네로 그 약혼한 마리아와 함께 호적하러 올라가니 마리아가 이미 잉태하였더라 6 거기 있을 그 때에 해산할 날 차서 7첫 아들을 낳아 강보로 싸서 구유에 뉘었으니 이는 여관에 있을 곳이 없음이러라			눅 2장= 모두가 예수 나심 기뻐하는 성탄 설교 핵심. 예수님 베들레헴에서 탄생 할 이유 로마= 세금 징수 목적 요셉= 마리아 동반 해야할 상황 하나님=호적등록 예비하심 성경= 절대 권위가 지켜져야 함
1	고향 베들레헴으로 돌아감(3)		(구약 예언이 성취됨)
돌아감(포류오마이) 옮기다, 여행하다 나사렛- 베들레헴 옮긴 여행- 호적, 로마 세금 우리= 세상 규칙 따르나 하나님 섭리 믿음			예언-(사 11:1) 이새줄기 한싹 결실-여호와 영 강림 성취(눅 3:32; 마 1:6) 예수—이새 아들 구약-성탄 예언 300번 이상 예언, 모두 성취
미가=예수 탄생 700년전 예언(미 5:2) 베/에,이스라엘 다스릴자 내게 나옴 신약에서 성취-(마 2:1) 헤롯 왕 때 예수께서 베들레헴 나셔서 동방박사들이 예루살렘에 예언(사 7:14)-성취(마 1:23) 처녀 잉태 아들 낳음-임마누엘			역사적 사실 성경대로 이루어짐
2	첫 아들을 낳음(7)		(구원주 예수님 세상에 오심)
(눅 8:19) 예수의 어머니와 그 동생들이 왔으니- 마리아=계속 자녀 낳음,천주교-영원동정설 주장 우리= 절대무오한 성경 믿고 오직 예수님 신앙			(유 1:14) 에녹 예언-주께서 수만 거룩한 자와 임하심. 4천년 전 성경 예언은 반드시 성취됨 우리= 예수 다시오심을 사모, 학수고대하는 믿음
간증 및 찬양- 어릴적 성탄절 새벽송(115장)의 추억-성탄의 기쁨 충만 "기쁘다 구주 오셨네"만백성 맞으라 온교회여 다 일어나 다 찬양 하여라 구세주 탄생 했으니 다 찬양 하여라 이세상 만물들아 다 화답하여라			메시야이신 예수 이땅에 오심 다시오실 예수님
3	아기 예수 구유에 뉘움(7)		(어린 양 예수님 속죄 제물 되심)
구유(파트네)여물통, 동물의 먹이통, 외양간, 메시야 비천한 탄생,먹이통=생명의 떡-말씀구원 우리=인류구원- 희생하신 어린 양 예수님께 감사			(요 1:29) 세상 죄 지고 하나님 어린양 (벧전1:19) 흠없는 어린 양 그리스도의 보배피 그리스도 희생-어두운 세상 밝힘. 우리=순교적 삶
쥴리 헤닝, 노벨 문학상 미 펄벅 여사 한국인 양녀,『개천에 핀 장미』출간 한국전 때, 어머니가 미군 사이 부산에서 출생 입양 때까지 15년간 홀로 생활고 이겨냄, 작년 펄벅재단 올해 여성상 수상- 친모 희생 감사의 사연			십자가 보혈로 대속의 은혜로 인류구원
성탄절 날 권면-(유 1:14) 에녹 예언-주께서 수많은 거룩한 자와 임해 심판 4천년 전 재림 심판 예언 놀랍다-지금까지 모든 성경 예언이 성취되었고 예수 재림 예언도 성취됨. 성도! 자기 십자가지고 온전히 예수 재림 준비 축원!			베들레헴에서 성령으로 양태한 예수를 낳고 십자가로 인류 구원케

※ 설교문 예시(5)

사가랴 부부의 사명 (눅 15:5-6, 13-16)		사가랴 부부의 행적 사명자= 하나님 보호 열매 맺음	20 . . 장소: 이름:
6 이 두 사람이 하나님 앞에 의인이니 주의 모든 계명과 규례대로 흠이 없이 행하더라 13 천사가 그에게 이르되 사가랴여 무서워하지 말라 너의 간구함이 들린지라 네 아내 엘리사벳이 네게 아들을 낳아 주리니 그 이름을 요한이라 하라 16 이스라엘 자손을 주 곧 그들의 하나님께로 많이 돌아오게 하겠음이라		유대 헤롯 왕 때 사가랴= 아비야 반열 제사장. 아내 엘리사벳= 아론의 자손. 양가 제사장 가문 지명됨 무자녀 - 세례 요한 낳고 기도 응답 예수님 앞서 예비자 크게 쓰임받음 우리도 세상에서 쓰임, 상급받기를	
1	제사장 직무를 흠 없이 행함(6)	맡은 직분에 충성을 다함	
흠 없이(아멤프토스) - 순수한, 깨끗한. 사가랴 부부 =순수한 믿음 충만한 가정, 쓰임 받음 우리도 사가랴 본 받아 의로운 자 본이 되기를		(욥 2:3) 욥은 정직 순수, 순전을 지킴 (빌 2:15) 흠 없는 자녀, 세상에 빛을 냄 바울처럼 죽도록 충성하는 신실한 종!	
브리스가와 아굴라, 성경에 6번 언급, 특히 브리스가 여자, 성령충만 바울 2차여행 때 동역자, "목숨 내놓겠다" 순교적 신앙. 바울과 천막장사 우리= 어떤 환경에서도 하나님 기뻐하는 일에 충성 다함		택함받은 감사함 사명을 감당. 하나님 기쁘시게 함	
2	아들 요한을 낳음(13)	(예수 앞길 예비할 아들을 둠)	
마리아와 요셉 부부= 하나님의 택하심과 성령으로 잉태 세례 요한보다 6개월 후 예수님 낳음 예수님 앞서 세례 베풀고 결국 순교로 사명 감당		(삼상 1:10-12) 아들 주시면 여호와께 드림. 서원.취할 만큼 깊이 기도·응답받음 하나님 자녀 된 우리- 크게 쓰임 받기를	
간증(어머니 기도) 평생 새벽기도 제목- 형제들 훌륭한 장로로 섬기는자 아틀란타에서 목사 안수 받고 뉴욕오는 비행기- 돌아가신 어머니께 감사 지금 나된 것 하나님 은혜, 어머니 기도 덕분		하나님의 부름 받음 구약 예언 성취됨	
3	저가 자손을 하나님께 돌아오게 함(16)	(요한이 많은 사람을 구원받게 함)	
돌이키게 하다(에페스트레포), 돌이가다, 돌아서게 하다 하나님 말씀을 받아들여 그의 자녀되는 심적 변화 우리 = 죄인 되었을 때 십자가 보혈, 죄사함 새사람 됨		(사 6:8) 누구 보내며 우리 위해 갈꼬? 나를 보내소서! 준비된 자 사명감 자원 우리= 가족 이웃 전도부터 선교까지	
본케(Bonnke) 아프리카 레소토-독일 선교사 2019년 소천-1억 명 집회, 3천4백만 명 예수 영접시킨 세계적 복음 전도자, 한국 온누리교회 집회 우리= 평생 얼마나 전도/선교하고 구원받게 했는지 도전 받는 계기됨		하나님 기뻐 하시는 일에 충성을 다함	
(롬 1:1)예수 그리스도 종 바울 이방인 사도로 부르심 받음 택정함 입음 온세상 복음 전파 사명 감당. 우리도 하나님 일군으로 지명 받음, 거듭나 하나님 기뻐하시는 일에 매진, 주님 다시 오시는 날 잘했다 충성된 종 칭찬 받고 천국 상급받기를 축원!		택함 받아 사명 감당 예수 앞 길 선도 하나님 기쁘시게 함	

※ 설교문 예시(6)

빌립보에서 바울이 한 일 (행 16:18, 24-26, 31-34)		바울의 빌립보 사역 빌립보=유럽향하는 관문 상업중심,	20 . . 장소: 이름:
18 바울이 예수 그리스도의 이름으로 내가 네게 명하노니 그에게서 나오라하니 귀신이 즉시 나오니라 22 무리가 매로 많이 친 후 24 그들을 옥에 가두고 25 바울과 실라가 기도하고 하나님을 찬송하매 26 큰 지진이 나서 옥터가 움직이고 문이 다 열리며 모든 사람의 매인 것이 다 벗어진지라 31주예수를 믿으라 그리하면 너와 네 집이 구원을 받으리라 말씀전해 33 간수와 온 가족이 다 세례를 받은 후 34 하나님을 믿음으로 크게 기뻐하니라			사도행전: "누가"지음, 성령행전 2차 전도여행-빌립보--데살로니가--아덴--고린도 비두니아- 마게도냐 환상- 한 사람 우리 도우라! 토인비 *루디아(1-15) 빌립보 교회 지원 *간수(16-40) 구원 역사 살펴봄
1	귀신 쫓음으로 옥에 갇힘(18,22,24)	(선을 베풀고 핍박 받음)	
옥(퓔라케) 감옥, 교도소, 죄인 가두는 곳 바울/실라-풍속해침 이유 재판없이 옥가둠, 십자가형 로마 시민 말 안한 이유?-(성령 역사하심)		17절 귀신 사건-지극히 높은 하나님의 종" (눅 4:41) 가버나움 귀신-하나님의 아들" (마 8:31) 가다라 귀신-돼-때 보내달라"	
안중근 = 조선 침탈 이토 히로부미 하얼빈 역 사살 (모형-김제기념관) 모친-수의 성경, 편지=목숨 구걸하듯 항소말라(한 정치인-법정 구속-즉시 항소) 사형 판결로 대의 위해 희생, 바울도 고난 감수 열정적 영혼 구원, 순교 감당			세상법으로 처벌받음 유대인 차별 선을 악으로 받음
2	기도와 찬송할 때 옥문 열림을 봄(25,26)	(옥중 찬미로 하나님의 권능을 입음)	
E.M 바운즈『기도의 능력』저자. 4시 깨어 3시간 기도 집중(외부 집회 자제) "영적싸움 이기려면 기도 무기로 완전 무장하라"-- 기도 응답받은 한나, 에스더		(출 14:21) 모세 손 내밀매 바다가 마른 땅 (왕하 2:8) 엘리야 겉옷 물치매 마른 땅 건넘 의인들이 하나님 권능입고 직접 이적 보임	
(620)여기에 모인 우리 주의 은총 받은 자여라 주께서 이 자리에 함께 계심을 아노라 언제나 주님만을 찬양하며 따라가리니 시험을 당할 때도 함께 계심을 믿노라 이 믿음 더욱 굳세라 주가 지켜 주신다 어둔 밤에도 주의 밝은 빛 인도하여 주신다- 옥문 열림			고난 중 더욱 하나님을 찾음 하나님 권능 체험
3	간수에게 말씀 전하고 세례 베풂(31,33,34)	(박해자 전도로 구원받게함)	
요나가 이스라엘 박해한 원수 앗수르 니느웨성 전도 이방인 회개로 구원- 소돔 고모라는 회개 없어 멸망 불신자 회개- 천국, 믿는 자 회개 없으면 지옥 기억!		(눅 23:34) 저들을 사하여-자기들 알지 못함 (행 9:18) 아나니아 세례-사울 눈 비늘 벗어다시 봄- 박해자가 구원받고 위대한 전도자	
김현양(지존파) -당시 비웃는 악마 얼굴-"기회가 있으면 돈 많은 자--" 회개- 성경-기도-찬양, 성경 선물-30명 전도, "이젠 어둠보다 빛이 더 좋아" 1995년 사형 집행전 시신기증-구원 확신 305장 부름. 웃는 천사 얼굴 같음			생명 길로 인도함 원수 사랑 실천함
바울의 교훈= 병 고침은 간수 위한 리허설. 바울/ 실라 로마 시민권자 언제 어디서나 전도! 예수 믿으라-구원(31절) 늦게 시민권 보이고-모셔감. 전도-기독교 핵심, 예수님 3대 지상 사역 중 핵심, 우리 = 예수 지상명령 따라 하나님께 기쁨 드리시기를			핍박 가운데 하나님 의지한 자 하나님 친히 돌봄

※ 설교문 예시(7)

바울의 전도 방법 (고전 2:1-5)		바울이 교훈한 전도 초대 교회 전도 본받음	20 . . 장소: 이름:
1 형제들아 내가 너희에게 나아가 하나님의 증거를 전할 말과 지혜의 아름다운 것으로 아니하였나니 2 내가 너희 중 예수 그리스도와 십자가에 못박히신 것 외에는 아무것도 알지 아니하기로 작정하였음이라 4 내 말과 내 전도함이 설득력 있는 지혜의 권하는 말로 하지 아니하고 다만 성령의 나타나심과 능력으로 5 너희 믿음이 사람의 지혜에 있지 아니하고 다만 하나님의 능력에 있게 하였노라			고전= 바울 3차 전도여행 중 에베소 기록 초대 교회 부패로 실제 겪은 문제점 기록 1장- 4장= 교회 안 갖가지 분란 나열 본문 2장= 바울의 특징적인 전도 방법 내용 =자신 능력- 인간적 지식, 철학적 성령의 능력 의지 , 십자가 복음만 증거 성도!, 바울의 3가지 전도 방법 살펴봄
1	지혜의 권하는 말로 하지 않음(4)	(세상적 지식으로 하지 않음)	
권하는 말, "페에도스 로고이스=유혹하듯 그럴듯한 말 바울= 자신의 능력 유혹, 인간적 그럴듯한 말 설득않음 세상적 지혜= 십자가 의미 깨닫지 못하기 때문		(고전 3:19) 세상 지혜 어리석음,자기 꾀, 헛된 생각뿐 (빌 3:8) 예수 진리 말씀 외 모든 세상 것= 해,배설물 (호 6:3) 여호와 힘써 알자=세상 것 멀리-하나님 전심	
아덴전도,3만 신상-3백신-격분.모르는 신 알게 함 (행 17:29-31)아레오바고 설교-우상 숭배 회개 예수 부활-철학자들 이방신 조롱.관원 디오누시오 다마리 영접- 신학자들= 실패한 전도 주장 철학자 맞선 순교적 사역. 전승=디오누시오 아덴 초대감독-결과적 큰 수확-성공 간주.아멘!			헬라식 철학자 세상적 학식 자기 소견 않음
2	성령의 능력으로 전함(4,5)	(성령이 인도하시는 대로 전함)	
빌립보 전도 (행 16:7,9) 예수의 영 허락않음,-우리 도우라 바두니아―마게도니아(토인비).루디아 빌립보 교회 세움 찬미-옥문열림=성령능력,간수구원(행 16:31) 성령 인도		(고전 2:13) 사람 가르친 지혜 아님,성령 가르친 대로 전함 (시 51:11) 성령 거두지 마소서. 사울= 성신 뺏김, 버림 밧세바 회개-합한자 창찬, 죄회개-늘 성령 능력입음	
간증-대기업 뉴욕주재원-세상적 꿈 이룸, 2004년 성령-1000일 새벽기도/전도-성령의능력 (겔 47장)순회 선교사- 한국 연수- 세미나 설교강사!『설교가 쉽다』 출간-전국 세미나-성령인도 미국 떠나올 때 말씀(창 28:15) 현재 진행 앞으로 모든 일-성령의 인도하실 줄 믿음			성령의 능력 힘입어 담대히 전함
3	예수 십자가에 못 박힘만을 전함(2)	(오직 예수 십자가 복음을 증거함)	
270장 변찮는 주님의 사랑과 거룩한 보혈의 공로- 십자가 단단히 붙잡고 날마다 이기며 나가세 머리- 예수 십자가=복음 중 복음, 십자가 붙잡고 복음전함!		(고전 1:17)오직 복음전함=그리스도 십자가 헛되지 않음 (사 53:5)찔림-허물, 상함-죄악, 징계-평화누림, 채찍 나음 죄인 되었을 때=예수 고난- 십자가 보혈 공로로 구원	
DL 무디- 위대한 복음 전도자. 무학자 어머니 청교도 교육영향-18세 성령받고 2억 전도 "죠지 뮬러, 찰스 스펄전" 3년 교류- 복음주의 정신 회복 -오직 십자가 복음만 전함. 본케 목사- 레소토 선교사- 1억 명 집회 3천만 명 영접 말씀 정리!			어린 양 예수 십자가 대속 은혜 전함
(행 1:8)성령 받은자-담대히 전도 바울=아덴-불신자,빌립보-감옥전도,무디-2억/번케-1억 전도 우리 전도-영혼구원?(약 2:26)행함 없는믿음=죽은 것,(고전 9:16) 복음 전하지 않으면 내게 화있을 것. 전도-하나님 기쁨, 권면! (단 12:3) 많은 사람-빛나리라. 천국영광 기쁨-칭찬 상급!			성령의 인도 십자가 복음전도 인류구원 증거

※ 설교문 예시(8)

재림 때 성도의 축복 (살전 4:14-17)		마지막 때 성도의 특권 천국소망의 결실	20 . . 장소: 이름:
15 우리가 주의 말씀으로 너희에게 이것을 말하노니 주께서 강림하실 때까지 우리 살아 남아있는 자도 자는 자보다 결코 앞서 못하리라 16 주께서 호령과 천사장의 소리와 하나님의 나팔 소리로 친히 하늘로부터 강림하시리니 그리스도 안에서 죽은 자들이 먼저 일어나고 17 그 후에 우리 살아 남은 자들도 그들과 함께 구름 속으로 끌어올려 공중에서 주를 영접하게 하시리니 그리하여 우리가 항상 주와 함께 있으리라		데살로니가서=바울 AD 52년 2차 전도 여행 때 고린도에서 첫 번째 서신 본문=박해받는 성도에게 예수 재림과 부활 소망 위로와 확신을 주는 기독교 핵심 교리 (재림 전에 죽은 자는 산 자보다 복됨을 교훈) 성도! 재림 때 성도가 누려야 할 최후의 복이 무엇인지 살펴 봄	
1	죽은 자 일어나고 산 자 올려짐(16,17)	(예수 안에서 영화로운 몸을 입음)	
일어나다(아니스떼미),소생하다,되살리다,일으키다 우리=사는 동안 어떤 고난도 능히 극복할 수 있는 것은 죽어도 소생하는 부활을 믿기 때문임		(고전 15:51) 마지막 나팔,우리도 변화체 모습 (요 11:25) 믿는 자=죽어도 살고, 살아 믿는 자 영원히 죽지않음. 믿는 자=죽어도 영원한 영적 생명	
포루투갈 40대 '산드라=기다리던 임신 성공, 즉시 입원 54일 버티다 뇌사판정. 미국 한 기독교인= 임신 후 107일 견뎌 출산 성공 다음날 사망, 세계가 감동. 아이는 엄마 부활하듯 잘 자라 아빠와 참배함. 믿는 자=예수님처럼 영광의 몸입음			부활체 변화체로 영광스런 몸을 입음
2	공중에서 주를 영접함(17)	(예수님과 기쁨으로 하나됨)	
(찬송180장) 하나님의 나팔소리 천지 진동할 때에 예수 영광 중에 구름타시고 무덤 속에 잠자는 자 그때 다시 일어나 영화로운 부활 승리 얻으리-		(요 14:3) 거처 예비 너희 영접, 나 있는 곳도 있게 (계 3:20) 내 음성듣고 문열면-나로 더불어 먹음 예수님 우리 안에 오시면 모든 문제가 해결됨	
블랙홀 촬영 성공 8개국 200명 과학자들 허블 망원경 200만편 영화의 방대한 분량 촬영 지구 110만배, 큰별, 빛조차 빨아들이는 강력한 중력 최초 발견함 공중휴거= 블랙홀 중력 힘과 비교할 수 없는 시공 초월한 하나님 권능,			어린 양 예수님과 하나되는 영광
3	항상 주와 함께 있게 됨(17)	(예수님과 함께 영원 천국을 누림)	
안창의 목사(미 퀸즈장로교회)-딸의 장례식에 밝은 이유- 슬프다면 천국이 좋다는 것과 어긋남, 인간적 정을 극복, 놀라운 천국 신앙의 본이 됨		(고전 15:25) 원수 발 아래 둘 때까지-왕노릇하심 (계 20:4) 순교자 표받지 않은자-그리스도 더불어 천 년 왕노릇, 천 년 동안 성도들이 심판 참여	
김옥길(전 이대 총장)TV 출연 - 나이가 들수록 어머니 사랑 더욱 절절하다" 어머니 회상- 평생 새벽기도, 시부모 끝까지 봉양, 남 위해 손대접, 늘 자상함 마지막 뵙던 모습 기억, 영원한 천국에서 예수님과 함께 모두 만남 고대함			하늘 유업으로 천국에서 영원히 살게됨
성도! 예수 재림 준비? 항상 종말 의식-깨어 근신-언제라도 맞이할 준비 (계 22:14)자기 두루마기를 빠는 자들은 복이 있으니 생명나무에 나아가며 성에 들어갈 권세 받으려 함이로다--철저히 회개 계명 지킴-천국 큰 상급 받기를 축원!			영화로운 몸입고 예수님과 하나 됨 영원 천국 누림

※ 설교문 예시(9)

성경의 유익 (딤후 3:15-17)		성경이 완전한 이유 성경= 영혼 살리는 생명책	20 . . 장소: 이름:
15 또 어려서부터 성경을 알았나니 성경은 능히 너로 하여금 그리스도 예수 안에 있는 믿음으로 말미암아 구원에 이르는 지혜가 있게 하느니라 16 모든 성경은 하나님의 감동으로 된것으로 교훈과 책망과 바르게 함과 의로 교육하기에 유익하니 17 이는 하나님의 사람으로 온전하게 하며 모든 선한 일을 행할 능력을 갖추게 하려 함이라		성경의 특징= 흠 없는 완전체 세계 best seller 영원 불멸 저자= 모세,다윗-바울,요한 1600년간 딤후 = AD 66년경 바울이 순교 직전 디모데에게 최후 옥중서신 본문= 바울이 성경 중심 신앙을 권면 성경 어떤 유익, 왜 성경 읽어야?	
1	하나님의 감동된 교훈을 받게 함(16)	(하나님 말씀의 진리를 깨닫게 함)	
교훈(디다스칼리아)-가르침 통해 깨닫는 것 성경 가르침 믿고 따름—모든 문제 해답-성경 안에 하나님 말씀-아멘 화답 순종하시기 바람 아멘!		(요 8:32) 진리 알지니-진리가 너희를 자유케 (히 4:12) 말씀-살았고 활력 좌우날선 어떤 검 (시119:105) 주 말씀 내 발의 등,내 길의 빛	
조상연 목사 도전! 성경1000독, 로마서3500독 바울서신 2500독,신약1500독,구약 500독. 인터뷰- 로마서(성경핵심관통),사물 가치관 인간 관계, 전도, 치유 7시간 통독 참여. 성도 몇 독? 평신도 1독 권면, 성경 가까이 말씀 진리 깨닫기			하나님의 영감을 올바르게 가르침 (200장)
2	하나님의 사람이 되게 함(17)	(성령으로 거듭나게 함)	
조나단 에드워즈 3대 목사,하루 13시간 성경연구 성령 거듭남- 성령집회, 읽기만-동네 전체 회심 18세기 미국대각성운동 주도- 성경 읽는 이유!		(요 3:3,5) 물과 성령으로 나지 아니하면 (행 4:8) 베드로 성령충만 관원 장로들 부활 증거 장면, 오순절 성령 받고 삼천 명 전도	
"간증"안수 회개 성령 거듭남-100일 새벽기도 성경 1독 서원 삶의 큰 변화 해외 간증 집회,1000일 노방 전도 실행 사업 정리 늦게 목사됨, 한국 방문 집중적 성경 연구, 작년 『설교가 쉽다』 책 출간 후 세미나 -성경 연구한 결과!			성령충만함으로 선행함 (죄 미워함) 날마다 성화됨
3	예수 믿고 구원받게 함(15)	(예수를 구주 삼아 천국 가게 함)	
"찬송 288장" 예수를 나의 구주 삼고 성령과 피로써 거듭나니 이 세상에서 내 영혼이 하늘의 영광 누리 도다. 이것이 나의 간증이요 이것이 나의 찬송일세!		(눅 19:1-10) 삭개오 예수 구주 영접 깊이 회개, 온 가족 구원, 천국소망 우리=회개, 예수를 구주삼고-천국가게 축원!	
패니 크로스비 뉴욕 출신 맹인가수, 9,000편 찬송시- 찬송가 어머니 불림 한국 찬송가 포함, 30세때 부흥 집회 예수 구주 영접, 전국 간증 사역자 활동 영의 눈열림 감사, 장례식-윌슨 대통령 참석, 예수 구주, 천국 큰 상급 확신			오직 예수 신앙 영화 누리는 영생 얻게됨
방지일 목사, 시카고 한인세계선교대회 명설교(행18:5) 성경 봉독 반복 바울이 하나님 말씀에 붙잡혀 유대인들에게 예수는 그리스도라 밝히 증언하니 성경의 유익함 믿고 말씀 붙잡힘,(호 6:3) 하나님 섬김 전심 다하기를!			진리 깨닫고, 가듭남,천국소망, 성경 - 성화 영화

※ 설교문 예시(10)

하나님께 감사할 이유 (시 136:11-16, 21-22)		자기 백성 지키시는 하나님 저자= 미상	20 . . 장소: 이름:
11 이스라엘을 그들 중에서 인도하여 내신 이에게 감사하라 그 인자하심이 영원함이로다 16그의 백성을 인도하여 광야를 통과하게 하신 이에게 감사하라 그 인자하심이 영원하리로다 21그들의 땅을 기업으로 주신 이에게 감사하라 그 인자하심이 영원하리로다 22 곧 그 종 이스라엘에게 기업으로 주신 이에게 감사하라 그 인자하심이 영원함이로다			신년절 유월절 예배 장면 성가대/감사-회중/인자 영원 답송 26번 반복-감사로 시작 감사 끝남 믿음분량 & 감사 비례, 하나님이 애굽에서 어떻게 인도 하셔서 우리가 반드시 감사이유 3가지 살펴봄!
1	**이스라엘을 애굽에서 인도해 내심(11)**		**죄악 세상에서 구원하심**
	인도하다 (야차)=나가게 하다, 이끌어 내다 애굽 바로왕의 압제에서 자기백성을 이끌어내심 우리-사탄 매임, 굴레 벗어나 새생명 얻음 예표		(롬 5:8) 죄인 되었을 때-죽으심-사랑 확 (엡 2:1-2) 세상풍조 / 공중 권세 잡은자 따름으로 허물과 죄로 죽었던 우리 살리심
	(간증) 마당 문턱 공허-2004/4/17일 방언-하늘의 놀라운 평안 (히 6:4)하늘의 은사를 맛보고 성령에 참여한바.새벽기도 감사 눈물영적 19세- 20주년 기념-금식 감사, 경건의 하루		예수 십자가 대속 구원의 은혜에 감사할 첫째이유
2	**광야를 통과하게 하심(16)**		**모든 고난을 견디게 하심**
	사드락/메삭/아벳느고--풀무불고난-그을림,냄새x, 불 속4명-위기때 예수님 항상 우리와 함께하심 욥; 자녀, 아내, 재산 피부병 만신창이-고난 견딤		(시 34:19) 의인=고난많으나 모든고난 건지심 (시 119:71) 고난 당한 것이 내게 유익이라 (롬 8:18) 현재고난=장차우리나타날영광비교X
	(간증)서정주 한송이~소쩍새, 책2권 출간준비- 고난 연속 1,000 주제작성, 추천사, 컴퓨터 분실-바이러스. 3일전 이멜 학위획득-대학 강의 활동, 고난 견딘 후 작은 열매 나타남-감사!		인생의 위기와 죽을 고비에 고난 이기게 감사 둘째 이유
3	**가나안을 기업으로 주심(21)**		**천국 들어가게 하심**
	가나안:천국, 기업(나할라),상속 유산(물려주다) 우리를 죄악 세상에서 건져 천국 인도하심 예표하나님= 창조주, 만물의 주인, 믿는 자 천국보증		(요 14:3) 거처 예비하면~너희도 있게 하리라 (계 3:21) 내 보좌에 함께 앉게하기를 아버지 보좌에 함께 앉은 것과 같이 하리라
	(페니 크로스비)12000찬송시 선교사, 현대찬송어머니 태어난6주 실명, 성령체험 다시 태어나 소경, 예수만으로 만족 감사 고백 (존 뉴턴)-찬송305장 1, 3절 이제껏 내가~본향 인도 말씀정리!		꿈에 그리던 천국 들어가게 하심 감사 셋째 이유
	(히 11;16) 이제는 더 나은 본향을 사모하니 ~~곧 그들을 위해 한 성을 예비하셨느니라(p.366)천국 사모하는자=상급보상받을 자격 믿으시길 성도! 모든 고난 이기고 감사함-사나 죽으나 천국소유-승리의 삶!		애굽 인도-죄악구원 광야통과-고난이김 가나안-천국 들어감

※ 설교문 예시(11)

자기백성 지키시는 하나님 (사 43:14-21)		장래 일 이끄시는 하나님 자기백성 보호 대상	20 . . 장소: 이름:
14 너희의 구속자요 이스라엘의 거룩한 이 여호와가 말하노라 너희를 위하여 내가 바벨론에 사람을 보내어 모든 갈대아 사람에게 자기들이 연락하던 배를 타고 도망하여 내려가게 하리라 18 너희는 이전 일을 기억하지 말며 옛날 일을 생각하지 말라 19 보라 내가 새 일을 행하리니 이제 나타낼 것이라 너희가 그것을 알지 못하겠느냐 반드시 내가 광야에 길을 사막에 강을 내리니 21 이 백성은 내가 나를 위하여 지었나니 나를 찬송하게 하려 함이니라		(벧전 2:9) 택하신 족속-육적 아브라함 후손 소유된 백성- 예수 믿고 구원 언약 백성 이사야 66장=신구약 66권 구조 동일 1-39장=구약 이스라엘 멸망. 40-66장=신약 위로 소망 본문=이사야 축소판 -전반 멸망-후반 해방 새 일 행하신 하나님 섭리 살펴봄!	
1	바벨론을 멸망시키심(14)	(원수를 물리치심)	
초강대국 바벨론 망함=상상 밖, 절대주권 못막음 (삼상 17:47) 전쟁=여호와 속한 것, 우리 손에 붙임 인류 역사= 성경대로, 다윗처럼 믿고 백전백승!		(벧전 2:9) 택하신 족속-어두운데서 불러냄 (롬 8:39) 어떤 피조물-하나님사랑-끊을 수 없으리 하나님=자기 백성 고아 버리지X 끝까지 지켜보호	
바벨론 도망자- 20세기 독재자, 루마니아 독재자 차우세스쿠 이슬람 압제자 리비아-가다피, 이라크-후세인, 공통점- 가족주의 장기독재- 말로 비참 러시아 우크라이나 침공, 북한 핵무기 위협- 마지막 때 원수들 물러감!			택하신 백성을 고난에서 건지심
2	옛 일을 생각하지 말라 하심(18)	(새 일을 행하심)	
옛 일=홍해수장(16/7) 출애굽 승리 만족보다- 장차 이스라엘 해방 구원받는-더크고 영광 새 일 기독교 역사=미래지향적, 더 큰 새 일 행하실 것임!		(계 21:5) 보라 내가 만물 새롭게 하노라- 원석제련 (고후 5:17) 누구-그리스도안-새 피조물-새 것 우리= 환경 초월, 고난극복, 거듭난 새 일 행하길 축원	
옛 일-순회선교사 준비: 5년 전 6개월 선교사 교육 & 영어설교, 필리핀-러시아 선교 3년 설교 주제 2000개, 『설교가 쉽다』 출간, 국내외 설교 세미나 개최 새 일-"제2권 출간 준비" 감동받음. 하나님= 쉴틈없이 새 일 행하게, 여러분 새 일?			자녀 삼으신 구원받은 백성 영원히 보호통치
3	찬송을 부르게 하심(21)	(찬양을 기뻐하심)	
인간 지은 목적: 사랑의 대상, 찬송받기 원하심 찬송가 9장 "하늘에 가득찬 영광의 하나님" 모든 택한 백성들= 하나님께 기뻐 찬송 경배		(행16:22-26) 바울 기뻐 찬양-영광돌림-옥문열림 (잠 9:10) 여호와 경외 지혜 근본거룩한 자아는 명철 (계 5:12) 죽임당한 어린 양=존귀, 영광, 찬송 합당	
성탄절 날 300여 명 세계최대 '할렐루야' 3분 합창 카톡 감동- 지인들 전달 10여 년 전 뉴욕 합창단원 뉴욕 카네기홀 등단, 마지막 곡 할렐루야 감동기억 한달 연습 보람 무대 큰 박수 받고 기쁨충만 하나님께 영광 돌림. 말씀정리!			찬양으로 영광 받기에 합당하심
출애굽 이스라엘 새 일=초림-미가 선지자 2700년 전(미 5:2) 베들레헴 탄생 예언성취 마지막 새 일 = 에녹 4천년 전 예언(유 1:15) 재림 심판-성경대로 예수 다시오심 재림 준비: 성령충만-말씀 기도 찬양-하나님 기쁘게 하심 마침내 천국 찬양!			원수 이기게 하심 새 일을 행하심 찬양 영광 합당

※ 설교문 예시(12)

니느웨로 파송된 요나 (욘 3:1-10)		니느웨에서 요나가 한 일 니느웨= 앗수르 성	20 . . 장소: 이름:
4 요나가 그 성읍에 들어가서 하루 동안 다니며 외쳐 이르되 사십 일이 지나면 니느웨가 무너지리라 하였더니 5 니느웨 사람들이 하나님을 믿고 금식을 선포하고 8 다 굵은 베 옷을 입을 것이요 힘써 하나님께 부르짖을 것이며 각기 악한 길과 손으로 행한 강포에서 떠날 것이라 10 하나님이 그들이 악한 길에서 돌이켜 떠난 것을 보시고 하나님이 뜻을 돌이키사 그들에게 내리리라고 말씀하신 재앙을 내리지 아니하시니라			요나= BC 760년 북이스라엘 여로보암 2세 때, 아밋대 아들 1. 2장=니느웨 악행-하나님 멸망위기 이방인 구원 위해 요나 선교사 파송 선민의식- 반대편 다시스로 도망 바다-육지 토해짐=십자가 부활 예표 성도! 요나 니느웨성 구출 과정 살펴봄
1	성읍 악행으로 사십일 지나 무너진다 함(4)	(성 사람들 죄악으로 임박한 멸망 전함)	
무너지다(하파크),뒤집어 엎다, 전복시키다 (니느웨의) 악인을 엎어뜨리다 소돔과 고모라 멸망 예언 때와 똑같은 단어 '하파크'		(시 16:1) 의의 길 인정,악인의 길은 망함 (창 19:13) 여호와가 멸하시려 우리를 보내심 소돔 죄악 탄식 여호와께 상달-멸하시려 하심	
소돔과 고모라 멸망-의인 50명에서 10명 줄이는 아브라함 사랑과 하나님 자비. 아브라함 중보기도= 예수 그리스도 대속 예표. 바울- 끝없는 죄고백 본 받아야 우리= 종말 때 죄 깨닫고 회개 끈 놓지지 말아야 함			죄 대가-죽음 경고 인류 구원 위해 성육신 예수님예표
2	사람들 베옷 입고 하나님께 부르짖게 함(8)	(백성들이 외치며 회개기도하게 함)	
부르짖다(카라), 소리치다, 외치다, 선포하다 잘못에 대해 용서 구하려 소리치고 외침 왕과 백성 모두 금식 선포- 악에서 떠나려 몸부림		(대하 7:14) 악 떠나 기도-죄 사하고 땅 고침 (겔 33:5) 회개 경고치 않으면-피 손에서 찾음 우리= 죄를 지체하지 말고 곧 회개 서둘러야	
국가적 회개 운동- 에스더, 미스바 회개, 교회적 회개 운동-미국 조나단 에드워즈 대 각성 운동, 한국- 평양 대부흥 운동=선교사 하디/길선주 장로 회개-100만 구령 운동 제주도-만주 확산, 사도행전 후 최대 성령 운동. 2014년 525 해운대 회개 집회			하나님 징계 두려워 속히 피함. 지체없이 죄용서 구함
3	하나님 진노 그치사 재앙 받지않게 함(10)	(하나님이 돌이키사 멸망을 면하게 함)	
어거스틴의 회개-루소, 톨스토이와 함께 3대『참회록』 버림받은 첫 아내 수녀 됨 -매일 회개『참회록』완성 (시 51:9) 회개기도-하나님아 돌이키사 멸망 면하게 함		(행10:45) 이방인들에게도 성령 부어 주심 (행17:19) 네 믿음이 너를 구원하였느니라 이방인-구원, 우리=이웃 전도,요나처럼 선교	
니느웨 회개기도-징계 벗어남. 북한- ICBM 발사대-미 본토 위협,기독교 핍박 신디 제이콥스/ 릭 조이너 예언-통일 한국 세계 선교 주도 쓰임 받음. 요나 같은 3만 선교사 땅끝 파송-재림 때까지 온 나라 복음 전파토록! 적극 동참하기 축원!			하나님 진노 그침 재앙 받지않게 함 기도 응답 받음
예수님 지상 명령 불순종 우리= 요나 고백, 하나님 요나 사랑 깨달음, 성도! 각오 다짐 (단 12:3) 많은 사람 옳은 데로 돌아오게 한 자는 별과 같이 영원토록 빛나리라-천국 영광,기쁨 성령 인도하심, 영혼 구원 열심 다함, 우리= 천국 소망, 하나님 기뻐하는 삶 축원!			멸망 임박성 경고 부르짖고 회개기도 사망-생명길 구원

제4장

설교 전달하기
(Delivering a Preaching)

1. 설교자의 자격

올림픽 경기에서 육상의 마라톤 경기를 올림픽의 꽃이라고 한다. 1992년 바르셀로나 몬주익 스타디움에서 올림픽 남자 마라톤 경기에 한국의 황영조 선수가 우승했다. 폐막식 직전의 하이라이트 순서로 마라톤의 금메달 수상 장면은 세계인들에게 극적인 감동의 절정에 이르게 했다. 이처럼 설교의 모든 과정 중에 설교 전달은 설교의 꽃이라고 할 수 있다. 그러므로 설교 전달법은 성공적인 설교를 위해 설교자들이 가장 신중하게 다루어야 할 중요한 항목이다.

강단에서 하나님의 말씀을 대언하는 설교자는 하나님을 경외하며 성령충만한 자세로 임해야 한다. 이를 위해 원칙적으로 설교자는 설교를 잘할 수 있는 기본 소양을 갖추어야 한다. 이러한 전제 조건에 설교자의 설교 준비는 늘 기도하며 성령님의 인도를 받아야 한다. 특히, 이 책을 통해 한 페이지 설교 프레임을 충분히 숙지하여 강단에서 거의 원고를 보지 않고 숙련되게 설교하는 것이 WPA 설교 전달법의 진수라고 할 수 있다.

한국은 6.25전쟁 이후 반세기만의 세계 10대 경제 강국으로 GNP(국민총생산)는 3만 불을 돌파하며 머지않아 G2 국가로 예견될 만큼 눈부신 발전을 이루었다. 그러나 경제적 풍요 가운데 한국 기독교는 1970년대부터 교회 성장이 둔화하였고, 최근 코로나를 겪으며 많은 교회가 문을 닫아, 이제 기독교인의 수는 전체 국민의 15%(약 771만 명 추산) 미만이 되었다. 이에 더하여 이단들과 이슬람교의 활개로 영적인 혼탁함으로 한국 교회는 퇴보의 길을 걷고 있다.

이런 문제 요인은 목회자들의 설교 사역에 큰 요인이 있다고 생각한다. 왜냐하면, 성도들이 수십 년 동안 수많은 설교를 들었더라도 믿음의 성장이 없이 삶이 별로 변하지 않는다는 것이다. 그러므로 설교자들이 능력 있는 설교를 통해 성도들이 예수 그리스도를 인격적으로 만나도록 해야 할 책임이 있다. 다시 말해서 성령의 기름 부음을 받은 설교자의 말씀을 통해 성도들이 은혜를 받고 거듭나게 함으로 천국을 소망하게 해야 한다. 그러므로 성도들에게 말씀의 양식을 먹이는 설교자의 책무가 너무나 막중하므로 '어떻게 설교할 것인가'가 매우 중요하다. 그러므로 아래와 같이 설교자의 필수적 자격 요건이 반드시 수반되어야 한다.

1) 성령을 받아야 한다

만약 성령 체험이 없다면 말씀의 능력에 한계가 있고 성령을 받은 성도들을 지휘 감독하기에 무리가 따르므로 영적인 권위로 교회를 든든히 세워나갈 수 없다. 아무리 뛰어난 설교 기술을 발휘한다고 하더라도 성령의 인도하심을 받지 못한다면 설교자는 무대에서 일종의 시위를 불러일으키는 선동하는 자에 불과하다.

설교는 연극배우처럼 감성으로 하는 것이 아니라 영성으로 하는 것이므로 늘 기도와 성령의 인도함을 받도록 성령님에게 지혜를 구해야 한다. 조나단 에드워즈(Jonathan Edwards), 드와이트 라이먼 무디(Dwight Lyman Moody), 존 웨슬리(John Wesley) 등 위대한 복음 전도자들도 한결같이 성령을 받은 직후부터 변화를 받아 성령충만함으로 뜨거운 영혼 구원의 열정을 불살랐다. 그러한 열정이 바탕이 되었기 때문에 뛰어난 설교 능력이 나타난 것이다.

2) 인격을 겸비해야 한다

설교자의 말씀은 그의 삶 자체가 신실한 신앙이 뒷받침되어 적극적이고 자신감으로 넘쳐야 한다. 왜냐하면, 설교자의 말씀 자체에 인격이 그대로 배어 있으므로 청중에게 자연스럽게 신뢰감을 줄 수 있기 때문이다. 달리 표현한다면, 설교자의 말씀이 그의 삶과 부합되지 못한다면 영적인 권위가 떨어지게 되어 교회를 든든히 세워나갈 수 없다.

3) 설교 준비를 최우선으로 삼아야 한다

설교자가 설교를 준비할 때 설교 준비가 다른 일로 인해 방해 요소가 되는 일을 사전에 차단해야 한다. 예를 들어, 단체장이나 간부 일을 도맡아 지나치게 시간을 소요하거나, 어떤 정기적 모임이나, 사적인 일은 자제해야 한다. 설교 준비에 집중하여 최소한 하루 전날은 일체의 만남과 될 수 있는 대로 남과의 대화도 자제하며 기도로 준비해야 한다. 미국 19세기 대각성 운동의 주역 조나단 에드워즈는 매일 성경 연구를 위해 13시간씩 준비했다. 그 결과 설교할 때 원고를 읽기만 했는데도 동네 전체가 회심하는 놀라운 역사가 일어났다.

4) 설교 전반에 전문 지식을 갖추어야 한다

설교자 나름대로 터득한 독창적이며 성경적 틀의 설교 방법론이 필요하다. 특히, 설교 작성에 관해 혹시 습관적으로 인터넷 등 남의 설교를 모방하거나 지나치게 국내외 서적을 중시하여 설교 본문의 핵심 내용을 가릴 정도로 앞세우는 것은 금물이다. 그런 의미에서 필자가 독특하게 창안한 '한 페이지 설교' 양식을 기본으로 최근 보완된 'WPA' 설교 방법론을 선보였다.

2. 설교 전달시 유의하기

설교자가 강단에 서기 전 설교를 준비하는 과정은 늘 기도하면서 성령님의 인도하심 따라 하나님 말씀을 대언한다는 자부심과 경외감을 가져야 한다. 준비한 설교문은 완전히 파악하여 암기할 때까지 숙지하여 가슴에서 터져 나오는 듯한 설득력으로 표현해야 성도들에게 신뢰감을 준다.

강단에 설 때에는 정확한 발음과 맑은 음성이 듣기에 좋고, 열정이 있고 확신에 가득 찬 모습이 보기에 좋다. 특히, 설교 중에 살짝 멈추기도 하며 완급을 조절하여 적절한 속도 유지가 중요하다. 설교자의 시선은 성도들의 좌우 상하를 번갈아 보지 않고 특정한 방향을 집중해서 보거나 한쪽 방향을 아예 보지 않으면 관심도가 떨어질 우려가 있다.

설교 중에 시계를 보거나 양손을 강단에 짚고 구부리거나 강단을 완전히 벗어나는 것은 금물이다. 제스처는 습관적으로 한 손 한 방향으로만 반복하면 거부감을 느끼게 한다. 특히, 성도들을 사랑하는 마음으로 부드럽게 미소를 짓는 모습이 보는 사람들에게 여유와 안정감을 준다.

1) 서론

제목을 포함해 본문 전체 내용의 윤곽을 설명하고 청중들의 감성을 자극하여 마음의 문을 열도록 시도한다. 끝 무렵에 본문을 향한 방향을 제시하는 단계이다. 또한, 서론이 길면 지루함을 느끼게 된다. 3분 정도 간단명료한 것이 좋다. 특히, 설교자가 "설교 준비를 충분히 못했다"라는 등 자기 변명은 청중들에게 겸손의 표현이 아니라 무성의로 보이게 되므로 금해야 한다. 끝으로, 서론은 원고를 암기하여 청중을 바라보고 설교해야 한다. 왜냐하면, 원고를 보는 순간에 청중들의 마주 보던 시선이 멀어지고 집중력이 떨어질 우려가 있기 때문이다.

2) 본론

청중들에게 본격적으로 복음을 이해할만하게 이해 내지는 설득시켜서 받아들이게 하는 단계이다. 이처럼 청중들이 은혜를 받도록 다음과 같이 주제를 반복한다. 제목과 1대지 및 해석 1.2를 한 문장으로 연결하여 선포하고 이어서 원어 풀이, 관주 성경, 예화 등을 말하고 2대지로 넘어갈 때 앞서 1대지를 반복한다, 3대지로 넘어갈 때에도 동일한 방법으로 1대지, 2대지를 반복한다. 이는 설교 후 교회문을 떠난 성도들이 주제를 기억함으로 감동이 지속할 수 있도록 하는 방법이다.

3대지 설교는 일반적으로 본문을 읽은 후 대지 3개를 정하고 해당 대지와 연관성이 있는 예화를 붙인다. 예화의 목적은 대지의 메시지를 돋보이게 하고 좀 더 이해를 돕기 위해 필수적이다. 또한, 성도들에게 관심과 집중을 위해 흥미를 불러일으키는 촉매 역할을 한다. 예화는 반드시 성경에 기초해야 하고 딱딱한 분위기를 부드러운 말과 표정으로 바꾸는 방편이다. 이에 더하여 대지 내용과 연관된 찬양과 간증을 곁들이면 성도들이 은혜를 받게 하는데 한몫을 할 수 있는 중요한 방편이 된다.

3대지 마지막 예화를 끝내고 본론이 끝나는 시점에 "말씀을 정리하겠습니다"라고 말하며 결론을 시작한다. 즉 "말씀 정리"의 언급은 본론과 결론을 잇는 연결 고리로서 육상 용어인 "바톤 터치"의 개념인 것이다.

3) 결론

본론에서 설교자가 결단을 촉구함에 따라 성도들이 감동과 도전으로 회개하고 변화를 받아 현실의 삶 속에서 행동으로 실천하는 단계이다. 즉, 복음의 위력으로 말씀 듣는 중에 찔림을 받은 성도들이 올바른 삶을 결단하며 거듭남의 계기가 되는 "설교의 적용"인 것이다.

결론은 은혜의 절정에 이르게 하는 단계로서 강력한 메시지를 선포함으로 사전에 계획했던 목적을 달성해야 하는 순간이다. 아무리 예화가 재미있어도 결론이 클라이맥스에 이르지 못하면 무의미한 것이다. 그러므로 설교자는 설교의 결론에서 성도들이 은혜받고 현실에 적용하느냐에 따라 설교의 성패는 물론 더 나아가 목회의 성패가 달려있다 해도 과언이 아니다. 이때 유의할 것은 설교의 최종 목적과 결론은 삶속에서 낙심하고 지친 성도들에게 찔림을 주는 비판보다 새 힘과 용기를 주는 위로와 격려가 바람직하다.

끝으로, 서론과 마찬가지로 결론도 원고를 암기하여 청중들과 시선을 마주 보고 대화하듯이 설교를 마무리하는 것이 좋다.

3. 설교 전개하기

　설교의 전달 방식은 여러 가지 형식이 있으나 그중에 대표적으로 강의식, 웅변식, 낭독식, 이야기식 등으로 분류할 수 있다. 강의식은 신학교 교수들이 강의하듯이 자신의 권위로 일방적으로 성도들을 가르치려 함으로 성도들의 원성을 들을 수 있다. 웅변식은 정치인들의 선거 유세 때 하는 방식으로 성도들이 쉽게 피로를 느끼며 지치게 한다. 또한, 방송 뉴스 시간에 아나운서가 감정 없이 전달하거나 설교자가 줄곧 원고를 보면서 읽는 낭독식은 성도들과 교감이 불가능하여 감동 전달이 안 되므로 환영받지 못한다.

　이러한 세 종류의 언변은 설교에는 맞지 않는다. 근본적으로 설교는 서로 마주 보고 대화하듯이 이야기식으로 해야 한다. 그러나 예화는 담소하듯 자연스럽게 발언해도 문제가 없으나 설교는 거룩한 하나님의 말씀을 대언하는 것이므로 강약을 조절하며 때로는 힘 있게 선포하는 이야기식으로 전개되어야 한다. 예수님의 모든 설교도 아래와 같이 이야기식으로 하신 사실을 유념해야 한다.

> 무리가 알고 따라 왔거늘 예수께서 저희를 영접하사 하나님 나라의 일을 이야기하시며 병 고칠 자들을 고치시더라(눅 9:11).

1) 설교 전개 순서(1-26)

제목-① (성경)		부제, 인명, 지명 ② 서 론	일자,,성명
⑤ 본문			③ 서론	
1	④ 대지 ⑤ 절 || ⑥ 해석 1	
〈첫째 칸〉 ⑨ 예화 1		〈둘째 칸〉 ⑧ 관주 성경	
〈셋째 칸〉 ⑩ 예화 2			⑦ 해석 2
2	⑪ 대지 ⑫절 || ⑬ 해석 1	
⑯ 예화 1		⑮ 관주 성경	
⑰ 예화 2			⑭ 해석 2
3	⑱ 대지 ⑲ 절 || ⑳ 해석 1	
㉓ 예화 1		㉒ 관주 성경	
㉔ 예화 2 〈말씀 정리 발언〉			㉑ 해석 2
㉖ 총결론 (본문 외 대표 성구 제시, 권면 및 결단- 현실 적용)			㉕ 결론 (3 해석 2종합)

*원어 풀이: 3개 대지 중 1개(대지와 해석 사이).
*예화: 신앙 이야기(간증, 찬양 등은 첫 번째 칸에 기재한다.

※ 성경 봉독과 설교자의 기도가 끝난 후에 "할렐루야! 잘 오셨습니다. 은혜받읍시다" 또는 성도들의 상호 인사를 나누게 하고 다음과 같이 구체적인 순서에 따라 진행한다.

*서론(①-③)
① 오늘 본문 0장 0절을 통해 "000" 제목으로 말씀을 전합니다.
② 제목 옆 칸은 서론에 해당하는 부제, 인명, 지명을 언급한다.
③ 서론: 시대 배경, 저자 저작 동기, 본문 내용, 설교 방향 제시 등을 말한다.

*본론(④-㉔)
④ 1대지(4-13)-제목을 말하고, 첫째 "000입니다"라고 대지를 말한다.
⑤ 해당 절을 본문에서 읽는다. 이어서 ④ 1대지의 뜻은 ⑥ 해석 1입니다. 다시 말해서 ⑦ 해석 2입니다.
⑧ 관주 성경 1개 또는 2개 성구를 선택한다 <두 번째 칸>
⑨ -첫째 칸, ⑩-셋째 칸에 각각 예화 1과 예화 2를 말하며 1대지가 끝난다. (참고로 "첫 번째 칸"에 예화 1 대신 원어 풀이를 하면 ⑤ 와 ⑥ 사이에 들어간다. 이때 원어 풀이한 것을 대지의 해석과 연결하거나 현실 적용한다. 1

대지 종합 선포- 제목+대지+해석 1+해석 2를 연결하여 한 문장의 이야기로 반복한다.

둘째 칸–대지와 관련된 관주 성경 신구약 1개씩 말하고 현실에 적용한다.

셋째 칸- 예화 1(성경 이야기, 믿음의 인물) 간증, 찬송 등을 선택하여 현실에 적용한다.

이렇게 1대지가 끝나고, 이어서 2대지(⑪ -⑰) 및 3대지(⑱ - ㉔)도 1대지와 같은 방법으로 설교한다.

***결론**(㉕-㉖)
3대지 셋째 칸 끝부분에 "이제 말씀을 정리하겠습니다"라며 시작한다.

㉕ 결론은 모든 해석 2(⑦, ⑭, ㉑)를 종합한 것을 작은 박스에 요약, 제목과 연결 최종 강조한다.

㉖ 총 결론은 본문 밖 본문을 대표할만한 성구를 선택하여 성도들의 삶에 최종 적용하는 권면과 도전으로 은혜스럽게 설교를 마무리한다.
"예수님의 이름으로 축원합니다"로 마친다.

2) 설교의 시간 배분

*서론: 3분

(제목-부제 및 시대적 배경, 기록 동기, 본문 내용 등)

*본론: 21분

(3개 대지 x 7분/대지)

대지-절-해석 1-해석 2 ④+⑤+⑥ +⑦ : 1분

관주성경 ⑧ : 1분 (둘째 칸)

예화1 ⑨ : 2분 (첫째 칸)

예화2 ⑩ : 3분 (셋째 칸) 소계 7분

*결론: 3분

총 27분 ("30분 설교"를 기준으로 한다)

부흥회나 세미나 때의 경우는 심지어 1시간 이상 설교해도 청중들에게 수용될 수 있다. 그러나 경험적으로 볼 때 30분을 넘기면 사람들이 생리적으로 집중력에 한계가 있어 지루해져, 청중들에게 은혜를 끼칠 수 없게 되므로 일반 예배 설교는 통상적으로 30분 정도가 적절하다.

4. 설교 전문 5선

　설교 전문은 설교자가 강단에서 한 페이지 설교문으로 설교를 할 때 실제로 강단에서 본문 말씀을 풀어서 설교하는 그대로 보여주는 것이다. 즉 한페이지로 선포한 말씀의 전체 내용을 최소 5페이지 이상 풀어 쓴 것으로써 설교 전체 윤곽을 알게 한다. 다시 말해서, 설교의 핵심 내용을 추출하여 특정한 양식(#337)에 함축적으로 기재하여 만든 "한 페이지 설교문"을 근거로 하여 강단에서 설교하는 모든 내용을 담은 것이 설교 전문이다. 이를 만든 주요 목적은 한 페이지 설교의 전개 방식을 통해 어떻게 설교했는지를 충분히 이해하고 획기적으로 한페이지로 간소하게 만드는 설교문을 누구든지 쉽게할 수 있도록 도움을 주는 참고 자료이다.

　결론적으로 WPA 설교법의 최종 설교문의 "한 페이지 설교문" 작성에 어느 정도 숙달이 되면 강단에서 거의 원고를 보지 않고 설교 전문처럼 자세한 내용으로 자유롭게 설교할 수 있는 자신감을 가짐으로 행복한 목회를 누리게 될 것을 확신한다.

※ 설교 전문(1)

니느웨로 파송된 요나 (욘 3:1-10)		니느웨에서 요나가 한 일 니느웨= 앗수르 성	20 , 장소 이름
4 요나가 그 성읍에 들어가서 하루 동안 다니며 외쳐 이르되 사십 일이 지나면 니느웨가 무너지리라 하였더니 5 니느웨 사람들이 하나님을 믿고 금식을 선포하고 8 다 굵은 베 옷을 입을 것이요 힘써 하나님께 부르짖을 것이며 각기 악한 길과 손으로 행한 강포에서 떠날 것이라 10 하나님이 그들이 악한 길에서 돌이켜 떠난 것을 보시고 하나님이 뜻을 돌이키사 그들에게 내리리라고 말씀하신 재앙을 내리지 아니하시니라		요나= BC 760년 북이스라엘 여로보암 2세 때, 아밋대 아들 1. 2장=니느웨 악행-하나님 멸망위기 이방인 구원 위해 요나 선교사 파송 선민의식- 반대편 다시스로 도망 바다-육지 토해짐=십자가 부활 예표 성도! 요나 니느웨성 구출 과정 살펴봄	
1	성읍 악행으로 사십일 지나 무너진다 함(4)	(성 사람들 죄악으로 임박한 멸망 전함)	
무너지다(하파크),뒤집어 엎다, 전복시키다 (니느웨의) 악인을 엎어뜨리다 소돔과 고모라 멸망 예언 때와 똑같은 단어 '하파크'		(시 16:1) 의인의 길 인정,악인의 길은 망함 (창 19:13) 여호와가 멸하시려 우리를 보내심 소돔죄악 탄식 여호와께 상달-멸하시려 하심	
소돔과 고모라 멸망-의인 50명에서 10명 줄이는 아브라함 사랑과 하나님 자비. 아브라함 중보기도= 예수 그리스도 대속 예표. 바울- 끝없는 죄고백 본 받아야 우리= 종말 때 죄 깨닫고 회개 끈 놓지 말아야 함			죄 대가-죽음 경고 인류 구원 위해 성육신 예수님 예표
2	사람들 베옷 입고 하나님께 부르짖게 함(8)	(백성들이 외치며 회개기도하게 함)	
부르짖다(카라),소리치다, 외치다, 선포하다 잘못에 대해 용서 구하려 소리치고 외침 왕과 백성 모두 금식 선포- 악에서 떠나려 몸부림		(대하 7:14) 악 떠나 기도-죄 사하고 땅 고침 (겔 33:5) 회개 경고치 않으면-피 손에서 찾음 우리= 죄를 지체하지 말고 곧 회개 서둘러야	
국가적 회개 운동- 에스더, 미스바 회개, 교회적 회개 운동-미국 조나단 에드워즈 대각성 운동, 한국- 평양 대부흥 운동=선교사 하디/길선주 장로 회개-100만 구령 운동 제주도-만주 확산, 사도행전 후 최대 성령 운동. 2014년 525 해운대 회개 집회			하나님 징계 두려워 속죄 피함. 지체없이 죄용서 구함
3	하나님 진노 그치사 재앙 받지않게 함(10)	(하나님이 돌이키사 멸망을 면하게 함)	
어거스틴의 회개-루소, 톨스토이와 함께 3대 『참회록』 버림받은 첫 아내 수녀 됨 -매일 회개『참회록』 완성. (시편 51:9) 회개기도-하나님 돌이키사 멸망 면하게 함		(행 10:45) 이방인들에게도 성령 부어 주심 (행 17:19) 네 믿음이 너를 구원하였느니라 이방인-구원, 우리=이웃 전도, 요나처럼 선교	
니느웨 회개기도-징계 벗어남. 북한- ICBM 발사대- 미 본토 위협,기독교 핍박 신디 제이콥스/ 릭 조이너 예언-통일 한국 세계 선교 주도 쓰임 받음. 요나 같은 3만 선교사 땅끝 파송-재림 때까지 온 나라 복음 전파토록! 적극 동참하기 축원!			하나님 진노 그침 재앙 받지않게 함 기도 응답 받음
예수님 지상 명령 불순종 우리= 요나 고백, 하나님 요나 사랑 깨달음, 성도! 각오 다짐 (단 12:3) 많은 사람 옳은데로 돌아오게 한자는 별과같이 영원토록 빛나리라-천국 영광, 기쁨 성령 인도하심, 영혼 구원 열심 다함, 우리= 천국 소망, 하나님 기뻐하는 삶 축원!			멸망 임박성 경고 부르짖고 회개기도 사망-생명길 구원

니느웨로 파송된 요나
욘 3:1-10

1 여호와의 말씀이 두 번째로 요나에게 임하니라 이르시되 **2** 일어나 저 큰 성읍 니느웨로 가서 내가 네게 명한 바를 그들에게 선포하라 하신지라 **3** 요나가 여호와의 말씀대로 일어나서 니느웨로 가니라 니느웨는 사흘 동안 걸을 만큼 하나님 앞에 큰 성읍이더라 **4** 요나가 그 성읍에 들어가서 하루 동안 다니며 외쳐 이르되 사십 일이 지나면 니느웨가 무너지리라 하였더니 **5** 니느웨 사람들이 하나님을 믿고 금식을 선포하고 높고 낮은 자를 막론하고 굵은 베 옷을 입은지라 **6** 그 일이 니느웨 왕에게 들리매 왕이 보좌에서 일어나 왕복을 벗고 굵은 베 옷을 입고 재 위에 앉으니라 **7** 왕과 그의 대신들이 조서를 내려 니느웨에 선포하여 이르되 사람이나 짐승이나 소 떼나 양 떼나 아무것도 입에 대지 말지니 곧 먹지도 말 것이요 물도 마시지 말 것이며 **8** 사람이든지 짐승이든지 다 굵은 베 옷을 입을 것이요 힘써 하나님께 부르짖을 것이며 각기 악한 길과 손으로 행한 강포에서 떠날 것이라 **9** 하나님이 뜻을 돌이키시고 그 진노를 그치사 우리가 멸망하지 않게 하시리라 그렇지 않을 줄을 누가 알겠느냐 한지라 **10** 하나님이 그들이 행한 것 곧 그 악한 길에서 돌이켜 떠난 것을 보시고 하나님이 뜻을 돌이키사 그들에게 내리리라고 말씀하신 재앙을 내리지 아니하시니라

크레모나, 이탈리아 - 2016년 5월 24일: Giulio Campi(1564 - 1567)의 Chiesa di San Sigismondo 금고에 있는 선지자 요나의 프레스코화

할렐루야! 잘 오셨습니다. 은혜받읍시다.

이 시간 설교의 제목은 "니느웨로 파송된 요나"입니다.

(요나= 바로 "인류 구원을 위해 이 땅에 오신 예수님을 예표함)

니느웨는 역사적으로 이스라엘과 원수이고 적대적 관계였던 앗수르의 성입니다. 요나서는 12개 소선지서 중 하나이며, 요나는 BC 760년 경 북이스라엘의 여로보암 2세 때 활동했던 선지자로 갈릴리 사람 아밋대의 아들로 태어났습니다.

앞서 1-2장은 니느웨 성 사람들이 우상 숭배 등 갖은 악행을 일삼아 하나님의 진노를 불러일으켰습니다. 그로 인해 니느웨는 멀지 않아 하나님의 심판으로 재앙을 피할 수 없게 되었습니다. 그러나 자비로우신 하나님은 처음으로 이방인도 구원하실 목적으로 요나를 니느웨로 급히 파송하셨습니다.

그런데 요나는 선민의식의 우월감으로 이스라엘을 늘 괴롭히던 원수를 돕는다는 것이 너무 싫어서 하나님께 불순종하였지요. 지리적으로 하나님으로부터 좀 더 멀어지고 싶은 단순한 생각으로 니느웨의 반대 방향인 다시스로 도망갔습니다. 그러나 요나는 하나님의 강권하심으로 바다에 던져지고 물고기 뱃속에서 3일을 지내며 죽을 고통 가운데 회개합니다. 결국 하나님이 물고기에게 명령하사 니느웨 땅에 요나를 토해내게 하십니다. 이는 예수님이 십자가 고난을 받고 무덤에서 3일 만에 부활하심을 예표합니다.

성도 여러분!

요나는 한때 불순종했다고 믿음 없는 자입니까?

상상만 해도 끔찍한 풍랑 속 바다에 던져져도 하나님이 보호하실 것이라는 믿음 충만한 사람임을 알게 합니다. 이 시간 요나가 성경 역사상 유례를 찾아볼 수 없는 큰 성 니느웨에서 몇십 만 명의 백성 전체를 구출하는 놀라운 과정을 살펴보면서 은혜를 나누고자 합니다.

사랑하는 성도 여러분!

니느웨에서 요나가 한 일은 무엇입니까?

첫째, 요나가 "니느웨 성의 악행으로 사십일이 지나 무너진다"라고 선포했습니다.

본문 4절 말씀을 보겠습니다.

> 요나가 그 성읍에 들어가서 하루 동안 다니며 외쳐 이르되 사십 일이 지나면 니느웨가 무너지리라 하였더니.

본문에 "무너지다"는 히브리어로 "하파크"이며 "뒤집어엎다, 전복시키다"라는 뜻입니다. 이는 하나님께서 니느웨의 악인들을 엎어뜨린다는 뜻입니다. 그래서 성읍의 악행으로 사십 일이 지나 무너진다는 뜻은 "니느웨 사람들의 죄악으로 멸망이 임박했다"라는 심각성을 전한 것입니다. 즉, "죄의 대가로 곧 죽을 수밖에 없다"라는 급박한 상황을 경고한 것입니다.

요나의 경고에 니느웨 왕과 백성들의 반응을 보면 죄로 인해 마음의 찔림을 받고 크게 충격받은 것이 분명합니다. 하나님의 자비하심으로 이제 이방인들에게도 구원의 때가 이른 것입니다. 시편 16편 1절을 보면 악인의 말로가 어떻게 되는지 알 수 있습니다.

> 무릇 악인들의 길은 여호와께서 인정하시나 악인들의 길은 망하리로다.

하나님의 주권으로 악인은 하나님께 인정받지 못하고 멸망 당해 바람에 나는 겨와 같이 흩어져 사라질 위기에 처하게 된다는 뜻입니다. 창세기 19장 13절 말씀에 보면, 니느웨보다 더욱 악이 만연했던 소돔과 고모라의 실제 예를 들어 보겠습니다.

> 그들에 대한 부르짖음이 여호와 앞에 크므로 여호와께서 이 곳을 멸하시려고 우리를 보내셨나니 우리가 멸하리라.

이 말씀은 소돔 주민들의 성적 타락 등 죄악이 만연하여 회개치 않음으로, 의인들의 탄식과 원성이 하나님께 상달되었음을 뜻합니다. 이때부터 하나님은 소돔과 고모라가 자기 백성임에도 멸하셨습니다. 우리 믿는 자들이 회개치 않으면 하나님의 형벌은 가차 없이 주어집니다.

아브라함은 소돔과 고모라의 죄악으로 하나님의 심판이 이르기 일보 직전에 절박한 심정으로 하나님께 간청하였습니다. 그는 몇 번씩이나 의인의 수를 줄여가며 하나님이 마음을 돌이키시도록 안간힘을 썼습니다. 처음에 의인 오십 명만 있으면 재앙을 면하게 해 달라고 매달렸습니다. 끝내 하나님은 의인 열 명이라도 채우도록 무한한 자비를 베푸셨습니다. 그런데도 결국 의인 열 명이 없어서 회개하지 않은 소돔과 고모라는 유황과 불이 비 오듯 쏟아져 심판으로 멸망했습니다.

왜 아브라함은 요나처럼 미리 회개를 촉구하지 않았을까요?

성경에는 없지만 그들의 강퍅한 죄악은 상상을 초월하여 이미 회개 단계를 넘어선 것으로 봅니다. 그때 아브라함의 중보기도는 예수 그리스도 대속의 사역을 예표합니다(창 18:20-32).

사랑하는 성도 여러분!

니느웨에서 요나가 한 일은 "니느웨 사람들의 죄악으로 멸망이 임박했다"라는 것을 선포했습니다.

둘째, 요나는 "사람들이 베옷 입고 하나님께 부르짖으라고 했습니다"

본문 8절 말씀을 보겠습니다.

> 사람이든지 짐승이든지 다 굵은 베 옷을 입을 것이요 힘써 하나님께 부르짖을 것이며 각기 악한 길과 손으로 행한 강포에서 떠날 것이라

본문에 "부르짖다"는 히브리어로 "카라", "소리치다, 외치다, 선포하다"라는 뜻입니다. 요나가 사람들이 베옷을 입고 하나님께 "부르짖으라" 한 것은, 백성들이 외치며 회개기도를 촉구한 것입니다. 다시 말해서 하나님에게 심판받기 전에 속히 재앙을 피하는 길은 바로 간절히 죄 용서를 구하면 하나님으로부터 응답을 기대할 수 있기 때문입니다. 역대하 7장 14절 말씀을 보면 하나님께서 회개기도를 들으시고 기도 응답의 약속을 말씀하십니다.

> 내 이름으로 일컫는 내 백성이 그들의 악한 길에서 떠나 스스로 낮추고 기도하여 내 얼굴을 찾으면 내가 하늘에서 듣고 그들의 죄를 사하고 그들의 땅을 고칠지라

믿는 자들이 지은 죄에 대해 자기를 겸손히 내려놓고 회개하면 "하나님이 보호하시고 자비를 베푸사 용서하신다"라는 뜻입니다. 죄악이 만연했던 니느웨 성읍이 요나의 전도를 받고 하나님의 마음을 돌이키도록 철저히 회개하여 죄 용서를 받은 사실은, 바로 이 말씀에 적용이 됩니다.

이런 상황처럼 만약 불순종하여 회개하지 않으면 어떤 결과를 낳는지 에스겔 33장 5절 말씀을 보겠습니다.

> 그가 경고를 받았던들 자기 생명을 보전하였을 것이나 나팔 소리를 듣고도 경고를 받지 아니하였으니 그 피가 자기에게로 돌아가리라

자신의 죄를 하나님께 회개하지 않으면 반드시 죽음을 면치 못한다는 준엄한 경고입니다.

신약성경에도 비슷한 짝이 되는 말씀으로 마태복음 11장 17절을 보겠습니다.

> 우리가 너희를 향하여 피리를 불어도 너희가 춤추지 않고 우리가 슬피 울어도 너희가 가슴을 치지 아니하였다 함과 같도다

요나 같은 선지자의 권면이나 경고에도 죄를 회개치 않고 무시하거나 방관하면, 멸망을 초래할 수밖에 없음을 비유로 설명한 것입니다.

다행히 니느웨 왕과 백성들의 경우에는 요나가 회개를 촉구했을 때 하나님의 자비를 구하며 깊이 회개를 했습니다. 결국 최초로 이방인에게도 구원받을 수 있는 생명 길이 열리게 된 것입니다. 중요한 것은 다윗이 밧세바를 범하고 즉시 회개한 것처럼, 우리도 죄를 지으면, 지체하지 말고 곧바로 회개를 서둘러 하나님의 용서를 구해야 합니다. 아멘!

역사적으로 보면 미국 교회의 회개는 18세기 조나단 에드워즈의 대각성 운동을 대표적 예로 들 수 있습니다.

그가 사우샘턴 집회 시 니느웨처럼 도시 전체가 회심하고 예수님을 영접했습니다. 한국 기독교 최초의 회개 운동은 '평양 대부흥 운동'입니다. 당시 장대현교회에서 최초의 선교사 '하디'와 길선주 장로의 회개로 '100만 구령 운동'으로 촉발되어 제주도 및 만주까지 성령의 불

길이 순식간에 퍼졌습니다. 신학자들은 사도행전 이후 최대 성령 운동으로 평가합니다.

'평양 대부흥 운동'을 기념하여 2014년 '525 해운대 회개 집회' 때 30만 명이 운집하여 비가 내리는 가운데도 한국 교회의 잘못을 진정으로 회개하며 죄 용서를 간구했습니다. 이러한 노력으로 세계적으로 한국 기독교가 장차 선교 주도국으로 사명을 감당하리라 믿습니다.

사랑하는 성도 여러분!

니느웨에서 요나가 한 일은 "니느웨 사람들의 죄악으로 멸망이 임박했다"라고 선포함에 따라 "백성들이 외치며 회개기도를 하게 했습니다."

셋째, 요나의 선교로 결과적으로 "하나님이 진노를 그치사 재앙을 받지 않게 했습니다"

본문 10절 말씀을 보겠습니다.

> 하나님이 그들이 행한 것 곧 그 악한 길에서 돌이켜 떠난 것을 보시고 하나님이 뜻을 돌이키사 그들에게 내리리라고 말씀하신 재앙을 내리지 아니하시니라

요나는 "하나님이 진노를 그치사 재앙을 받지 않게 했다"라는 것은 "하나님이 돌이키사 멸망을 면하게 했다"라는 뜻입니다. 즉, 하나님의

자비와 긍휼하심으로 니느웨가 죄악을 용서받음으로 사망에서 생명의 길로 구원받았습니다. 백성들의 기도가 응답 된 것입니다. 할렐루야!!

큰 죄를 짓고 나서 철저히 회개함으로 재앙을 면하여 복 받은 한 사람을 소개합니다.

세계 3대 『참회록』의 저자는 톨스토이, 루소 그리고 어거스틴입니다. 그중에서도 어거스틴의 『참회록』이 제일 잘 알려져 있는데 『참회록』을 쓰게 된 과정이 이렇습니다.

16세 때 동갑 소녀와 도피, 결혼한 지 16년 차에 16세의 다른 소녀와 사귀며 방탕한 삶을 살았습니다. 첫 아내가 수녀가 되자 양심의 가책을 받고 회개하며 기도문을 쓰다가 『참회록』을 완성했습니다. 곧바로 히포의 주교가 된 이후부터 본격적으로 회개했습니다. **시편 51편 9절 "주의 얼굴을 내 죄에서 돌이키시고 내 모든 죄악을 지워 주소서"** 를 침대 위에 붙여놓고 매일 읽으며 회개기도를 했습니다. 이는 다윗이 밧세바를 범한 죄를 회개하면서 만든 시를 인용한 것입니다.

하나님은 평생 회개한 어거스틴의 죄를 용서하시고 마침내 위대한 사상가가 되는 복을 주셨습니다. 우리도 무슨 죄라도 진정으로 회개하면 하나님께서 용서하시고 복 주실 것을 믿으시기 바랍니다!

신약 시대에서도 이방인들을 위한 구원의 축복이 이어졌습니다.

사도행전 10장 45절 말씀을 보겠습니다.

> 베드로와 함께 온 할례 받은 신자들이 이방인들에게도 성령 부어 주심으로 말미암아 놀라니

이방인들에게도 동일한 구원의 은혜를 물 붓듯 기름 붓듯 부어 주셨습니다.

사도행전 17장 19절 말씀입니다.

> 네 믿음이 너를 구원하였느니라 하시더라

아홉은 어디에 있느냐 탄식하시며 예수님께 돌아와 감사하는 유일한 사마리아인 나병 환자에게 구원을 베푸셨습니다. 또한, 예수님이 수가 성 우물가에서 만나신 사마리아 여인(요 4:7)을 구원하셨지요.

더 나아가 이제는 이방인이 유대인을 구원합니다. 여리고에서 강도 만난 자를 도와준 사람은 유대인 제사장이나 레위인이 아닌 바로 사마리아인입니다(눅 10:33).

이제 말씀을 정리하겠습니다!

하나님의 명령으로 니느웨로 가서 요나가 한 일은, "성읍의 악행으로 사십일 지나 무너진다"라는 말은 니느웨 멸망의 임박성을 경고한 것입니다. 다시 말해서 "곧 죄로 인해 죽을 수밖에 없다"라는 급박한 상황을 선포한 것입니다.

요나의 경고를 들은 왕과 백성들이 하나님의 심판을 두려워했습니

다. 이를 면하도록 바로 베옷을 입고 하나님께 부르짖으며 죄 용서받도록 간절히 회개기도를 했습니다.

　결과적으로 하나님이 진노를 그치사 재앙을 받지 않게 하신 것은 그들의 회개기도에 응답하심으로 하나님이 돌이키시어 징계를 푸셨습니다. 즉, 하나님의 자비와 긍휼하심으로 니느웨 사람들의 죄를 용서하시고 그들을 사망에서 생명의 길로 구원하신 것입니다. 할렐루야!

　2천 년 전 세례 요한은 "회개하라 천국이 가까이 왔다"라고 외쳤습니다. 예수님도 공생애를 시작 때애 동일하게 외치셨습니다. 2천 년이 지난 지금 일부 신학자들의 주장은 이 시대가 노아의 때, 소돔과 고모라의 때, 니느웨의 때와 같다고 말합니다. 즉, 코로나 전염병, 러시아 우크라이나 전쟁, 자연재해, 동성애 및 교회가 쇠퇴하는 등 종말의 징조가 보이기 시작되는 마지막 때에 우리가 살고 있다고 합니다.

　사도 바울은 "나는 날마다 죽노라"고 하면서 육신의 정욕으로 끊임없이 죄지음을 고백했습니다. 우리도 알게 모르게 입으로 또는 생각으로 많은 죄를 짓습니다. 주님 만날 때까지 늘 회개의 끈을 절대 놓지 말아야 합니다.

　니느웨는 다행히 요나의 선교로 말미암아 모든 사람이 즉시 회개기도를 함으로 하나님의 징계에서 벗어났습니다. 그러나 북한의 경우는 아직도 회개 전의 니느웨와 같은 상황입니다. 최근 'ICBM 발사대'를 건조하여 핵무기 탑재를 목표로 미 본토까지 위협하고 있습니다. 더구나 기독교인을 핍박하며 회개하지 못해 언제 하나님의 징계를 받을지 모릅니다. 그러나 세계적 예언가 미국 신디 제이콥스, 릭 조이너 목사는 장차 통일 한국이 세계 선교 주도국으로서 하나님으로부터 크게 쓰임 받을 것을 예언했습니다.

한국은 코로나19가 종식되면 3만여 명의 요나 같은 선교사들이 미전도 지역 땅끝까지 파송될 것입니다. 예수 재림 때까지 온 땅을 다니며 복음 전할 것입니다. 이 일에 모두가 선교적 자세로 동참합시다!

끝으로, 다니엘 12장 3절 뒷부분을 함께 읽으며 우리의 각오를 다짐하시기를 바랍니다.

많은 사람을 옳은 데로 돌아오게 한 자는 별과 같이 영원토록 빛나리라

이 뜻은 다른 사람을 하나님께로 인도한 사람이 천국에서 누릴 영광과 기쁨을 말합니다. 이 말씀을 마음에 새기시고 남은 생애 성령님의 인도하심에 따라 죽어가는 영혼들을 살리는 일에 열심을 다 하시기 바랍니다. 이제는 중심을 보시는 하나님께서 여러분의 영적 부흥을 기대하십니다. 그것은 하나님께서 가장 기뻐하시는 영혼을 구원하여 우리 모두가 하나님께서 기뻐하시는 삶을 살게 되기를 주님의 이름으로 축원합니다.

오늘 말씀을 짧은 문장으로 요약하면 "회개하고 전도합시다!"입니다. 아멘!

※ 설교 전문(2)

욥이 고백한 하나님 (욥 9:5-8, 17-19)	욥의 신앙 고백 욥의 뜻= 박해 받는 자 고난의 대명사	20 , . 장소: 이름:
6 그가 땅을 그자리에서 움직이시니 그 기둥들이 흔들리도다 7 그가 해를 명령하여 뜨지 못하게 하시며 별을 가두시도다 8 그가 홀로 하늘을 펴시며 바다 물결을 밟으시며 17 그가 폭풍으로 나를 치시고 까닭없이 내 상처를 깊게 하시며 18 나를 숨쉬지 못하게 하시며 괴로움을 내게 채우시는 19 힘으로 말하면 그가 강하시고 심판으로 말하면 누가 그를 소환 하겠느냐	욥= 족장 시대 초기 BC 2000년경 아브라함과 동시대 동방의 의인 욥기= 저자 미상 지혜서,경건한 의인 이유 모를 고난- 순종-극복, 갑절 복 본문= 빌닷에게 욥의 1차 답변 성도! 욥이 고난 중 어떤 신앙 고백 하나님께 받은 복 살펴봄!	

1	하늘을 펴시고 땅을 기둥 삼으심(6, 8)	(천지를 지으심)
하늘(샤마임)=창공, 땅(에레츠)= 지구, 육지 하늘과 땅= 함께 우주를 구성하는 주체 하나님 초월적 능력으로 창조 됨.	(창 1:1) 태초에 하나님이 천지를 창조하시니라 (시 121:2) 도움은 천지 지으신 여호와에게서 우리= 전능하신 하나님 경외 충성다해 섬겨야	
(찬송 79장) 주 하나님 지으신 모든 세계 내 마음속에 그리어 볼때 하늘의 별 울려 퍼지는 뇌성 주님의 권능 우주에 찼네. 주님의 높고 위대하심 내영혼이 찬양하네 우리= 천지를 지으시고 창세 전에 나를 지명하신 하나님을 높이며 찬양함!	하나님= 세상 만물 말씀 으로 창조 유일신, 인간=보잘 것 없는존재암시

2	해 뜨지 못하게 하시고 바다를 밟으심(7,8)	(자연을 다스리심)
(삼상 7:10) 사무엘- 미스바에서 번제 드릴 때 여호와께서 블레셋에게 큰 우레 발하여 패하게 하심- 기도응답 초월적 하나님= 우리 대신 자연을 무기 원수 물리치심!	(막 4:39) 예수께서 바다 더러 잠잠하라 하심 (수10:13) 태양이 기브온 중천 종일 머무름 창조주 하나님= 신구약 통틀어 이적 행하심	
모세- 출애굽 때 200만 명 넘는 이스라엘 백성 홍해 바다를 마른 땅같이 건넘 불기둥 구름기둥 보호하심, 동풍 일으켜 메추라기로 일용할 양식 주심, 성도! 홍해의 위기 앞에 있다면? 자연 지배 하나님 의지, 위기 극복 믿음을!	모든 피조물을 초월적 권능- 통치 지배 운행 인간-기적 베푸심 고백

3	괴로움 주시고 공의를 베푸심(18,19)	(연단 끝에 옳은 길로 인도하심)
심판(미쉬파트)-공의(justice),재판, 판결(judgement) 우리=온갖 괴로운 시험-공의 베푸시는 하나님 의지하길! 찬양 336장, 환난과 핍박 중에도 성도는 신앙 지켰네---	(욥 23:10) 단련 후 순금 나옴-의인, 재물 회복 (창 41:41) 노예-30세 총리 요셉 높이신 하나님 하나님 뜻= 옳은 길 인도하심, 요셉처럼 축복	
강영우 장로, 중학교 때 축구공 맞아 맹인-바울 육체의 가시-신앙으로 장애 극복, 연세대 교육학 졸업, 200불로 도미 피츠버그대 박사. 하나님 도우심 요셉-총리 처럼, 부시 행정부 차관-미 주류사회 진출, 연단 끝 선한 길 인도하심!	고난 당할 때 미천한 존재 연단=하나님 계획 안 축복 고난 극복- 갑절의 복
(롬 8:35-39) 어떤 피조물로 환난 가운데 도살 당할 양같이 여김 받아도 하나님 사랑으로 넉넉히 이김--- 하나님의 계획 안에 어떤 연단도 달게 받고 하나님 전적 의지 천국갈 때까지 승리의 삶 사는 저와 여러분 되시길 축원!	천지 창조, 자연 운행 고백, 연단에 순종 갑절의 복 받음

욥이 고백한 하나님

(욥 9:58, 17-19)

그가 진노하심으로 산을 무너뜨리시며 옮기실지라도 산이 깨닫지 못하며 **6** 그가 땅을 그 자리에서 움직이시니 그 기둥들이 흔들리도다 **7** 그가 해를 명령하여 뜨지 못하게 하시며 별들을 가두시도다 **8** 그가 홀로 하늘을 펴시며 바다 물결을 밟으시며 그가 폭풍으로 나를 치시고 까닭 없이 내 상처를 깊게 하시며 **18** 나를 숨 쉬지 못하게 하시며 괴로움을 내게 채우시는구나 **19** 힘으로 말하면 그가 강하시고 심판으로 말하면 누가 그를 소환하겠느냐

시인 윌리엄 블레이크가 그린 욥과 세 친구들

할렐루야!

잘 오셨습니다. 은혜받읍시다.

이 시간 설교의 제목은 "욥이 고백한 하나님"입니다. 부제는 "욥의 신앙 고백"이며 욥의 이름의 뜻은 "박해받는 자"로서 고난의 대명사로 불릴 만큼 큰 재난을 겪은 사람입니다.

당시 B.C. 2000년경 아브라함과 동시대 인물로서 동방의 의인으로 불렸습니다.

욥기는 저자가 미상의 지혜서로서 전반적 내용은 누구나 인정했던 경건한 의인이 이유를 모를 만큼 고난이 한꺼번에 몰려왔습니다. 아내가 저주하고 떠났으며 10명의 자식은 졸지에 목숨을 잃고 전 재산이 불에 탔으며 자신은 피부병으로 견딜 수 없는 고통에 시달렸습니다. 이런 상황에서도 욥은 하나님께 순종함으로 결국 갑절의 복을 받게 됩니다. 본문은 욥의 세 친구 소발, 엘리바스, 빌닷 중에 빌닷의 비난에 대한 욥의 답변 내용입니다.

성도 여러분!

욥은 어떤 신앙관으로 극심한 고난을 극복하여 하나님의 복을 받았는지 살펴보겠습니다.

첫째, 욥은 하나님이 "하늘을 펴시고 땅을 기둥 삼으셨음"을 고백했습니다.

본문 6절, 8절 말씀을 보겠습니다.

그가 땅을 그자리에서 움직이시니 그 기둥들이 흔들리도다 **8** 그가 홀로 하늘을 펴시며 바다 물결을 밟으시며

하늘을 펴시고 땅을 기둥 삼으셨다는 뜻은 "천지를 지으셨다"라는 것입니다. 하나님은 세상 만물을 말씀으로 창조하신 유일신이며 인간은 보잘것없는 존재임을 암시합니다. 하늘과 땅을 히브리어로는 하늘은 창공(샤마임), 땅은 지구 육지(에레츠)라고 하는데 우주를 구성하는 주체로서 하나님의 초월적 능력으로 창조된 것입니다.

창세기 1장 1절 말씀을 보겠습니다.

태초에 하나님이 천지를 창조하시니라

하나님은 세상 만물을 말씀으로 창조하신 천상천하에 유일신이십니다.

시편 121편 2절 말씀입니다.

나의 도움은 천지를 지으신 여호와에게서로다

욥은 전지전능하신 하나님 앞에 자신은 보잘것없는 존재일 뿐임을 암시하고 하나님께 우리는 전능하신 하나님을 경외하고 충성을 다해

섬겨야 함을 고백하고 있습니다. 찬송가 79장을 부르며 하나님께 영광 돌리겠습니다.

> 주 하나님 지으신 모든 세계 내 마음속에 그리어 볼 때 하늘의 별 울려 퍼지는 뇌성 주님의 권능 우주에 찼네. 주님의 높고 위대하심을 내 영혼이 찬양하네
> (이후 생략)

천지를 지으시고 창세 전에 우리를 지명하신 하나님을 높이며 찬양합니다!

둘째, 욥은 하나님이 "해 뜨지 못하게 하시고 바다를 밟으셨음"을 고백했습니다.

본문 7-8절 말씀을 보겠습니다.

> 그가 해를 명령하여 뜨지 못하게 하시며 별들을 가두시도다 8 그가 홀로 하늘을 펴시며 바다 물결을 밟으시며

하나님이 "해가 뜨지 못하게 하시고 바다를 밟으셨다"라는 뜻은 해와 바다 같은 "자연을 다스리심"을 뜻합니다. 욥은 하나님이 창조하신 모든 피조물을 초월적 권능으로 통치하고 지배하고 운행하시고 인간에게 자연을 통해 기적을 베푸심을 고백했습니다.

사무엘상 7장 10절을 보면, 사무엘이 미스바에서 번제 드릴 때 여호

와께서 블레셋에게 큰 우레를 발하여 패하게 하심으로 위기 가운데 사무엘의 기도가 응답 되었습니다. 초월적 능력의 하나님은 우리를 대신하여 자연을 무기 삼아 원수를 물리치십니다!

마가복음 4장 39절 말씀을 보면, 자연을 다스리시는 예수님 모습을 볼 수 있습니다.

> 예수께서 깨어 바람을 꾸짖으시며 바다더러 이르시되 잠잠하라 고요하라 하시니 바람이 그치고 아주 잔잔하여지더라

여호수아 10장 13절 말씀을 보겠습니다.

> 태양이 머물고 달이 멈추기를 백성이 그 대적에게 원수를 갚기까지 하였느니라 야살의 책에 태양이 중천에 머물러서 거의 종일토록 속히 내려가지 아니하였다고 기록되지 아니하였느냐

이 말은 기브온 전투 중 낮이 연장되기를 바라는 여호수아가 하나님께 드린 기도의 내용입니다. 그 기도의 응답으로 태양이 머물렀는데 전무후무하게 실제로 해가 중천에 머문 초자연적인 이적 사건이 있었습니다. 이처럼 창조주 하나님은 신구약을 통틀어 이적을 행하셨고 지금도 행하실 것을 믿습니다.

모세는 출애굽 때 200만 명이 넘는 이스라엘 백성을 홍해 바다를 마른 땅같이 건너게 했습니다. 이동 중에 밤에는 불기둥 낮에는 구름기

둥으로 보호하시고 동풍을 일으켜 홍해를 가르시고 만나와 메추라기로 필요할 때마다 양식을 주신 것은 자연을 지배 통치하신 하나님의 이적 사건이었습니다.

성도 여러분!
지금 홍해의 위기가 여러분 앞에 있습니까?
모세처럼 자연을 다스리신 하나님을 의지하여 담대히 기도하는 그를 본받기를 바랍니다.

셋째, 욥은 하나님이 "괴로움을 주시고 공의를 베푸셨음"을 고백했습니다.

본문 18절, 19절 말씀을 보겠습니다,

> 나를 숨쉬지 못하게 하시며 괴로움을 내게 채우시는 **19** 힘으로 말하면 그가 강하시고 심판으로 말하면 누가 그를 소환 하겠느냐.

하나님이 "괴로움을 주시고 공의를 베푸심"의 뜻은, 욥을 "연단 끝에 옳은 길로 인도하심"을 말합니다. 참고로 본문에 "심판"을 원어(미쉬파트)를 보면 공의(justice), 재판, 판결(judgement) 중에 문맥에 맞는 "공의를 베풀다"로 바꾸어 대지 변형을 하였습니다.

우리는 온갖 괴로운 시험에서도 공의를 베푸시는 하나님을 의지하는 욥의 신앙을 본받으시기를 바랍니다!

　고난을 당할 때는 현실적으로 보잘것없은 미천한 존재로 여겨지나 그것은 하나님 계획 안에 축복임을 믿으시기 바랍니다.

　찬송가 336장을 부르겠습니다.

> 환난과 핍박 중에도 성도는 신앙 지켰네. 이 신앙 생각할 때에 기쁨이 충만하도다. 성도의 신앙 따라서 죽도록 충성하겠네(이후 생략).

　욥기 23장 10절 말씀을 보겠습니다,

> 내가 가는 길을 그가 아시나니 그가 나를 단련하신 후에는 내가 순금같이 되어 나오리라

　욥기의 대표적인 성경 구절로 욥은 환난을 당했으나 하나님의 주권을 인정하고 순종했기에 자신을 금 제련에 비유하여 하나님의 연단이 끝날 때 순금처럼 의로운 자로 인정받고 재물과 명예가 회복됨을 굳게 믿었습니다.

　창세기 41장 41-42절 말씀을 보겠습니다.

> 바로가 또 요셉에게 이르되 내가 너를 애굽 온 땅의 총리가 되게 하노라 하고 **42** 자기의 인장 반지를 빼어 요셉의 손에 끼우고 그에게 세마포 옷을 입히고

금 사슬을 목에 걸고

17세 때 애굽의 노예로 팔려간 요셉이 30세 때 총리가 된 것은 예수님이 30세 때 공생애를 시작하신 예수님의 예표입니다. 그는 절망을 딛고 일어서서 하나님을 의지함으로 하나님께서 요셉을 애굽의 총리로 높여 주셨습니다. 이는 자기를 판 형들과 아버지 야곱을 구원하기 위한 하나님의 깊은 뜻이 담겨 있음을 알게 합니다.

성도 여러분!
우리를 향하신 하나님의 뜻이 무엇인지를 깨달아 어떤 어려운 고난도 축복의 기회로 삼으시기 바랍니다. 옳은 길로 인도하시는 하나님을 의지하는 욥을 본받아 천국에 갈 때까지 지상에서도 큰 복을 받는 저와 여러분 되시기를 축원 드립니다.

강영우 장로는 중학교 때 축구공에 맞아 맹인이 되었습니다. 조용기 목사님의 안수도 받고 치유의 기적을 기대했으나 "바울의 육체의 가시"를 평생 지닌 것을 보고 차라리 신앙으로 장애를 극복하기로 마음을 달리했습니다. 연세대학교 교육학과를 졸업한 후 단돈 200불로 도미 유학하여 피츠버그대학교 박사가 되었습니다.
결국, 하나님의 도우심으로 요셉이 총리가 된 것처럼, 부시 행정부 차관 등 미 주류사회로 진출하여 명문 가정을 이루었습니다. 한국에서도 개인 간증을 통해 장애인의 인간 승리로 많은 젊은이에게 도전과 감동을 불러일으켰습니다. 하나님께서 그를 연단 끝에 옳은 길로 인도하셨습니다!

말씀을 정리하겠습니다.
 욥이 극심한 고난 중에 어떤 신앙으로 극복했느냐의 답변은 다음과 같이 욥은 하나님께 세 가지 고백을 했습니다.

 첫째, 전능하신 하나님께서 말씀으로 하늘과 땅을 말하는 "천지를 지으신" 유일신을 믿었습니다. 이에 비하면 고난 중에 인간은 정말 미천한 존재라는 것을 깨달았습니다.
 둘째, 하나님이 천지를 지으신 후 자연을 다스리셨습니다. 즉, 욥은 하나님이 모든 피조물을 초월적 권능으로 통치하고 지배하고 운행하셨으며 하나님을 섬기는 자들이 필요할 때마다 이적을 행하심을 고백했습니다.
 셋째, 욥은 고난을 당할 때 미천한 존재임을 인정하는 겸손함으로 하나님을 의지했습니다. 그리하여 괴로움과 연단을 견딤에 따라 하나님께서 갑절의 복으로 채워주심을 고백했습니다.

 성도 여러분!
 우리의 모든 고난은 하나님 계획 안에서 주시는 연단으로 믿고 의지할 때 하나님은 넘치는 복으로 채워주실 줄 믿습니다. 본문 내용에 뒷받침이 되는 로마서 8장 35-39절 말씀을 암송하며 천국에 갈 때까지 승리의 삶을 사는 저와 여러분 되시기를 축원 드립니다!

> 누가 우리를 그리스도의 사랑에서 끊으리요 환난이나 곤고나 박해나 기근이나 적신이나 위험이나 칼이랴 **36** 기록된 바 우리가 종일 주를 위하여 죽임을 당하게 되며 도살당할 양 같이 여김을 받았나이다 함과 같으니라 **37** 그러나 이 모든 일에 우리를 사랑하시는 이로 말미암아 우리가 넉넉히 이기느니라 **38** 내가 확신하노니 사망이나 생명이나 천사들이나 권세자들이나 현재 일이나 장래 일이나 능력이나 **39** 높음이나 깊음이나 다른 어떤 피조물이라도 우리를 우리 주 그리스도 예수 안에 있는 하나님의 사랑에서 끊을 수 없으리라. 아멘!

위 성구의 핵심을 요약하면,
어떤 피조물도 환난 가운데 주를 위하여 죽임을 당하게 되며 도살당할 양같이 여김을 받아도 하나님 사랑으로 넉넉히 이깁니다.

하나님의 계획 안에서 어떤 연단도 달게 받고 하나님을 전적으로 의지하여 천국에 갈 때까지 승리의 삶을 사는 저와 여러분 되시길 축원합니다! 아멘!

※ 설교 전문(3)

자기 백성 지키시는 하나님 (사 43:14-21)	장래 일 이끄시는 하나님 자기 백성 보호 대상	20 . . 장소 이름
14 너희의 구속자요 이스라엘의 거룩한 이 여호와가 말하노라 너희를 위하여 내가 바벨론에 사람을 보내어 모든 갈대아 사람에게 자기들이 연락하던 배를타고 도망하여 내려가게 하리라 18너희는 이전 일을 기억하지 말며 옛날 일을 생각하지말라 19보라 내가 새 일을 행하리니 이제 나타낼 것이라 너희가 그것을 알지 못하겠느냐 반드시 내가 광야에 길을 사막에 강을 내리니 21이 백성은 내가 나를 위하여 지었나니 나를 찬송하게 하려 함이니라	(벧전 2:9) 택하신 족속- 육적 아브라함 후손 소유된 백성- 예수 믿고 구원 언약 백성 이사야 66장= 신구약 66권 구조 동일 1-39장= 구약 이스라엘 멸망. 40-66장 = 신약 위로 소망 본문= 이사야 축소판 -전반 멸망,-후반 해방 새 일 행하신 하나님 섭리 살펴봄!	

1	바벨론을 멸망시키심(14)	(원수를 물리치심)
초강대국 바벨론 망함=상상 밖,절대주권 못막음 (삼상17:47) 전쟁=여호와 속한 것,우리 손에 붙임 인류 역사= 성경대로, 다윗처럼 믿고 백전백승!	(벧전2:9) 택하신 족속-어두운 데서 불러냄 (롬8:39)어떤 피조물-하나님 사랑-끊을 수 없으리 하나님=자기 백성 고아 버리지X 끝까지 지켜 보호	
바벨론 도망자- 20세기 독재자, 루마니아 독재자 차우세스쿠 이슬람 압제자 리비아 가다피,이라크- 후세인, 공통점- 가족주의 장기독재- 말로 비참 러시아 우크라이나 침공, 북한 핵무기 위협- 마지막 때 원수들 물러감!	택하신 백성을 고난에서 건지심	

2	옛 일을 생각하지 말라 하심(18)	(새 일을 행하심)
옛 일= 홍해 수장(16/7) 출애굽 승리 만족보다- 장차 이스라엘 해방 구원받는-더크고 영광 새 일 기독교 역사=미래지향적, 더큰 새 일 행하실 것임!	(계 21:5) 보라 내가 만물 새롭게 하노라- 원석제련 (고후 5:17) 누구-그리스도안-새 피조물--새것 우리= 환경 초월, 고난극복, 거듭나 새 일 행하길 축원	
옛 일-순회선교사 준비: 5년 전 6개월 선교사 교육 & 영어설교, 필리핀-러시아 선교 3년 설교 주제 2000개, 『설교가 쉽다』 출간, 국내외 설교 세미나 개최 새 일-"제2권 출간 준비" 감동받음. 하나님= 쉴틈없이 새 일 행하게, 여러분 새 일?	자녀 삼으신 구원받은 백성 영원히 보호통치	

3	찬송을 부르게 하심(21)	(찬양을 기뻐하심)
인간 지은 목적: 사랑의 대상, 찬송받기 원하심 찬송이 9장 " 하늘에 가득찬 영광의 하나님" 모든 택한 백성들= 하나님께 기뻐 찬송 경배	(행 16:22-2)바울 기뻐 찬양-영광돌림-옥문열림 (잠 9:10) 여호와 경외 지혜 근본 거룩한 자아는 명철 (계 5:12) 죽임 당한 어린 양=존귀, 영광, 찬송 합당	
성탄절날 300여 명 세계 최대 '할렐루야' 3분 합창 카톡 감동- 지인들 전달 10여 년 전 뉴욕 합창단원 뉴욕 카네기홀 등단, 마지막 곡 할렐루야 감동기억 한달 연습 보람 무대 큰 박수 받고 기쁨충만 하나님께 영광 돌림. 말씀정리!	찬양으로 영광 받기에 합당하심	
출애굽 이스라엘 새 일=초림-미가 선지자 2700년 전 (미 5:2) 베들레헴 탄생 예언성취 마지막 새 일 = 에녹 4천년 전 예언(유 1:15) 재림 심판- 성경대로 예수 다시오심 재림 준비:성령충만 -말씀 기도 찬양- 하나님 기쁘게 하심 마침내 천국 찬양!	원수 이기게 하심 새 일을 행하심 찬양 영광 합당	

자기 백성 지키시는 하나님

(사 43:14-21)

14 너희의 구속자요 이스라엘의 거룩한 이 여호와가 말하노라 너희를 위하여 내가 바벨론에 사람을 보내어 모든 갈대아 사람에게 자기들이 연락하던 배를 타고 도망하여 내려가게 하리라 **15** 나는 여호와 너희의 거룩한 이요 이스라엘의 창조자요 너희의 왕이니라 **16** 나 여호와가 이같이 말하노라 바다 가운데에 길을, 큰 물 가운데에 지름길을 내고 **17** 병거와 말과 군대의 용사를 이끌어 내어 그들이 일시에 엎드러져 일어나지 못하고 소멸하기를 꺼져가는 등불 같게 하였느니라 **18** 너희는 이전 일을 기억하지 말며 옛날 일을 생각하지 말라 **19** 보라 내가 새 일을 행하리니 이제 나타낼 것이라 너희가 그것을 알지 못하겠느냐 반드시 내가 광야에 길을 사막에 강을 내리니 **20** 장차 들짐승 곧 승냥이와 타조도 나를 존경할 것은 내가 광야에 물을, 사막에 강들을 내어 내 백성, 내가 택한 자에게 마시게 할 것임이라 **21** 이 백성은 내가 나를 위하여 지었나니 나를 찬송하게 하려 함이니라

이탈리아 로마 - 2021년 8월 28일: 피에트로 갈리아르디(Pietro Gagliardi, 1847-1852)가 그린 산 지롤라모 데이 크로아티아(San Girolamo dei Croati) 교회에 있는 선지자 이사야의 프레스코화

할렐루야!

잘 오셨습니다. 은혜받읍시다.

오늘 말씀의 제목은 "자기 백성을 지키는 하나님"입니다. 부제로는 장래 일을 이끄시는 하나님입니다.

"자기 백성"의 의미는 하나님의 보호 대상자로서 2가지 부류가 있습니다. 베드로전서 2장 9절에 "택하신 족속" 육적인 아브라함의 후손입니다. 소위 자신들이 선민이라고 자랑하는 유대인들입니다. "소유된 백성"은 이방인으로서 예수 믿고 구원받은 언약 백성이며 영적인 아브라함의 후손들입니다.

이사야 66장은 성경 전체 66권의 구조와 동일합니다.

이사야 1-39장은 구약 39권의 이스라엘의 멸망을 말하며 40-66장은 신약 27권의 위로와 소망을 말합니다. 특히, 본문은 이사야 전체의 축소판으로서 14-17절은 이스라엘의 멸망을 말하며 18-21절은 해방을 말합니다. 이제 자기 백성을 보호하시는 하나님의 섭리를 살펴보겠습니다.

첫째, 자기 백성 지키시는 하나님은 바벨론을 멸망시키셨습니다.

본문 14절 말씀을 보겠습니다.

너희의 구속자요 이스라엘의 거룩한 이 여호와가 말하노라 너희를 위하여 내가 바벨론에 사람을 보내어 모든 갈대아 사람에게 자기들이 연락하던 배를 타

> 고 도망하여 내려가게 하리라

당시 바벨론은 지금의 미국과 같은 초강대국인데 망한다는 것은 상상 밖의 놀라운 일입니다. 그러나 역사의 주관자이신 하나님의 절대 주권 행사는 누구도 막을 자가 없습니다. 즉, 인류의 역사는 성경대로 이루어왔습니다. 사무엘상 17장 47절 말씀을 보면, 다윗이 골리앗 앞에서 선포합니다.

> 전쟁은 여호와께 속한 것인즉 그가 너희를 우리 손에 붙이시리라

다윗은 하나님의 지시에 따라 순종할 때 모든 전쟁에서 승리했습니다. 우리도 다윗처럼 순종할 때 하나님은 반드시 대적하는 원수들을 물리치실 것입니다. 자기 백성을 지키시는 하나님은 바벨론을 멸망시키시고 대적하는 원수를 물리치시고 택하신 백성을 고난에서 건지셨습니다. 베드로전서 2장 9절에도 택하신 족속과 소유된 백성을 어두운 데서 불러냈다고 말합니다.

로마서 8장 39절 말씀을 보겠습니다.

> 다른 어떤 피조물이라도 우리를 우리 주 그리스도 예수 안에 있는 하나님의 사랑에서 끊을 수 없으리라

하나님은 자기 백성을 고아처럼 버리지 아니하시고 끝까지 지키십니다.

바벨론의 도망자는 20세기의 독재자들의 모습을 연상케 합니다. 루마니아의 차우세스쿠, 리비아의 가다피, 이라크의 후세인 등은 공통점이 있습니다. 전 가족과 함께 장기독재로 권력을 휘두르다가 모두 비참하게 죽임을 당했습니다. 지금에도 우크라이나를 침공한 러시아, 핵무기로 위협을 가하는 북한도 때가 되면 하나님께서 모두 물리치실 것입니다.

둘째, 자기 백성을 지키시는 하나님은 대적하는 원수를 물리치시고, 옛일을 생각하지 말라 하십니다.

18절 말씀 보겠습니다.

> 너희는 이전 일을 기억하지 말며 옛날 일을 생각하지 말라

하나님께서 출애굽 때 뒤쫓아오던 애굽 병사들을 홍해 바다에 수장시키신 것은 승리에 만족하기보다 장차 이스라엘이 해방되고 구원받아서 더 크고 영광스러운 새 일을 바라보라는 뜻입니다. 이처럼 기독교 역사관은 미래 지향적으로 하나님께서 더 크고 영광스러운 새 일을 행하실 것입니다. 이를 뒷받침하는 요한계시록 21장 5절 말씀을 보겠습니다.

> 보라 내가 만물을 새롭게 하노라.

광산에서 채취한 원석을 용광로에서 녹이면 불순물이 빠진 순수한 쇳물이 나옵니다. 이처럼 믿는 자들은 하나님의 연단 가운데 죄를 회개하고 거듭나야 합니다. 이와 짝이 되는 고린도후서 5장 17절 말씀을 보겠습니다.

> 누구든지 그리스도 안에 있으면 새로운 피조물이라 이전 것은 지나갔으니 보라 새것이 되었도다

우리는 환경을 초월하여 고난을 극복하고 거듭남으로 말미암아 새 일을 행하시기를 바랍니다.

저는 6년 전 순회 선교사의 비전을 갖고 한국에 나와 6개월 동안 한 대형 교회의 선교사 파송 교육과 어느 통역대학원에서 영어 설교를 공부했습니다. 이어서 필리핀과 러시아에 단기 선교를 다녀왔습니다. 그리고 3년 동안 설교 주제 2천 개를 만들며 집중적으로 연구하여 『설교가 쉽다』를 출간하고 작년 말까지 국내외에서 목회자 신학생을 대상으로 설교 세미나를 개최해 왔습니다. 이제 새해를 맞이하면서 제2권 책을 만들라는 감동을 받았습니다.

그래서 하나님께서 새 일을 행하라는 인도하심이라고 믿고 다시 한 번 벅찬 도전의 여정을 시작하려 합니다.

여러분의 새 일은 무엇입니까?

새해 용기를 가지고 하나님이 기뻐하시는 새 일을 행하시기 바랍니다.

셋째, 자기 백성을 지키시는 하나님은 고난에서 건지시고 새 일을 행하게 하시며, 찬송을 부르게 하십니다.

21절 말씀을 보겠습니다.

> 이 백성은 내가 나를 위하여 지었나니 나를 찬송하게 하려 함이니라

하나님께서 인간을 지으신 목적은 자기 사랑의 대상으로 삼아 그들로부터 찬송 받기 원하십니다. 하나님은 찬송을 기뻐하시기 때문입니다. 다시 말해서 찬양으로 영광 받으시기에 합당하시기 때문입니다. 찬송가 5장을 부르며 하나님께 영광 돌리겠습니다.

> 하늘에 가득찬 영광의 하나님 온땅에 충만한 존귀하신 하나님 생명과 빛으로 지혜와 권능으로 언제나 우리를 지키시는 하나님 성부와 성자와 성령 삼위의 하나님 우리 예배를 받아주시옵소서(이후 생략)

사도행전 16장 22-26절을 보시면, 바울은 한 소녀의 귀신을 쫓는 선행을 했지만 모함을 받아 매를 맞고 감옥에 갇혔습니다. 그런 핍박에도 불구하고 바울은 기뻐하며 하나님께 찬양으로 영광을 올려드렸

습니다.

이때 하나님은 찬양을 기뻐 받으시고 놀랍게도 옥문이 열리며 손목에 쇠사슬이 풀리는 초능력의 권능을 보이셨습니다.

잠언 9장 10절 말씀을 보겠습니다.

> 여호와를 경외하는 것이 지혜의 근본이요 거룩하신 자를 아는 것이 명철이니라

경외한다는 뜻은 공경하는 자세를 말하므로 늘 하나님께 기쁨으로 찬양을 드리며 그의 이름을 높여드리기 바랍니다.

요한계시록 5장 12절 말씀을 보겠습니다.

> 죽임을 당하신 어린 양은 능력과 부와 지혜와 힘과 존귀와 영광과 찬송을 받으시기에 합당하도다 하더라

우리 죄를 대속하신 어린양 예수께 찬양하며 영광 돌려드리기 바랍니다.

크리스마스 이브에 한 카톡을 받았는데, 300여 명의 대규모 합창단이 "할렐루야"라는 곡을 부르는 장면에 큰 감동을 받았습니다. 제가

10여 년 전 뉴욕합창단 단원으로 미국에서 유명한 무대 카네기홀에 출연하여 마지막 휘나레로 "할렐루야"를 부르며 감동했던 기억이 생각났습니다. 당시 한 달 이상 뉴욕 뉴저지를 다니며 열심히 준비하여 큰 무대에서 기쁘게 찬양하며 하나님께 영광을 돌린 아름다운 추억이었습니다.

말씀을 정리하겠습니다.

하나님은 바벨론에서 고난에 처했던 자기 백성을 건져내시고 새 일을 행하게 하시고 그들의 찬양을 기쁘게 들으시고 영광 받으시기에 합당하십니다.

이제 오늘의 말씀을 통해 권면의 말씀을 드립니다.

출애굽 당시의 이스라엘의 새 일은 장래 예수님의 초림이었습니다.

미가서 5장 2절 말씀을 보겠습니다.

> 베들레헴 에브라다야 너는 유다 족속 중에 작을지라도 이스라엘을 다스릴 자가 네게서 내게로 나올 것이라

2700년 전 미가 선지자가 베들레헴에서 예수님의 탄생 예언이 그대로 이루어짐으로 그때 일이 옛일이 되었습니다. 이제 마지막 남은 새 일은 예수님 재림입니다.

유다서 1장 14절 15절 말씀을 보겠습니다.

아담의 칠대 손 에녹이 이 사람들에 대하여도 예언하여 이르되 보라 주께서 그 수만의 거룩한 자와 함께 임하셨나니 이는 뭇 사람을 심판하사 모든 경건하지 않은 자가 - 완악한 말로 말미암아 그들을 정죄하려 하심이라 하였느니라.

놀라운 것은 예수님의 초림보다 1300년 앞선 4천 년 전에 에녹이 예수님 재림을 예언했다는 사실입니다. 예수 초림 예언이 성경대로 정확히 성취된 것처럼 예수님의 재림도 분명히 머지않아 성취될 것입니다.

이탈리아 로마 - 2021년 8월 29일: Giovani Battista Ricci - il Navarro의 Chiesa di San Francesco a Ripa 교회에 있는 프레스코 선지자 이사야(1620).

※ 설교 전문(4)

바울의 전도 방법 (고전 2:1-5)		바울이 교훈한 전도 초대 교회 전도 본받음	20, 장소: 이름:
1 형제들아 내가 너희에게 나아가 하나님의 증거를 전할때 말과 지혜의 아름다운 것으로 아니하였나니 2 내가 너희 중에서 예수 그리스도와 십자가에못 박히신 것 외에는 아무것도 알지 아니하기로 작정하였음이라 3 내가 너희 가운데 거할 때에 약하고 두려워하고 심히 떨었노라 4 내 말과 내 전도함이 설득력있는 지혜의 권하는 말로 하지 아니하고 다만 성령의 나타나심과능력으로 5 너희 믿음이 사람의 지혜에 있지 아니하고 다만 하나님의 능력에 있게 하였노라			고전= 바울 3차 전도 에베소 기록 초대 교회 부패로 실제 문제점 기록 1장- 4장= 교회 분란 나열 본문 2장= 바울의 특징적 전도 방법 내용 =인간적 지식, 철학적 웅변술 성령의 능력 예수 십자가 복음 증거 바울 3가지 전도 방법 살펴봄
1	지혜의 권하는 말로 하지 않음(4)	(세상적 지식으로 하지 않음)	
권하는 말, "페에도스 로고이스 = 유혹하는 그럴듯한 말 바울: 자신의 능력 유혹, 인간적 그럴듯한 말 설득음 세상적 지혜 = 십자가 의미를 깨닫지 못하기 때문		(고전 3:19) 세상 지혜 어리석음, 자기꾀, 헛된 생각뿐 (빌 3:8) 예수 진리 말씀 외 모든 세상 것= 해,배설물 (호 6:3) 여호와 힘써 알자=세상 것 멀리-하나님 전심	
아덴 전도, 3만 신상-3백 신-격분. 모르는 신 알게 함(행 17:29-31) 아레오바고 설교-우상 숭배 회개 예수 부활-철학자들 이방신 조롱.관원 디오누시오 다마리 영접 - 신학자들= 실패한 전도 주장 철학자 맞선 순교적 사역. 전승=디오누시오 아덴 초대 감독-결과적 큰 수확-성공 간주. 아멘!			헬라식 철학자 세상적 학식 자기 소견 않음
2	성령의 능력으로 전함(4,5)	(성령이 인도하시는 대로 전함)	
빌립보 전도(행16:7,9) 예수의 영허락 않음,-우리 도우라 바두니아 - 마게도니아(토인비). 루디아 빌립보 교회 세움 찬미-옥문열림=성령능력,간수구원-(행16:31)성령인도		(고전 2:13) 사람 가르친 지혜 아님, 성령 가르친대로 전함 (시 51:11) 성령 거두지 마소서. 사울=성신뺏김,버림 밧세바 회개-합한 자 칭찬, 죄회개-늘 성령능력 입음	
간증-대기업 뉴욕주재원-세상적 꿈이룸, 2004년 성령-1000일 새벽기도/전도-성령의 능력 (겔 47장)순회 선교사 한국 연수- 세미나 설교강사『설교가 쉽다』출간-전국 세미나-성령인도 미국 떠나올 때 말씀(창 28:15) 현재진행 앞으로 모든 일-성령의 인도하실 줄 믿음			성령의 능력 힘입어 담대히 전함
3	예수 십자가에 못 박힘만을 전함(2)	(오직 예수 십자가 복음을 증거함)	
270장 변찮는 주님의 사랑과 거룩한 보혈의 공로- 십자가 단단히 붙잡고 날마다 이기며 나가세 머리- 예수 십자가=복음 중 복음, 십자가 붙잡고 복음전함!		(고전 1:17) 오직 복음전함=그리스도 십자가 헛되지 않음 (사 53:5) 찔림-허물, 상함-죄악, 징계-평화누림 채찍나음 죄인 되었을 때=예수 고난- 십자가 보혈 공로로 구원	
DL 무디- 위대한 복음 전도자. 무학자 어머니 청교도 교육 영향-18세 성령받고 2억 명 전도 "죠지 뮬러, 찰스 스펄전" 3년 교류- 복음주의 정신 회복 -오직 십자가 복음만 전함. 본케 목사- 레소토 선교사- 1억 명 집회 3천만 명 영접 말씀 정리!			어린 양 예수 십자가 대속 은혜 전함
(행1:8) 성령 받은자-담대히 전도 바울=아덴-불신자, 빌립보-감옥전도, 무디-2억/뵌케-1억 전도 우리 전도-영혼구원?(약2:26) 행함 없는 믿음=죽은 것, (고전 9:16) 복음 전하지 않으면 내게 화있을 것. 전도-하나님 기쁨, 권면!(단12:3) 많은 사람-빛나리라. 천국영광 기쁨-칭찬 상급!			성령의 인도 십자가 복음전도 인류 구원 증거

바울의 전도 방법

(고전 2:1-5)

1 형제들아 내가 너희에게 나아가 하나님의 증거를 전할 때에 말과 지혜의 아름다운 것으로 아니하였나니 **2** 내가 너희 중에서 예수 그리스도와 그가 십자가에못 박히신 것 외에는 아무 것도 알지 아니하기로 작정하였음이라 **3** 내가 너희가운데 거할 때에 약하고 두려워하고 심히 떨었노라 **4** 내 말과 내 전도함이 설득력 있는 지혜의 말로 하지 아니하고 다만 성령의 나타나심과 능력으로 하여 **5** 너희 믿음이 사람의 지혜에 있지 아니하고 다만 하나님의 능력에 있게 하려 하였노라

파리 세인트 폴 페인트

할렐루야! 잘 오셨습니다. 은혜받읍시다.

이 시간 설교의 제목은 "바울의 전도 방법"입니다. 부제는 "바울이 교훈한 전도"입니다. 본문 말씀은 당시 바울이 초대 교회에 교훈한 것으로, 이 시간 우리에게도 교훈하는 전도의 모범이 됩니다.

고린도전서는 바울이 3차 전도여행 중에 에베소에서 기록했는데, 당시 초대 교회의 부패로 인하여 실제로 겪은 문제점들을 기록한 것입니다. 1장에서 4장까지는 교회 안에 갖가지 분란들을 나열했는데, 특히 본문 2장은 바울의 특징적인 전도 방법의 핵심을 언급하고 있습니다. 즉, 전도는 자신의 능력이나 인간적인 지식 또는 철학적 웅변술로 하는 것이 아니라 성령의 능력에 의지하여 예수님의 십자가 복음을 증거해야 함을 강조했습니다.

성도 여러분!

바울이 가르쳐 준 세 가지 전도 방법을 구체적으로 살펴보겠습니다.

첫째, 바울은 지혜의 권하는 말로 하지 않았습니다.

본문 4절 전반부 말씀을 보겠습니다.

> 내 말과 내 전도함이 설득력 있는 지혜의 권하는 말로 하지 아니하고

"권하는 말"의 헬라어 "페에도스 로고이스"의 뜻은, "유혹하는 말, 그럴듯한 말"입니다, 바울은 자신의 능력으로 유혹하거나 인간적인 지

식으로 그럴듯하게 설득하지 않았습니다. 왜냐하면, 세상적 지혜로는 십자가의 의미를 깨닫지 못하기 때문입니다. 그러므로 지혜의 권하는 말로 하지 않았다는 뜻은 "세상적 지식으로 하지 않았다"는 것입니다. 다시 말해서 헬라식 철학자들처럼 세상 학식으로 자기 옳은 소견대로 하지 않았다는 뜻입니다. 이를 뒷받침하는 말씀이 고린도전서 3장 19-20절에 있습니다.

> 세상 지혜는 하나님께 어리석은 것이니 기록된 바 하나님은 지혜 있는 자들로 하여금 자기 꾀에 빠지게 하시는 이라 하였고 또 주께서 지혜 있는 자들의 생각을 헛것으로 아신다 하셨느니라

빌립보서 3장 8절 말씀을 보겠습니다.

> 모든 것을 해로 여김은 내 주 그리스도 예수를 아는 지식이 가장 고상하기 때문이라 내가 그를 위하여 모든 것을 잃어버리고 배설물로 여김은 그리스도를 얻고

예수 그리스도 진리의 말씀 외 그 밖의 모든 세상 지식은 해가 되고 배설물에 지나지 않는다는 뜻입니다.

호세아 6장 3절 말씀을 보겠습니다.

여호와를 알자 힘써 여호와를 알자

　우상 숭배 등 세상 것을 멀리하고 전심으로 하나님을 섬기라는 뜻입니다. 이 말씀과 관련하여 바울이 2차 전도여행 때 아덴의 '아레오바고 광장'에 설교하러 갔습니다. 아덴은 지금의 아테네이고 그 광장은 소크라테스가 연설했던 유서 깊은 장소로서 주로 법적 재판을 하거나 금욕주의 스토아 학파 및 쾌락주의 에피쿠로스 학파 철학자들이 토론하는 곳입니다.
　바울은 미리 도시를 둘러보고 3만 개 신상들이 세워진 것을 목격하고 격분했습니다. 더구나 300여 신들이 있고 심지어 이름을 모르는 신도 있었습니다. 바울은 광장에서 설교할 때 "모르는 신이 누구인지 알게 하겠다"라고 하며 사도행전 17장 29-31절에서 다음과 같이 말했습니다.

> 하나님을 금이나 은이나 돌에다 사람의 기술과 고안으로 새긴 것들과 같이 여길 것이 아니니라 회개하라 하셨으니 죽은자 가운데서 다시 살리신 것으로 모든 사람에게 믿을 만한 증거를 주셨음이니라 하니라.

　바울은 수많은 신상을 세워 우상 숭배 한 것에 회개하라고 지적하고 결정적으로 예수님의 부활을 담대히 증거했습니다. 이때 세상 지식에 가득 찼던 철학자들은 바울의 부활에 대해 "이방 신을 전한다"라고 조롱하면서 모두 흩어졌습니다. 단지 아레오바고 관리 디오누시오와 여자 다마리 등 몇 사람만 말씀을 듣고 예수님을 영접했습니다. 이런 소수 인원의 영접에 대해 대부분의 신학자는 "아덴의 설교는 실패했다"라고 주저 없이 말합니다.

그런데 기독교 전승에 의하면 훗날 디오누시오가 아덴의 초대 감독 또는 2대 주교가 되었고 다마리는 디오누시오의 아내라는 설이 있습니다. 그들 부부가 후일에 많은 사람을 예수님을 믿도록 결정적 역할을 했다는 점에서 아덴 설교는 최종 결과를 놓고 보면 성공적이라 말할 수 있습니다. 이해되시면 아멘하시기 바랍니다.

바울의 전도 방법은 세상 지식으로 하지 않고 담대히 예수 부활 복음의 씨를 뿌렸습니다.

둘째, 바울은 성령의 능력으로 전했습니다.

본문 4절 후반부와 5절 말씀을 보겠습니다.

> 다만 성령의 나타나심과 능력으로 하여 너희 믿음이 사람의 지혜에 있지 아니하고 다만 하나님의 능력에 있게 하려 하였노라

성령의 능력으로 전했다는 뜻은 성령이 인도하시는 대로 전했다는 것입니다. 즉, 성령의 능력에 힘입어 담대히 복음을 증거했다는 것입니다. 이를 뒷받침하는 말씀이 고린도전서 2장 13절에 있습니다.

> 사람의 지혜가 가르친 말로 아니하고 오직 성령께서 가르치신 것으로 하니 영적인 일은 영적인 것으로 분별하느니라

시편 51편 11절 말씀을 보겠습니다.

> 나를 주 앞에서 쫓아내지 마시며 주의 성령을 내게서 거두지 마소서

다윗은 자신처럼 하나님의 '성신'을 받았던 사울 왕이 하나님을 거역함으로써. 그 '성신'을 빼앗기고 하나님에게서 버림받고 끝내 비참하게 죽은 사실을 잘 알고 있었습니다. 다윗도 밧세바를 범하고 우리아를 간접 살인했습니다.

이때 나단 선지자의 책망을 받고 침상이 마르지 않을 만큼 눈물로 회개하며 성령이 떠나지 않도록 간구했습니다. 하나님은 그를 용서하시고 오히려 "마음에 합한 자"라고 칭찬했습니다. 우리도 죄를 지으면 다윗처럼 즉시 회개하고 늘 성령의 인도하심 받는 저와 여러분 되시기를 축원합니다.

바울은 아덴에 앞서 빌립보에서 전도했습니다. 그는 1차 전도여행 때 복음을 전한 결과를 보려고 지금의 튀르키예인 소아시아의 비두니아를 가려고 드로아에 머물고 있었습니다. 그런데 사도행전 16장 7절에 예수의 영이 허락지 않으셨고 9절에 "마게도냐 한 사람이 우리를 도우라"는 환상을 보고 유럽의 마게도냐로 방향을 바꾸게 된 것입니다. 이 사실에 대해 미국의 저명한 미래학자 아놀드 토인비 박사는

"오늘날 유럽 문화가 아시아 문화를 앞서게 된 결정적 계기"라고 말했습니다.

바울은 빌립보에 가서 두 사람의 작정된 사람들을 만나게 됩니다.

먼저, 자주 장사 루디아를 만나 구원받게 하고 그의 재정 지원으로 빌립보 교회를 세웠습니다.
이어서, 바울이 한 소녀의 귀신을 쫓음으로 매맞고 옥에 갇혔습니다.

이때 바울과 실라가 찬송할 때 지진으로 옥문이 열리는 성령의 능력이 나타났습니다. 이를 목격한 간수가 감동하여 예수님을 영접하게 되었습니다. 이 순간 바울이 전도한 사도행전 16장 31절 "주 예수를 믿으라 그리하면 너와 네 집이 구원을 받으리라"는 말씀은 신약성경에서 전도에 관한 가장 유명한 성경 구절이 되었습니다.

특이할 만한 것은 왜 바울과 실라는 로마 시민권자임을 밝히지 않고 매를 맞고 감옥에 간 것일까요?

간수를 만나 구원하기 위한 성령의 인도하심이었습니다.

왜 바울은 가장 가까운 디모데나 누가가 아닌 실라를 불렀습니까? 감옥을 나와 간수 가족까지 구원받게 하려면 절대적으로 로마 시민권을 가진 실라가 필요했기 때문입니다.

훗날 간수는 빌립보 교회에서 영적 지도자가 되고 귀신 나간 소녀도 아마 교회를 위해 헌신했으리라 믿습니다. 이 모든 과정이 성령의 놀라운 인도하심이었습니다. 믿으시면 아멘하시기 바랍니다!

제 간증을 하겠습니다.

학생 때 꿈은 국제 비즈니스맨이 되는 것이었기 때문에 대기업 S그룹에 입사했습니다. 5년 만에 첫 해외 출장을 시작으로 10년 만에 누구나 소망하는 뉴욕 주재원이 되었고 15년 만에 개인사업으로 뉴저지 최고 동네에서 풍족하게 살면서 모든 꿈을 이뤘습니다. 그때부터 영적으로 갈급한 공허가 찾아와 너무 힘들었는데 이는 하나님의 콜링이었습니다. 2004년 부흥회에서 성령을 받고 삶에 놀라운 변화가 왔습니다. 즐기던 골프를 그날로 끊고 1000일 새벽기도 및 노방전도를 서원했는데 이는 개인 의지로는 도저히 불가능한 성령의 인도하심이었습니다. 그때 당시 에스겔 47장 1-12절 말씀을 받았는데 요약해 보겠습니다.

"성전에서 흘러나온 물이 발목 … 엔게디 강에 이르러 각종 물고기와 강가에 열매를 맺고 잎사귀는 약재료가 되고 아라바 바다까지 흘러 바다가 살아났다는 내용이었습니다."

이 말씀을 선교 비전으로 마음에 새기고 순회 선교사를 되기 위해 한국에서 몇 달 선교사 연수교육을 받았습니다. 그러나 아직 선교할 때가 이른지 설교 연구 과정의 설교 강사가 되었습니다. 『설교가 쉽다』 책 출간 후 본격적으로 목회자 대상으로 국내외 설교 세미나를 개최했습니다, 특별히 오늘 귀하신 박 목사님 교회의 강단에 서게 되기까지 모든 과정은 꿈에도 상상할 수 없는 성령의 인도하심으로 믿고 감사할 뿐입니다.

처음 미국에서 올 때 받은 창세기 28장 15절 "내가 네게 허락한 것을 다 이루기까지 너를 떠나지 아니하리라"라는 말씀은 아직 현재 진행

형입니다. 앞으로 제2권 준비 등 모든 일도 성령께서 인도하실 줄 믿습니다.

할렐루야!

바울의 전도 방법은 세상 지식으로 하지 않고 성령의 인도하심 따라 전했습니다.

셋째, 바울은 예수 십자가에 못 박힘만 전했습니다.

본문 2절 말씀을 보겠습니다.

> 내가 너희 중에서 예수 그리스도와 그가 십자가에 못 박히신 것 외에는 아무 것도 알지 아니하기로 작정하였음이라

바울은 언제 어디를 가든지 복음 중 복음인 예수 그리스도의 십자가 복음을 전했습니다. 그러므로 예수 십자가에 못 박힘만 전했다는 뜻은 "오직 예수 십자가 복음만 증거했다"라는 것입니다. 다시 말해서, 온 인류 구원을 위해 어린 양 예수 십자가 대속의 은혜를 전했다는 뜻입니다.

고린도전서 1장 17절 말씀을 보겠습니다.

> 그리스도께서 나를 보내심은 세례를 베풀게 하려 하심이 아니요 오직 복음을

전하게 하려 하심이로되 말의 지혜로 하지 아니함은 그리스도의 십자가가 헛되지 않게 하려 함이라

만약 바울이 예수 십자가 복음 없이 자신의 능력이나 인간적인 지식으로 설교했다면 청중들에게 아무 감동이나 유익이 없는 세상적 지식만을 전했을 것이라는 뜻입니다.

이사야 53장 5절 말씀을 보겠습니다.

그가 찔림은 우리의 허물 때문이요 그가 상함은 우리의 죄악 때문이라 그가 징계를 받으므로 우리는 평화를 누리고 그가 채찍에 맞으므로 우리는 나음을 받았도다

이 말씀은 예수 그리스도께서 고난받은 이유를 가장 생생하게 표현한 십자가 복음입니다. 우리가 죄인 되었을 때 예수님이 십자가에서 창에 찔려 물과 피를 다 쏟으신 보혈의 공로로 말미암아 우리가 구원받았습니다.

이제 예수 십자가 보혈의 공로를 기억하며 찬송 270장 1절과 4절을 다 함께 부르겠습니다.

1절- 변찮는 주님의 사랑과 거룩한 보혈의 공로-(생략).

4절- 십자가 단단히 붙잡고 날마다 이기며 나가세 머리에 면류관-(생략).

예수 십자가 복음은 복음 중의 복음입니다. 십자가 단단히 붙잡고 날마다 복음 전하시길 축복합니다.

세계적인 위대한 복음 전도자 두 사람을 소개하겠습니다.

미국의 D.L. 무디 선생은 무학자로 평신도 목회자입니다. 너무 가난해서 구두 수선공으로 일했는데 어머니의 청교도 교육 영향으로 18세 때 성령을 받은 후부터 복음을 전하기 시작했습니다. 그는 두 사람의 영국의 영적 지도자들과 3년간 교류했습니다. 예수 십자가 공로 의지를 강조하며 5만 번 기도 응답으로 유명한 "죠지 뮬러"와 예수 십자가 복음 설교의 대가 찰스 스펄전입니다. 무디는 그들의 영향으로 복음주의 정신을 회복하여 오직 십자가 복음만 전하며 생애 통산 2억 명 전도 집회를 했습니다.

독일의 본케 목사는 아프리카 레소토 선교사였습니다. 제가 2014년 '시카고 한인 세계 선교대회' 때 주 강사로 온 그를 처음 만났으며 생애 통산 3억 명 집회하여 무려 3천만 명에게 예수님을 영접시켰습니다.

이제 말씀을 정리하겠습니다.

바울의 전도 방법을 요약하면 "성령의 인도하심에 따라 오직 예수 그리스도 십자가 복음"을 전했습니다. 예수님은 공생애를 시작하실 때 광야에서 "회개하라 천국이 가까웠다"라며 전도하셨습니다. 그리고 승천하시기 직전 사도행전 1장 8절 말씀의 최후 지상 명령으로 전도하라고 유언하셨습니다.

오직 성령이 너희에게 임하시면 너희가 권능을 받고 예루살렘과 온 유대와 사마리아와 땅 끝까지 이르러 내 증인이 되리라 하시니라

시작과 끝이며 알파와 오메가이신 예수님의 공생애는 전도로 시작하시고 전도 명령으로 매듭지셨습니다. 예수님의 명령을 지키기 위해 바울은 아덴에서 강퍅한 철학자들 앞에서 목숨을 걸고 예수 부활을 전했고, 빌립보에서 매를 맞고도 감옥에서 간수를 구원시켰으며, D.L. 무디와 본케는 수천만 명의 영혼을 구원케 했습니다. 모두가 한결같이 성령 받고 담대히 십자가 복음을 전하며 예수님의 명령을 지켰습니다.

사랑하는 성도 여러분!
우리도 예수님의 명령을 지키려면 먼저 성령 받고 성령의 능력에 힘입어 전도해야 합니다.
혹시 성령 받지 못하신 분이 있습니까?
성령 받으려면 먼저 회개하고 사모하는 마음으로 안수를 통해 성령 받을 수 있으며 그때부터 담대히 전도할 수 있습니다.
지금까지 얼마나 전도를 다녔으며 몇 명의 영혼을 구원하셨습니까?
혹시 한 번도 전도 나가지 못하신 분이 있으시면 다음 말씀에 귀를 기울이십시요!
야고보서 2장 26절 말씀입니다.

행함 없는 믿음은 죽은 것이다.

죽은 믿음으로는 천국에 갈 수 없습니다.

바울은 고린도전서 9장 16절에서 "만일 복음을 전하지 아니하면면 내게 화가 있을 것이다"라고 말했습니다.

사명자에게 반드시 책임을 묻습니다. 반대로 전도 많이 한 자들에게 하나님께서 누가복음 19장 17절 말씀에서 "잘했다 충성된 종"이라고 칭찬하십니다.

우리 모두가 전도에 적극적으로 동참하여 올해야말로 큰 열매를 맺는 부흥의 원년이 되시기를 바랍니다. 주님이 오시는 날에 "잘했다 충성된 종아"라고 칭찬받고 큰 상급 받는 여러분이 되시기를 주님의 이름으로 축원합니다. 아멘!

독일 베를린, 2월 - 2017년 2월 14일: 프리드리히 슈투멜(Friedrich Stummel)과 칼 벤젤(Karl Wenzel)이 제작한 헤르츠 예수 교회의 프레스코 성 바울 사도 (19. 말과 20. 센트).

※ 설교 전문(5)

요셉과 마리아의 사명 (눅 2:1-7)		택함받은 요셉과 마리아. 사명자= 하나님의 지명 일꾼	20. . 장소: 이름:
1 모든 사람이 호적하러 각각 고향으로 돌아가매 4요셉도 다윗의 집 족속이므로 갈릴리 나사렛 동네에서 유대를 향하여 베들레헴이라 하는 다윗의 동네로 그 약혼한 마리아와 함께 호적하러 올라가니 마리아가 이미 잉태하였더라 6 거기 있을 그 때에 해산할 날이 차서 7 첫 아들을 낳아 강보로 싸서 구유에 뉘었으니 이는 여관에 있을 곳이 없음이러라			눅 2장= 모두가 예수님 나심을 기뻐하는 성탄 설교 핵심. 예수님 베들레헴에서 탄생 할 이유 로마= 세금 징수 목적 요셉= 마리아 동반 해야할 상황 하나님=호적등록 예비하심 성경= 절대 권위가 지켜져야 함
1	고향 베들레헴으로 돌아감(3)		(구약 예언이 성취됨)
돌아감(포류오마이) 옮기다, 여행하다 나사렛- 베들레헴 옮긴 여행- 호적, 로마 세금 우리= 세상 규칙 따르나 하나님 섭리 믿음			예언-(사 11:1) 이새줄기 한싹 결실-여호와의 영 강림 성취(눅 3:32, 마 1:6) 예수—이새 아들 구약-성탄 예언 300번 이상 예언, 모두 성취
미가=예수 탄생 700년 전 예언(미 5:2) 베/에,이스라엘 다스릴자 내게 나옴 신약에서 성취-(마 2:1) 헤롯 왕 때 예수께서 베들레헴 나셔서 동방박사들이 예루살렘에 예언 (사 7:14)-성취(마 1:23) 처녀 잉태 아들 낳음-임마누엘			역사적 사실 성경대로 이루어짐
2	첫 아들을 낳음(7)		(구원주 예수님 세상에 오심)
(눅 8:19) 예수의 어머니와 그 동생들이 왔으니- 마리아=계속 자녀 낳음, 천주교-영원동정설 주장 우리= 절대무오한 성경 믿고 오직 예수님 신앙			(유 1:14) 에녹 예언-주께서 수만 거룩한 자와 임하심. 4천년 전 성경 예언은 반드시 성취됨 우리= 예수 다시오심을 사모, 학수고대하는 믿음
간증 및 찬양- 어릴적 성탄절 새벽송(115장)의 추억-성탄의 기쁨 충만 "기쁘다 구주 오셨네" 만백성 맞으라 온 교회여 다 일어나 다 찬양 하여라 구세주 탄생했으니 다 찬양 하여라 이 세상 만물들아 다 화답하여라---			메시아이신 예수 이 땅에 오심 다시 오실 예수님
3	아기 예수 구유에 뉘움(7)		(어린 양 예수님 속죄 제물 되심)
구유(파트네)여물통,동물의 먹이통, 외양간, 메시아 비천한 탄생, 먹이통=생명의 떡-말씀구원 우리=인류구원- 희생하신 어린 양 예수님께 감사			(요 1:29) 세상 죄 지고 가는 하나님 어린양 (벧전 1:19) 흠없는 어린 양 그리스도의 보배피 그리스도 희생-어두운 세상 밝힘.우리=순교적 삶
쥴리 헤닝, 노벨 문학상 미 펄벅 여사 한국인 양녀, 『개천에 핀 장미』 출간 한국 전 때, 어머니가 미군 사이 부산에서 출생 입양 때까지 15년간 홀로 생활고 이겨냄, 작년 펄벅재단 올해 여성상 수상- 친모 희생 감사의 사연			십자가 보혈로 대속의 은혜로 인류구원
성탄절날 권면-(유 1:14) 에녹 예언-주께서 수많은 거룩한 자와 임해 심판 4천년 전 재림심판 예언 놀랍다-지금까지 모든 성경 예언이 성취되었고 예수재림 예언도 성취됨. 성도! 자기 십자가지고 온전히 예수재림 준비 축원!			베들레헴에서 성령 잉태한 예수 낳고 십자가로 인류구원

요셉과 마리아의 사명

(눅 2:3-7)

3 모든 사람이 호적하러 각각 고향으로 돌아가매 **4** 요셉도 다윗의 집 족속이므로 갈릴리 나사렛 동네에서 유대를 향하여 베들레헴이라 하는 다윗의 동네로 **5** 그 약혼한 마리아와 함께 호적하러 올라가니 마리아가 이미 잉태하였더라 **6** 거기 있을 그 때에 해산할 날이 차서 **7** 첫아들을 낳아 강보로 싸서 구유에 뉘었으니 이는 여관에 있을 곳이 없음이러라

요셉과 마리아

할렐루야!

오늘 말씀의 제목은 "요셉과 마리아의 사명"입니다.

부제로는 사명받은 요셉 부부입니다.

하나님으로부터 사명자로 택함을 받아 쓰임 받는 일은 기쁜 일로 그들은 복이 많은 사람입니다. 특히, 예수님의 가보에 등재되는 육신적 부모가 된다는 사실은 너무나 영광스러운 일이 아닐 수 없습니다. 본문 누가복음 2장은 신구약을 통틀어 성탄절 설교의 하이라이트가 되는 예수님 탄생의 극적인 장면을 보게 됩니다. 본문에 등장하는 인물 로마 황제, 수리아 총독 구레네 및 유대 왕 헤롯은 예수님 탄생을 위한 조연일 뿐이며 그 배후에는 하나님의 특별한 섭리에 따라 그들은 도구로 사용된 것뿐입니다. 이제 요셉과 마리아의 예수님 탄생 과정에서 어떻게 사명을 감당했는지 살펴보겠습니다.

첫째, 요셉과 마리아는 고향 베들레헴으로 돌아갔습니다.

본문 3절 말씀을 보겠습니다.

모든 사람이 호적하러 각각 고향으로 돌아가매

"돌아감"을 원어로 풀이하면, "옮기다, 여행하다"라는 뜻입니다. 요셉 부부가 나사렛에서 살다가 베들레헴으로 여행하게 된 이유가 있습니다. 로마 황제가 14년마다 식민지를 포함한 전 지역에서 세금징수를 위한 호적 명령을 내렸기 때문에 자기 고향으로 돌아가야 했습니다. 결과적으로 그들이 베들레헴으로 돌아간 것은 구약의 예언이 성취되게 한 것입니다. 즉, "베들레헴에서 예수가 탄생하신다"라는 구약성경이 응하게 된 것으로 요셉 부부의 **첫 번째 사명**입니다.

이사야 11장 1절 말씀을 보겠습니다.

> 이새의 줄기에서 한 싹이 나며 그 뿌리에서 한 가지가 나서 결실할 것이요

왜 다윗이 아니고 이새입니까?
이새는 다윗의 아버지로서 농부 출신이라 낮고 천한 몸으로 세상에 오신 초라한 아기 예수의 모습을 암시하고 있기 때문입니다.
마태복음 1장을 보면 1절 아브라함부터 16절 예수에 이르기까지 예수님 계보를 볼 때에 구약의 예언이 이루어졌음을 나타냅니다. 구약에서 성탄 예언이 300번 이상 언급되었는데 이 중에 가장 대표적인 예언은 미가서 5장 2절 말씀입니다.

> 베들레헴 에브라다야 너는 유다 족속 중에 작을지라도 이스라엘을 다스릴 자가 네게서 내게로 나올 것이라

미가 선지자는 예수님 탄생 700년 전 사람으로 정확하게 베들레헴에 예수께서 나심을 예언한 것이 놀랍습니다. 베들레헴의 뜻은 '떡집'이

며 예수님 자신이 '생명의 떡'이라고 하듯이 인류 구원을 위한 구원을 의미합니다. 또한, '에브라다'의 뜻은 풍성한 열매로 해석됨은 생명 양식을 베푸시는 구원주 예수님을 의미합니다.

둘째, 요셉과 마리아의 두 번째 사명으로 첫아들을 낳았습니다.

마태복음 1장 20절 말씀을 보겠습니다.

> 주의 사자가 현몽하여 이르되 다윗의 자손 요셉아 네 아내 마리아 데려오기를 무서워하지 말라 그에게 잉태된 자는 성령으로 된 것이라

요셉은 성령의 잉태라는 초자연적인 기적에 순응하며 사명자의 소임을 다했습니다. 속담에 "처녀가 애를 낳아도 할 말이 있다"라는 뜻은 모든 세상 일에 변명할 여지가 있다는 뜻입니다. 마리아의 경우는 성경 어느 한 군데도 그의 말은 찾아볼 수 없을 만큼 아무 말 없이 절대 순종으로 소임을 다했습니다.

따라서 첫아들을 낳았다는 뜻은 "성령으로 잉태된 구원주를 낳았다"입니다. 즉, 요셉 부부는 낮고 천한 이 땅에 연약한 아기가 오는 통로가 되어 맡은 사명을 감당케 했습니다.

마태복음 1장 21절 보겠습니다.

> 아들을 낳으리니 이름을 예수라 하라 이는 그가 자기 백성을 그들의 죄에서 구원할 자이심이라 하니라

2천 년 전 오늘 이 땅에 오셔서 우리 죄를 대속하신 구원주 예수님 오심을 찬양하며 기쁨으로 맞이합시다.

예수님이 장성하셔서 예루살렘에 입성할 때 유대인들이 호산나 하며 환영을 받았으나 정작 고향 나사렛에서는 배척을 받았습니다.

마가복음 6장 3절 말씀입니다.

> 이 사람이 마리아의 아들 목수가 아니냐 야고보와 요셉과 유다와 시몬의 형제가 아니냐 그 누이들이 우리와 함께 여기 있지 아니하냐 하고 예수를 배척한지라

계속해서 누가복음 8장 19절 말씀입니다.

> 예수의 어머니와 그 동생들이 왔으나 무리로 인하여 가까이 하지 못하니

고향 나사렛에서 예수님은 구원주가 아닌 보통 사람으로 취급당하며 배척을 받았습니다. 위 성경에서 보듯이 마리아가 첫아들을 낳고 이어서 연이어 최소한 예수님을 포함하여 4남 2녀를 낳았습니다.

그런데 천주교는 성경 말씀을 무시하고 마리아는 영원한 동정녀로

서 소위 "영원동정설"을 주장하며 예수님을 외아들로 규정지었습니다. 우리는 무오하고 완전 무결한 성경을 절대적으로 신뢰하고 믿으시기를 바랍니다.

요셉과 마리아는 베들레헴으로 들어가 성령으로 잉태한 첫아들을 낳았습니다. 그를 통해 인류를 구원케 하는데 그들을 통로로 삼게 된 것은 하나님의 섭리에 따른 것으로 그들이 맡은 사명을 잘 감당했습니다. 사명 받은 요셉과 마리아는 베들레헴 고향으로 돌아가 예수님을 낳았습니다.

셋째, 아기 예수님을 구유에 뉘었습니다.

본문 2장 7절 말씀을 보겠습니다.

> 첫아들을 낳아 강보로 싸서 구유에 뉘었으니 이는 여관에 있을 곳이 없음이러라

구유의 헬라어는 '파트네'이며 여물통, 동물의 먹이통입니다. 이 뜻은 예수님이 자신은 생명의 떡이라고 하셨듯이 말씀을 통한 구원을 의미합니다. 더럽고 추한 죄악 세상을 의미하는 마구간에서 태어나 결국 어린 양 예수님을 속죄 제물이 되시게 한 것입니다. 다시 말해서 요셉과 마리아는 예수님으로 하여금 십자가 희생으로 인류의 죄에서 구원케 하는 통로가 되는 사명을 감당한 것입니다. 그 어린 주 예수는 누추

한 마구간에 태어나 한 줄기 빛으로 이 땅에 오셔서 어두운 죄악 세상을 밝히셨습니다. 그 어린 주 예수 114장을 찬양합니다.

> 그 어린 주 예수 눌자리 없어 그 귀하신 몸이 구유에 있네 저 하늘의 별들 반짝이는데 그 어린 주 예수 꼴위에 자네

요한복음 1장 29절 말씀입니다.

> 요한이 예수께서 자기에게 나아오심을 보고 이르되 보라 세상 죄를 지고 가는 하나님의 어린 양이로다

세례 요한은 어두운 세상을 밝히는 어린 양 예수 그리스도의 희생을 감격스러운 예언으로 증언했습니다.

베드로전서 1장 29절 말씀입니다.

> 오직 흠 없고 점 없는 어린 양 같은 그리스도의 보배로운 피로 된 것이니라

요한복음 1장 29절에서 말하고 있는 유월절 어린 양처럼 죄와 허물이 없으신 완전하신 예수 그리스도의 십자가 희생을 의미하고 있습니다.

한국 전쟁 직후 미군 장교와 한국 여성 사이 딸 순이로 태어난 사람이 노벨 문학상을 수상한 미국 펄벅 여사에게 입양되었습니다. 그 후 예수님을 믿는 세 번째 양부모에게 재입양되어 현재 이름 '줄리 헤닝'을 갖게 되었습니다.

그녀는 요한복음 3장 16절에, 자기같이 혼혈아로 천대받던 몸이 하나님의 사랑받는 자녀라는 사실에 은혜를 받고 독실한 크리스천으로 목사님을 섬기는 사모로서 오랫동안 교사로도 활동했습니다. 작년에 자서전 『개천에 핀 장미』 책을 출간하여 백악관 카네기홀 등 미 전역에서 간증하였으며 펄벅재단의 올해 여성상을 수상했습니다. 그 책 내용에 입양되기 전 15년간 자기를 위해 홀로 힘겨운 생활고를 이겨낸 친엄마의 희생을 언급했습니다. 오늘날 자기의 다복한 가정을 이루어 행복한 삶을 누리는 은혜는 양부모의 사랑도 있었지만, 절대적으로 친엄마의 희생을 잊지 않고 그의 덕분이라고 감사했습니다.

사랑하는 성도 여러분!
죄 없으신 예수 그리스도의 십자가 희생만큼 온 인류를 구원하신 가치 있는 희생은 없습니다. 믿으시면 '아멘' 하시기 바랍니다.

이제 말씀을 정리하겠습니다.

요셉과 마리아는 베들레헴으로 돌아감으로 구약의 예언을 성취하게 했습니다. 성령으로 잉태된 예수님을 낳고 그가 십자가로 속죄 제물이 되어 온 인류를 구원케 하는 사명을 감당했습니다.

지금까지 예수님 초림에 대한 모든 예언이 성취되었고, 앞으로도 이제 한 가지 남은 예언도 반드시 성경대로 이루어집니다. 결론적으로 그것은 바로 예수님의 재림입니다.

유다서 1장 14, 15절 말씀을 보겠습니다.

> 아담의 칠대 손 에녹이 이 사람들에 대하여도 예언하여 이르되 보라 주께서 그 수만의 거룩한 자와 함께 임하셨나니 **15** 이는 뭇 사람을 심판하사 모든 경건하지 않은 자가 경건하지 않게 행한 모든 경건 하지 않은 일과 또 경건하지 않은 죄인들이 주를 거슬러 한 모든 완악한 말로 말미암아 그들을 정죄하려 하심이라 하였느니라

앞서 미가서 5장 2절은 2700년 전 예수님의 초림을 예언했는데 이보다 훨씬 먼저 구약 시대 무려 4천 년 전 에녹이 예수님의 재림을 예언했다는 사실이 너무 놀랍습니다.

사랑하는 성도 여러분!

성경의 예언대로 예수님은 머지않아 다시 오십니다. 오늘 성탄절이 끝나는 날, 이 시점부터 우리는 예수님의 재림을 온전히 준비해야 합니다. 예수님께서 자신을 따르라는 말씀은 자기 십자가를 지라는 것입니다. 그리고 승천하시기 직전 최후 지상명령대로 영혼 구원을 강조하셨습니다. 무엇보다 성령충만하여 전도를 게을리하지 않고 이웃 사랑

을 실천하시기를 바랍니다. 끝으로 요셉과 마리아처럼 맡은 직분에 사명을 잘 감당하는 저와 여러분이 되시도록 예수님의 이름으로 축원합니다. 아멘!

설교 세미나 소감문

설교 세미나 소감문 1

신필수 목사/안양 동광교회 담임

　설교집이 기독교 서점에 많이 나왔지만, 이렇게 본문 중심의 실습 위주로 요약된 설교는 처음입니다. 한국 교회 강단에서 철저히 본문 중심으로 준비된 생명의 말씀을 전달한다면 생명수가 흘러 목말라 주린 영혼들이 주님께로 돌아올 것입니다. 한국 교회의 큰 희망이요, 큰 업적이요, 엄청난 축복입니다

　특히, 코로나 시기에 100여 명의 목회자가 한군데 모여 정원석 목사님의 열정적인 강의에 몰입되어 시간 가는 줄 모를 정도로 깊이 빠져들었습니다.

　일반적으로 한 장의 메모식으로 설교를 하는 것은 경험이 많은 부흥사들만 가능했던 방법이었습니다. 그런데 이번에 한 페이지 설교 강의를 듣고 나서 누구든지 조금만 노력하면 강단에서 원고를 보지 않고 자유롭게 설교를 할 수 있다는 자신감을 가질 수 있을 것 같습니다. 이는 정말로 큰 소득이며 귀한 은혜의 시간이었습니다. 열강으로 수고하신 정 목사님께 진심으로 감사드립니다.

설교 세미나 소감문 2

우동진 목사/안양 해성교회 담임

할렐루야!

정원석 목사님의 명저, 제2권 『한 페이지 설교』를 출간하게 됨을 진심으로 축하드립니다. "설교의 풍년인 현대 시대에 또 다른 설교의 형태가 필요할까?"라는 질문이 있고 설교 클리닉 수업에 참여했습니다.

수업 전에 제1권 『설교는 쉽다』를 읽었습니다. 저는 충격을 받았습니다. 지금까지 웬만한 설교학 책을 많이 읽었지만 이렇게 실제적인 책을 발견한 적이 없었습니다.

'한 페이지 설교'라고 해서 처음에는 4p 설교의 변형이냐고 생각했지만 수많은 설교를 감당해야 하는 설교자의 아픔을 고려한 형식이기에 정원석 목사님께 매우 감사한 마음이 들었습니다. 전에 볼 수 없었던 형식, 도표 그리고 목사님께서 직접 고민하고 작성하신 실제적인 예를 볼 때 '연역적 설교의 최신판'이라고 감히 말씀드릴 수 있을 것 같습니다.

무엇보다 어떤 다른 책에서도 볼 수 없었던 실제 문제와 실제 답을 포함했기에 설교의 업그레이드를 원하는 모든 설교자의 마음을 흡족하게 하리라 생각됩니다. 그리고 『설교는 쉽다』 책 안에 실린 실제적 사례들은 바로 사용해도 무방할 정도로 정리되고 정련된 무궁한 자료들입니다.

다시 한번 귀한 책을 집필하고 공유해 주신 정원석 목사님께 감사드리며 설교에 관심 있는 모든 분에게 적극적으로 추천합니다.

설교 세미나 소감문 3

이재호 목사/전북 광할교회 담임

저는 일반 목회자들 못지않게 평소에 설교에 대한 관심과 열정이 많았습니다. "설교가 쉽다" 라는 특별한 제목으로 처음 12강 세미나에 참석하면서 점점 주옥같은 말씀 중심의 세미나에 빠져들게 되었습니다. 지난 1년간 12강 세미나를 연속적으로 네 번을 들으면서 받은 은혜와 감동을 잊을 수 없어 함께 나누고자 합니다

제1차 12주 세미나에 본문 중심의 제목 대지를 어떻게 만들고 특히 해석에 대하여 강사 목사님의 열정적인 강의가 매우 유익했습니다. 처음에는 주제 작성 훈련이 생소했지만 지속적인 연습을 통해 점점 나아졌습니다. 대지별로 도입, 전개, 결론 단계를 기준으로 반복 훈련을 통해 점차적으로 발전하는 자신을 발견하며 흥미를 더하게 됐습니다. 특히, 해석은 설교 중에 하이라이트라고 배웠는데 설교의 핵심을 깊이 있고 정교하게 배울수 있어서 감동했습니다.

제2차 12주 세미나를 통해서 본문 중심의 설교법을 정해진 양식에 작성하는 방법을 배우며 훈련했습니다. 설교를 하다 보면 때로는 자신도 모르게 본문 말씀을 벗어나 설교하기가 십상이었는데 3대지 설교를 배우며 근본적인 문제가 해결됐습니다.

제3차 제 4차 각각 12주 세미나를 통해 그동안 배운 주제 작성과 한 페이지 설교문을 실습한대로 강단에서 설교할 때 주제가 잘 연결되고 은혜롭게 설교를 전달할 수 있다는 사실에 마음이 기뻤습니다.

특히, 지난 1년 동안 지역을 이동하며 설교 세미나에 참석했을 때 강사

목사님의 칠판 강의 중에 주제를 수정하는 핵심적인 지도를 받고 크게 발전하는 계기가 됐습니다.

  결과적으로 이 기간 훈련을 통해서 성장 발전하는 큰 보람을 느끼며 설교에 자신감을 가지게 됐습니다. 이 시대에 목회자에게 꼭 필요한 설교 세미나를 본문 중심으로 체계적이고 구체적인 한 페이지 설교의 유익한 강의를 해 주신 정원석 목사님께 진심으로 감사를 드립니다.

설교 세미나 소감문 4

김성일 목사/전주 등대교회 담임

『설교가 쉽다』 저자이신 정원석 목사님의 세계설교아카데미(WPA) 주최로 설교 클리닉에 12주 동안 강의를 들으면서 그동안 설교를 하면서 전혀 알지 못했던 부분을 새롭게 접하였고 실제로 설교에 큰 도움이 되었습니다.

이 설교는 본문 중심의 연역법 3대지 설교로 본문을 떠나지 않고 본문이 말하는 의도를 정확히 알려주고 제목과 대지를 연결하여 하나의 이야기가 되게 하므로 성도들이 쉽게 이해하고 기억할 수 있었습니다. 또한, 대지를 해석하므로 누구나 알아듣기 쉽게 전달하여 성도들이 은혜를 받고 감동하는 모습이 보기 좋았습니다. 그리고 대지의 동사를 원어로 해석한 내용과 간증과 찬양 등 풍성한 내용이 가미되어 설교가 더욱 풍성해짐으로 성도들이 흥미를 가지고 집중하게 되었습니다.

특히, 이전에 없었던 한 페이지 설교는 준비 시간을 대폭 줄일 수 있게 되었습니다. 게다가 중요한 것은 설교할 때에 원고를 거의 보지 않고 여유를 가지고 표정까지 자유롭게 할 수 있다는 것이 이 책의 큰 장점인 것을 깊이 깨달았습니다

앞으로 많은 설교자가 이 설교법을 배운다면 설교 때문에 고민하는 일이 해소되고 교회를 살리는 결정적인 계기가 될 것을 확신합니다. 그러므로 어떤 설교법으로 설교를 해 왔더라도 많은 목회자가 교파를 떠나서 이 설교 연구에 참여하기를 적극 권면 드립니다.

끝으로 이 시대를 깨우는 설교법을 배우도록 인도하신 하나님께 감사드리고, 또한 열정적으로 강의해 주신 강사 목사님께 다시 한번 감사를 드립니다.

설교 세미나 소감문 5

양우식 목사/안산 광명교회 담임

일반적으로 목회자는 설교 때문에 겪는 심한 고통과 중압감이 무겁습니다. 위대한 설교자요, 목회자인 사도 바울은 해산의 수고를 한다고 말했습니다. 목회자의 해산의 수고는 수고요, 아픔이요, 눈물입니다.

> 나의 자녀들아 너희속에 그리스도의 형상을 이루기까지 다시 너희를 위하여 해산의 수고를 하노라(갈 4:19).

예레미야는 설교자의 고민과 자세를 불 붙은 말씀과 논리로 전하고 골수에 사무치는 자세로 성실하게 전해야 한다고 강조했습니다.

> 내가 다시는 여호와를 선포하지 아니하며 그의 이름으로 말하지 아니하리라 하면 나의 마음이 불붙는 것 같아서 골수에 사무치니 답답하여 견딜 수 없나이다(렘 20:9).

그래서 설교자에게 반드시 좋은 지침서, 인도서가 필요합니다. 이런 절박한 상황에서 정원석 목사님의 책 『설교가 쉽다』와 『한 페이지 설교』는 매주 끊임없이 설교로 고민하는 목회자에게 좋은 가이드와 지침이 됩니다. 정 목사님의 책은 몇 가지 분명한 강점이 있습니다.

첫째, 성경 본문 중심입니다. 성경에서 벗어나지 않습니다.
둘째, 연역적 3대지 설교입니다.

셋째, 한 페이지 설교로 전달력을 높여 줍니다.
넷째, 제목 선정이 쉽고 대지 해석과 적용이 쉽습니다.

정원석 목사님의 강의를 듣고 참 좋았습니다. 설교에 대한 통찰력과 자신감을 더 갖게 되었습니다. 설교에 대한 두려움이 사라졌습니다. 정원석 목사님의 책은 설교로 고민하는 목회자들에게 안전한 길잡이, 환한 등대, 노련한 안내자가 되어 줄 것을 확신하며 이 책을 적극 추천합니다.

맺는 말

　고기잡이 전문가인 베드로는 평소 하던 자기방식대로 물때를 잘 맞춰 그물을 내렸으나 밤새 고기를 한 마리도 잡지 못하고 크게 낙심 중이었다. 이때 부활하신 예수님이 갈릴리 바다로 찾아오셔서 그에게 명하셨다.

　　깊은 데로 가서 그물을 내려라(눅 5:4).

　말씀에 순종한 베드로는 그물이 터질 지경의 많은 고기를 잡았다. 즉, 예수님은 베드로에게 고기를 잡아 주신 것이 아니라 고기 잡는 방법을 가르쳐 주신 것이다.

　이와 같은 맥락으로 설교도 습관적으로 남의 것을 인용하는 등 참고해야만 설교 준비가 된다면 할 때마다 정말 고역일 수밖에 없다. 지금까지 공부한 "WPA 설교 방법론"은 설교에 대한 논리적 이론을 배우는 것이 아니라 실제로 설교 주제와 설교문을 만드는 실습 경험을 통하여 현장감 있는 설교법을 몸소 체험케 했다. 또한, 철저히 본문을 벗어나지 않는 틀을 소개함으로 이를 바탕으로 제대로 배워서 스스로 지름길로 가기 위한 길잡이 역할을 한 것이다.

  사람은 본능적으로 어떤 작은 변화에도 불안을 느끼며 될 수 있는 대로 주어진 환경에 안주하려는 습성이 있다. 특히, 어느 정도 교회 규모를 갖춘 목회자들은 자신의 설교에 대한 자부심으로 구태여 다른 설교법에 관심을 가지려 하지 않는다. 더욱이 이름이 알려진 설교학자들도 교단 중심의 권위 의식으로 다른 설교법에 대하여 거의 관여하지 않는 경향이 있다. 좀 더 설교를 잘할 수 있는 길이 있으면 상호 이해를 돕고 폭넓은 교류를 통해서 다른 설교 방법의 장점을 수용함으로 모든 강단이 이전보다 풍성하게 되고 성도들에게 더 큰 은혜가 되는데 주안점을 두어야 할 것이다.

  알래스카에 연어가 산란기 때 태어난 곳으로 돌아가려고 폭포를 거슬러 올라가듯, 독수리가 날개 치며 하늘 높이 솟아오르듯, 설교자들이 새로운 각오로 설교 정상을 향해 힘차게 웅비하기를 진심으로 권면한다.

WPA 설교문 양식

1		
2		
3		

WPA 주제 작성 양식

제목		성경	
1	( )		
2	( )		
3	( )		
제목		성경	
1	( )		
2	( )		
3	( )		
제목		성경	
1	( )		
2	( )		
3	( )		
제목		성경	
1	( )		
2	( )		
3	( )		
제목		성경	
1	( )		
2	( )		
3	( )		
제목		성경	
1	( )		
2	( )		
3	( )		
제목		성경	
1	( )		
2	( )		
3	( )		

부록

성경적 설교 주제 700선

* * * *

너희가 성경에서 영생을 얻는 줄 생각하고 성경을 연구하거니와 이 성경이 곧 내게 대해 증언하는 것이니라(요 5:39).

하나님의 말씀은 살아 있고 활력이 있어 좌우에 날선 어떤 검보다도 예리하여 혼과 영과 및 관절과 골수를 찔러 쪼개기까지 하며 또 마음의 생각과 뜻을 판단하나니(히 4:12).

처음 『설교가 쉽다』가 출간되어 부록 "모범적 설교 주제 700선"은 필자가 국내외에서 세미나, 신학교 강의한 것과 자체 연구한 것들 중에서 발췌한 것이다. 그 범위는 성경 66권 전체를 순차적으로 본문의 핵심을 추출한 이야기식 주제로 구성됐다. 이는 설교자들이 설교를 준비하는 데 있어서 올바르게 설교 방향을 정할 수 있는 좋은 지침이 될 수 있다. 즉 하나님의 뜻을 정확히 알고 시간을 절감하는 요긴한 참고 자료로서 주제 작성의 발전을 위한 지름길이 될 것으로 믿는다. 그때부터 많은 목회자가 수시로 활용하면서 한결같이 큰 도움이 되었다며 제2권을 기다린다는 말에 큰 보람을 느꼈다. 심지어 다양한 주제에 감동한 분들은 여백 성경에 전체 주제를 기재하는 열성까지 보였다.

이에 따라 제2권 『한 페이지 설교』 부록 "성경적 설교 주제 700선"은 코로나 질병의 어려움을 극복하며 교단을 초월하여 세미나와 줌 강의 등으로 새로운 주제들이 축적되어 다시 한번 공개하게 됐다. 누구든지 선별된 주제를 바탕으로 실용적인 "한 페이지 설교"의 진수를 알게 되면 그때부터 은혜로운 설교 준비를 할 수 있게 됨은 물론 더욱 정진하면 머지않아 설교의 전문가가 되리라 확신한다. 그러나 이보다 더 중요한 것은 참고 자료를 보는 것 이외에 설교자 스스로가 주제 만들기를 일상화해야 한다. 그러므로 이 책이 출간이 된 시점에서 독자들을 위해 필자가 다시 한번 강조하고자 한다. '주제 잡기의 기초 단계'는 연속적으로 하루 1개씩, 연간 300개를 목표로 주제를 잡는 훈련이 필요하다. 이때 중요한 것은 하루도 빠짐없이 예수님의 기도 방법을 본으로 삼아 주제 만들기를 생활화해야 한다.

> 예수께서 나가사 습관을 따라 감람 산에 가시매 제자들도 따라갔더니 그 곳에 이르러 그들에게 이르시되 유혹에 빠지지 않게 기도하라 하시고(눅 22:39-40).

목회자들이 바쁜 일정 가운데 별도로 시간을 내어 주제 만들기란 여간 힘들지 않은 것이 사실이다. 필자는 새벽 기도 직후 이른 아침 맑은 정신에 주제 만들기에 가장 적기라고 여겨진다. 이때 미리 성경 본문을 찾아 두었다가 묵상 기도 중에 주제 작성에 대한 번뜩이는 기지가 발휘되는 경우가 종종 있었던 경험을 참고하기를 바란다.

<성경 권별 목차>

구약				신약			
성경	면	성경	면	성경	면	성경	면
창	225	전	266	마	293	딤전	351
출	230	아	267	막	304	딤후	354
레	233	사	268	눅	309	딛	357
민	233	렘	272	요	319	몬	358
신	235	애	274	행	325	히	359
수	237	겔	274	롬	330	약	362
삿	240	단	276	고전	335	벧전	364
룻	241	호	280	고후	338	벧후	367
삼상	242	욜	281	갈	340	요일	368
삼하	245	암	282	엡	341	요이	371
왕상	247	옵	283	빌	344	요삼	371
왕하	249	욘	284	골	346	유	372
대상	250	미	285	살전	349	계	373
대하	251	나	286	살후	350		
스	253	합	287				
느	254	습	288				
에	255	학	289				
욥	256	슥	290				
시	257	말	291				
잠	265						

창세기

태초에 하나님이 천지를 창조 하시니라(창 1:1).

001

천지를 만드신 하나님　　　창 1:1-28

1. 빛이 있으라 하심(10)　　　　(선악을 구별하심)
2. 사람을 창조하심(27)　　　　(하나님 닮게 지으심)
3. 모든 생물 다스리게 하심(28)　(왕권을 주심)

002

에덴동산 만드신 하나님　　　창 2:8-17

1. 보기에 아름답다 하심(9)　　(기쁨이 되심)
2. 사람에게 지키게 하심(15)　　(사람에게 맡기심)
3. 선악과 먹지 말라 하심(17)　　(순종하라 명하심)

003

에덴동산 지으신 하나님　　　창 2:8-17

1. 보시기에 아름답다 하심(9)　　(지혜가 충만하심)
2. 강이 동산을 적셨다 하심(10)　(성령이 충만하심)
3. 사람에게 경작케 하심(15)　　(인간이 자연 다스리게 하심)

004

사탄의 유혹 3가지　　　창 3:1-5

1. 먹지 말라 하시더냐 함(1)　　(하나님 권위를 무시함)
2. 결코 죽지 않는다 함(4)　　　(거짓으로 속임)
3. 하나님과 같이 된다 함(5)　　(욕심을 불러 일으킴)

```
                                                                    005
┌─────────────────────────────────────────────────────────────────┐
│        하나님이 받으신 예물의 의미            창 4:1-8             │
├─────────────────────────────────────────────────────────────────┤
│   1.가인의 예물은 땅의 소산임(3)         (희생 없는 땅의 것임)      │
│   2.아벨의 예물은 양과 기름임(4)         (십자가 희생의 산 제물임) │
│   3.여호와가 희생 예물만 받으심(4)       (아벨의 예배를 기뻐 받으심)│
└─────────────────────────────────────────────────────────────────┘

                                                                    006
┌─────────────────────────────────────────────────────────────────┐
│           가인이 저주받은 이유              창 4:2-9               │
├─────────────────────────────────────────────────────────────────┤
│   1.땅의 소산으로 예물드림(3)            (희생이 없는 땅의 것 바침)│
│   2.몹시 분하여 안색이 변함(5)           (잘못을 뉘우치지 않음)    │
│   3.아우 죽이고 모른다 함(8,9)           (아벨 죽인 죄를 감추려 함)│
└─────────────────────────────────────────────────────────────────┘

                                                                    007
┌─────────────────────────────────────────────────────────────────┐
│              아벨의 제사                    창 4:3-5               │
├─────────────────────────────────────────────────────────────────┤
│   1.양의 첫 새끼를 드림(4)               (희생 제물을 바침)         │
│   2.기름을 드림(4)                       (가장 좋은 것을 바침)      │
│   3.제물을 받으심(4)                     (하나님이 기뻐 받으심)     │
└─────────────────────────────────────────────────────────────────┘

                                                                    008
┌─────────────────────────────────────────────────────────────────┐
│            하나님의 심판 과정               창 6:1-7               │
├─────────────────────────────────────────────────────────────────┤
│   1.사람의 딸 아내삼고 죄가득함(1,5)     (타락한 자들과 합한 죄 넘침)│
│   2.육신의 날 120년 된다 하심(3)         (120년간 심판을 유보하심) │
│   3.지면에서 쓸어버린다 하심(7)          (홍수로 인류를 멸망케 하심)│
└─────────────────────────────────────────────────────────────────┘

                                                                    009
┌─────────────────────────────────────────────────────────────────┐
│           노아로 보는 예수님              창 6:9, 18, 8:16-17      │
├─────────────────────────────────────────────────────────────────┤
│   1.의인으로 완전한 자임(6:9)            (죄가 없으심)              │
│   2.방주 지어 온 가족 들어감(18)         (교회 세워 인류 구원 하심) │
│   3.방주 나와 생육 번성함(18:16-17)      (재림 때 천국 축복 하심)   │
└─────────────────────────────────────────────────────────────────┘
```

010

롯의 잘못된 선택	창 13:8-13
1.소돔과 고모라를 택함(10)	(보기에 좋은 곳 먼저 택함)
2.도시에 머묾(12)	(세상 풍조를 즐김)
3.소돔은 여호와 앞에 악함(13)	(하나님의 불 심판 받음)

011

멜기세덱으로 보는 예수님	창 14:17-24
1.하나님의 제사장임(18)	(대제사장 되심)
2.아브라함에게 축복함(20)	(인류를 축복하심)
3.하나님을 찬송함(20)	(하나님께 영광 돌리심)

012

할례의 의미	창 17:9-14
1.포피를 벰(11)	(하나님과 언약 징표로 새김)
2.받지 않은 자 백성 중 끊어짐(14)	(하나님 언약 공동체에서 제외됨)
3.영원한 언약이 됨(13)	(변함 없는 언약에 복종함)

013

아브람에게 언약하신 하나님	창 17:1-8
1.민족의 아버지가 되게 하심(4)	(민족의 아버지가 되게 하심)
2.아브람이라 하심(5)	(믿음의 조상이 되게 하심)
3.가나안 땅을 주겠다 하심(8)	(천국을 약속하심)

014

천사를 맞은 아브라함	창 18:1-10
1.몸을 땅에 굽혀 영접함(8)	(종으로서 정중히 모심)
2.주께 은혜 입기를 원함(3)	(하나님의 은혜를 사모함)
3.아들이 있으리라 들음(14)	(자손의 복을 받음)

015

| 아브라함을 택하신 하나님 | 창 18:16-19 |

1. 여호와의 의와 공도를 행하게 하심(19) (하나님 말씀을 행하게 하심)
2. 강대한 나라가 되게 하심(18) (영적 제사장 나라가 되게 하심)
3. 천하 만민이 복을 받게 하심(18) (모든 민족이 구원 받게 하심)

016

| 하나님의 소돔 심판 과정 | 창 18:24, 32, 19-20 |

1. 오십 의인이면 멸하지 않으심(24) (무한한 긍휼 베푸심)
2. 열 의인까지 멸하지 않으심(32) (끝까지 구원하길 기다리심)
3. 모든 백성 유황과 불로 멸하심(25) (의인 없는 죄로 심판하심)

017

| 아브라함의 순종 | 창 22:1-13 |

1. 아들 번제 드리라 들음(2) (가장 소중한 것 바치게 함)
2. 칼 잡고 아들 바치려 함(10) (하나님 명령에 따르려 함)
3. 수양으로 번제 드림(13) (하나님 것으로 번제 드림)

018

| 이삭이 복 받는 과정 | 창 26:12-25 |

1. 블레셋을 피해 우물을 팜(22) (이웃과 화목을 이룸)
2. 제단을 쌓음(25) (감사 예배를 드림)
3. 자손이 번성케 됨(24) (후손이 창대케 됨)

019

| 하나님이 야곱에게 주신 언약 | 창 28:10-15 |

1. 땅을 자손에게 주심(13) (약속의 땅을 허락하심)
2. 자손이 땅 티끌 같이 되게 하심(14) (자손을 창대하게 하심)
3. 허락한 것 이루기까지 떠나지 않으심(15) (끝까지 함께하심)

020

야곱의 서원	창 28:16-22
1.여호와가 나의 하나님 되심(21)	(평생 하나님만을 섬김)
2.돌기둥이 하나님 집이 됨(22)	(하나님 성전 세워 영광돌림)
3.주신 것에서 십분의 일을 드림(22)	(십일조 드림을 고백함)

021

야곱이 벧엘로 간 이유	창 35:1-5
1.환난날에 기도응답 받기 위함(3)	(위기 때 하나님 도우심 위함)
2.이방 신상 버리고 제단쌓음(3,4)	(우상 버리고 신앙 회복 위함)
3.아들들이 추격받지 않기 위함(5)	(원수 보복을 잠재우기 위함)

022

복을 받은 야곱	창 35:9-15
1.이름을 이스라엘로 불림(10)	(열두 지파의 조상이 됨)
2.허리에서 왕들이 나온다 들음(11)	(자손이 번성함)
3.아브라함에게 준 땅을 받게됨(12)	(천국을 상속 받음)

023

요셉을 도우시는 하나님	창 39:1-23
1.주인 소유를 다 요셉에게 위탁케 하심(4)	(보디발 재산 관리하게 하심)
2.주인의 집에 복을 내리심(5)	(주인도 복되게 하심)
3.옥중에 간수장에게 은혜 주심(20,21)	(간수장도 복되게 하심)

024

요셉으로 보는 예수님 사역(1)	창 37:23-28
1.은 이십에 팔림(28)	(은 삼십에 팔리심)
2.구덩이에 던져짐(24)	(십자가에 달리심)
3.구덩이에서 올려짐(28)	(부활하심)

025

| 요셉으로 보는 예수님 사역(2) | 창 39:19-20; 41:14, 38-43 |

1. 옥에 갇힘(39:20)　　　　　　　(십자가에 달리심)
2. 요셉이 옥에서 놓임(41:14)　　　(부활하심)
3. 애굽의 총리가 됨(41:41)　　　　(하나님 우편에 계심)

026

| 요셉으로 보는 예수님 사역(3) | 창 41:33-36 |

1. 지혜 있는 사람 택함(33)　　　　(열두 제자 삼으심)
2. 흉년에 망하지 않음(36)　　　　 (환난 중에 보호하심)
3. 풍년에 곡물 저장함(36)　　　　 (재림 때 천국 주심)

027

| 요셉으로 보는 예수님 사역(4) | 창 45:4-8 |

1. 애굽 온 땅의 통치자가 됨(8)　　(세상에 왕으로 오심)
2. 애굽에 판 형들을 만남(4)　　　 (핍박 받으심)
3. 형들과 후손의 생명을 보존함(7)　(재림 때 구원하심)

028

| 바로가 보는 요셉의 신앙 | 창 41:37-45 |

1. 하나님의 영에 감동됨(38)　　　 (성령 충만함)
2. 명철하고 지혜 있음(39)　　　　 (명철하고 지혜 있음)
3. 이름을 사브낫바네아라 함(45)　 (구원을 위해 보내짐)

출애굽기

너희가 내게 대하여 제사장 나라가 되며 거룩한 백성이 되리라(출 19:6).

029

산파 십브라와 부아의 신앙	출 1:15-21
1. 남자 아기 살려 왕의 명령 어김(17)	(목숨 걸고 하나님을 경외함)
2. 건장한 산파가 미리 낳았다 함(19)	(바로왕을 지혜로 이해시킴)
3. 하나님이 그들 집안 흥왕케 하심(21)	(하나님이 산파들 선대하심)

030

모세를 부르신 하나님	출 3:1-8
1. 떨기나무 불꽃으로 나타나심(2)	(애굽에서 백성의 구원을 암시하심)
2. 네 발에서 신을 벗으라 하심(5)	(거룩하라 하심)
3. 가나안으로 백성 인도하라 하심(8)	(약속의 땅 인도하라 하심)

031

이스라엘에게 언약하신 하나님	출 6:2-8
1. 큰 심판으로 속량하심(6)	(죄 사하심)
2. 애굽의 노역에서 건지심(7)	(구원하심)
3. 가나안 인도하고 기업 삼으심(8)	(천국을 유업으로 주심)

032

자기 백성을 지키시는 하나님	출 6:5-9
1. 자손의 신음을 들으심(5)	(백성들 부르짖는 기도 들으심)
2. 애굽의 무거운 짐에서 빼내심(6)	(마귀로부터 고통을 구원 하심)
3. 가나안 인도하여 기업을 주심(9)	(천국 축복을 누리게 하심)

033

유월절 의식으로 보는 예수님	출 12:1-6
1. 해의 첫 달이 되게 함(2)	(공생애를 시작하심)
2. 흠 없고 일년 된 수컷(5)	(죄가 없으심)
3. 양을 나흘까지 간직함(6)	(십자가 대속하심)

034

| 무교절의 의미 | 출 12:15-17 |

1. 누룩을 제거함(15)　　　　　　(죄를 회개함)
2. 무교병을 먹음(15)　　　　　　(예수님의 고난에 동참함)
3. 아무 일 하지 않음(17)　　　　(천국 안식을 누림)

035

| 3대 절기로 보는 예수님 | 출 12:8-11 |

1. 유월절의 의미(15)　　　　　　(십자가의 피로 구원하심)
2. 맥추절의 의미(16)　　　　　　(일용할 양식을 주심)
3. 수장절의 의미(17)　　　　　　(천국으로 인도하심)

036

| 아말렉 전쟁의 주역 | 출 17:8-13 |

1. 모세가 손을 듦(9)　　　　　　　(모세 기도로 하나님께 기도함)
2. 아론과 훌이 모세 손 붙듬(12)　 (아론과 훌이 모세를 도움)
3. 여호수아가 아말렉 무찌름(13)　(여호수아 통해 원수를 이김)

037

| 자기백성을 지키시는 하나님 | 출 19:1-6 |

1. 언약을 지키라 하심(5)　　　　(계명 따라 행하라 하심)
2. 독수리 날개로 인도하심(4)　　(눈동자처럼 보호하심)
3. 거룩한 백성 되게 하심(6)　　　(천국 들어가게 하심)

038

| 성도가 금해야할 일 | 출 22:21-25 |

1. 나그네를 억압함(21)　　　　　(떠도는 자를 홀대함)
2. 과부와 고아를 해롭게 함(22)　(연약한 자를 학대함)
3. 가난한 자의 변리를 받음(25)　(궁핍한 자의 이자를 챙김)

레위기

너희는 거룩하라 이는 나 여호와 너희 하나님이 거룩함이니라(레 19:2).

039

대속죄일 제사의 규례	레 16:1-5
1. 속죄소에 아무 때 들어오지 못함(2)	(대제사장이 1년 한 번 들어감)
2. 속죄 제물과 번제물을 가져옴(3)	(제사장의 속죄 제물 바침)
3. 몸을 씻고 세마포 옷 입음(4)	(겸손과 순결 의미의 옷 입음)

040

아론으로 보는 예수님	레 16:6-10
1. 수송아지로 속죄 드림(6)	(인류 죄를 대속하심)
2. 산 염소 광야 보내 속죄 드림(10)	(십자가 지고 골고다 향하심)
3. 죽인 염소 여호와께 속죄 드림(9)	(몸 바쳐 하나님 뜻 이루심)

041

하나님의 징벌	레 26:23-26
1. 칼로 원수 갚으심(25)	(전쟁으로 벌하심)
2. 염병을 보내심(25)	(전염병으로 벌하심)
3. 양식을 끊으심(26)	(기근으로 벌하심)

민수기

너희가 가나안 땅에 들어가는 때에 그 땅은 너희의 기업이 되리니 곧 가나안 사방 지경이라(민 34:2).

042

나실인의 특징   민 6:1-8

1. 포도주를 마시지 않음(3)   (성결 위해 음주를 금함)
2. 시체를 가까이 하지 않음(6)   (항상 죄를 멀리함)
3. 삭도를 머리에 대지 않음(5)   (하나님께 절대 복종함)

043

복 주시는 하나님   민 6:22-27

1. 지키심 (24)   (보호하심)
2. 은혜 베푸심(25)   (은혜를 주심)
3. 평강 주심 (26)   (평안을 주심)

044

하나님을 따르는 모세   민 12:1-8

1. 모든 사람보다 온유함(3)   (누구보다 겸손함)
2. 하나님 집에 충성함(7)   (제단을 위해 헌신함)
3. 하나님과 대면하여 말씀 받음(8)   (하나님 명령에 순종함)

045

열명 정탐꾼의 보고   민 13:30-33

1. 우리는 메뚜기 같다 함(33)   (자기를 비하함)
2. 아낙 자손 거인을 보았다 함(33)   (대적할 원수를 두려워 함)
3. 강한 백성을 치지 못한다 함(31)   (하나님 언약을 불신함)

046

모세로 보는 예수님 사역   민 21:4-9

1. 뱀에 물린 백성 위해 기도함(7)   (죄인 위해 중보 기도하심)
2. 놋뱀을 장대 위에 매닮(9)   (십자가에 달리심)
3. 놋뱀을 본 자들이 살아남(9)   (복음으로 구원하심)

신명기

너는 마음을 다하고 뜻을 다하고 힘을 다하여
네 하나님 여호와를 사랑하라(신 6:5).

047

모세를 인도하시는 하나님	신 1:6-8
1. 후손을 별 같이 번성케 하심(10)	(자손이 창대한 복을 주심)
2. 맹세한 땅으로 가라 하심(8)	(가나안 땅으로 가라 하심)
3. 현재보다 천 배 복 주시겠다 하심(11)	(큰 복 주심을 예비 하심)

048

자기 백성을 돌보시는 하나님	신 1:29-33
1. 광야에서 이곳까지 이르게 하심(31)	(늘 함께하심)
2. 먼저 길을 가셨음(33)	(앞서 나아가심)
3. 불과 구름기둥으로 지시하심(33)	(평안으로 인도하심)

049

복을 받는 과정	신 6:2
1. 하나님 여호와를 경외함(2)	(하나님만 섬김)
2. 모든 규례와 명령을 지킴(2)	(하나님 계명에 순종함)
3. 네 날이 장구하게 됨(2)	(영원한 생명을 누림)

050

하나님을 따르는 자	신 8:1
1. 살게됨(5)	(구원 받음)
2. 번성함(6)	(세상에서 창대케 됨)
3. 땅을 차지함(7)	(천국에 들어감)

051

자기 백성 광야 걷게 한 이유	신 8:1-10
1.낮추심(2)	(겸손하게 하심)
2.명령 지키는지 알려고 하심(2)	(순종하게 하심)
3.말씀으로 사는 줄 알려 하심(2)	(말씀으로 살게 하심)

052

이스라엘 총회 제한된 족속	신 23:18
1.애굽은 3대까지 못 옴(7)	(이스라엘 학대한 애굽 3대까지임)
2.사생자는 10대까지 못 옴(2)	(음란의 후손 10대까지임)
3.암몬은 영원히 못 옴(3)	(발람이 저주한 암몬 영원까지임)

053

말씀 순종의 축복	신 28:1, 14
1.좌로나 우로 치우치지 않음(4)	(하나님 말씀만 붙잡음)
2.여호와 말씀대로 행함(14)	(하나님 말씀대로 실천함)
3.모든 민족 위에 뛰어나게 하심(1)	(택한 백성으로 높이 세우심)

054

복을 받는 비결	신 28:1, 14
1.다른 신을 섬기지 않음(14)	(우상 숭배하지 않음)
2.말씀 떠나 좌우로 치우치지 않음(14)	(하나님 말씀대로 순종함)
3.여호와 말씀을 지켜 행함(1)	(끝까지 믿음을 지킴)

055

자기 백성 지키시는 하나님	신 28:7 ,9, 13
1.적군들을 패하게 하심(7)	(모든 전쟁에서 이기게 하심)
2.성민이 되게 하심(9)	(택하신 백성으로 구별하심)
3.머리가 되게 하심(13)	(제사장 나라가 되게 하심)

056

| 하나님 따르는 자의 복 | 신 28:11-12 |

1. 때를 따라 비 내림(12)　　　　　(이른 비, 늦은 비 적시에 받음)
2. 맹세한 땅에서 소산이 많음(11)　(가나안에서 풍성한 열매 맺음)
3. 많은 민족에게 꾸어줌(12)　　　 (받은 축복 타 민족과 나눔)

057

| 모압에서 하나님의 언약 | 신 28:9-14 |

1. 이적과 기사를 보게함(3)　　　(하나님의 권능에 감동됨)
2. 광야에서 옷이 낡지 않음(5)　 (물질의 불편함이 없게 하심)
3. 시혼 바산 땅 차지 기업 줌(8)　(전리품 여러 지파에게 나눔)

058

| 여호수아에게 당부한 모세 | 신 31:7-12 |

1. 강하고 담대하라 함(7)　　　　(하나님이 함께하심을 격려함)
2. 맹세한 땅을 차지하라 함(7)　 (하나님의 언약을 성취하라 함)
3. 율법을 지켜 행하라 함(12)　　(계명대로 실천하라 함)

059

| 하나님께 감사하는 이유 | 신 33:29 |

1. 구원을 주심(29)　　　　(천국을 소망케 하심)
2. 돕는 방패가 되심(29)　 (어떤 환난에도 보호하심)
3. 높은 곳을 밟게 함(29)　(원수들과 싸워 이기게 하심)

여호수아

율법책을 네 입에서 떠나지 말게 하며 주야로 그것을 묵상하여
그 안에 기록된 대로 다 지켜 행하라(수 1:8).

060

여호수아에게 복 주신 하나님	수 1:1-5
1. 발로 밟는 곳 모두 주심(3)	(가나안의 모든 땅 허락하심)
2. 평생 대적할 자 없다 하심(5)	(하나님 대적할 자 없다 하심)
3. 너와 함께 있으리라 하심(5)	(눈동자처럼 보호하심)

061

여호수아와 함께하신 하나님	수 1:5-9
1. 평생 대적할 자를 없게 하심(5)	(모든 전쟁을 이기게 하심)
2. 맹세한 땅을 차지하게 하심(7)	(가나안에 들어가게 하심)
3. 율법을 행하라 하심(8)	(말씀에 순종하라 하심)

062

형통한 삶의 비결	수 1:7
1. 강하고 담대함(7)	(용기를 가짐)
2. 율법을 지켜 행함(7)	(계명대로 따름)
3. 우로 좌로 치우치지 않음(7)	(오직 말씀에 의지함)

063

여호수아와 친밀하신 하나님	수 1:8-9
1. 율법 주야로 묵상하며 행하라 하심(8)	(늘 말씀 연구로 실천하라 하심)
2. 어디든지 함께 한다 하심(9)	(항상 동행한다 하심)
3. 길이 평탄하게 된다 하심(8)	(뜻한 대로 이룬다 하심)

064

여호수아의 가나안 정복 과정	수 1:10-18
1. 양식을 준비함(11)	(필요한 군량미 모음)
2. 용사들이 무장함(14)	(전사들 싸울 준비를 갖춤)
3. 안식하며 땅을 차지함(15)	(대적을 물리치고 정착함)

065

라합의 신앙 결단	수 2:10-18
1.홍해 물 마르게 한 일 들음(10)	(하나님의 권능에 감동함)
2.뒤쫓는 자를 돌아가게 함(16)	(주의 종을 보호함)
3.창문에 붉은 줄을 맴(18)	(예수 십자가로 구원 얻음)

066

자기 백성을 돌보시는 하나님	수 3:14-17
1.요단강 물이 언덕에 넘침(15)	(세상 환난에서 연단하심)
2.제사장 발이 잠겨 물이 그침(16)	(자연 다스리는 이적 행하심)
3.요단강을 마른 땅으로 건넘(17)	(천국으로 인도하심)

067

여리고성 정복 비결	수 6:2-7
1.군사는 엿새간 성 주위 돌음(3)	(말씀대로 순종함)
2.제사장이 일곱째 날 나팔 불음(4)	(하나님을 높이 찬양함)
3.백성이 큰 소리로 외쳐 부름(5)	(합심으로 통성 기도함)

068

여호수아가 할례 행한 이유	수 5:2-9
1.광야길에 남자가 받아야함(5)	(하나님의 규례를 지킴)
2.젖과 꿀 흐르는 땅 바라봄(6)	(가나안 가기 전 성결케 함)
3.애굽의 수치에서 벗어남(9)	(애굽의 악행에서 떠남)

069

아이성 정복 과정	수 8:1-7, 27
1.여호수아에게 성 넘긴다 하심(1)	(하나님이 전승 예언하심)
2.성읍 매복하여 점령케 하심(7)	(하나님 방법으로 이기게 하심)
3.이스라엘이 노략물 탈취케 하심(27)	(여호수아가 전리품 갖게 하심)

070

여호수아를 도우신 하나님	수 10:8-12
1.그들을 손에 붙이겠다 하심(8)	(아모리 정복을 약속하심)
2.우박 내리고 태양 멈추게 하심(11, 13)	(자연을 무기로 대신 싸우심)
3.원수를 갚게 하심(13)	(대적자를 물리치심)

071

갈렙의 신앙	수 14:6-12
1.성실하게 정탐 보고함(7)	(가나안 공격이 마땅하다 함)
2.85세라도 싸움 감당하겠다 함(11)	(하나님 믿고 두려워하지 않음)
3.아낙이 견고해도 쫓아내겠다 함(12)	(거인 아낙 전쟁 승리 확신함)

사사기

그 때에는 이스라엘에 왕이 없었으므로 사람마다 자기 소견에 옳은 대로 행하였더라(삿 17:6).

072

기드온 용사의 승전 과정	삿 7:19-22
1.네 손에 넘기겠다 들음(9)	(하나님의 도우심을 믿음)
2.나팔 불고 항아리 부수고 외침(20)	(친히 하나님 권능 나타나심)
3.미디안 서로 칼로 치게함(22)	(원수 미디안 자멸함)

073

기드온의 전투 의미(1)	삿 7:19-23
1.항아리를 부숨(20)	(적군을 짓밟음)
2.왼손에 횃불을 듦(20)	(대규모 군대의 공격)
3.오른손에 나팔 들고 붊(20)	(심판날 천사들의 나팔소리)

074

| 기드온의 전투 의미(2) | 삿 7:19-23 |

1. 나팔 불며 항아리 부숨(19)   (심판 때 천사들 나팔소리)
2. "기드온의 칼이다" 외침(20)   (친히 싸우시는 하나님 음성임)
3. 미디안끼리 칼로 치며 점령당함(22)   (불의한 자들 미혹으로 자멸함)

룻기

어머니의 백성이 나의 백성이 되고 어머니의 하나님이
나의 하나님이 되시리니(룻 1:16).

075

| 나오미가 고난 받은 이유 | 룻 1:1-5 |

1. 유다 베들레헴을 떠남(1)   (언약의 땅 가나안을 떠남)
2. 모압 땅에 가서 삶(2)   (우상 숭배하는 이방에서 삶)
3. 두 아들 모압 여자와 결혼함(4)   (하나님의 율법을 어김)

076

| 룻에게 당부한 보아스 | 룻 2:8-12 |

1. 다른 밭으로 가지 말라 함(8)   (소속감을 가지라 함)
2. 길어온 물을 마시라 함(9)   (편안함을 제공받으라 함)
3. 행한 일에 보답 받으라 함(12)   (선한 일에 상을 받으라 함)

077

| 룻이 보아스 만난 비결 | 룻 2:1-7 |

1. 은혜를 입고자 함(2)   (은혜를 사모함)
2. 밭에 가서 이삭 줍고자 함(2)   (교회에서 봉사함)
3. 아침부터 저녁까지 쉬지 않음(7)   (종일 주의 일에 열심 다함)

사무엘상

순종이 제사보다 낫고 듣는 것이 숫양의 기름보다 나으니(삼상 15:22).

078

한나의 헌신	삼상 1:10-12, 27, 28
1. 아들 주면 머리에 삭도 안 댄다 함(11)	(아들 얻으면 바치겠다 서원함)
2. 오랜 통곡 기도로 아들을 낳음(10, 20)	(하나님 허락으로 기도 응답됨)
3. 아들 드리며 여호와께 경배함(20)	(서원대로 하나님께 영광 돌림)

079

한나가 감사하는 이유	삼상 2:1
1. 여호와로 말미암아 즐거워함(1)	(받은 은혜로 기뻐함)
2. 여호와로 말미암아 높아짐(1)	(사무엘 얻어 큰 힘이 됨)
3. 입이 원수 향해 크게 열렸다 함(1)	(대적들에게 복음 증거함)

080

어린 사무엘의 모습	삼상 2:18-21, 26
1. 세마포 입고 여호와를 섬김(18)	(일찍부터 제사에 참여함)
2. 여호와 앞에서 자람(21)	(영적으로 성장함)
3. 여호와와 사람들의 은총받음(26)	(모두에게 인정받음)

081

택함 받은 사무엘	삼상 3:1-21
1. 주의 말씀을 듣겠나이다 함(10)	(하나님 말씀 겸손히 받음)
2. 엘리에게 숨김없이 전함(17)	(들은 대로 엘리에게 전함)
3. 여호와의 선지자로 세워짐(20)	(주의 종으로 세워짐)

082

| 이스라엘을 벌하신 하나님 | 삼상 4:1-18 |

1. 블레셋에게 패하게 하심(10)   (원수에게 패하게 하심)
2. 블레셋에게 궤를 빼앗기게 하심(11)   (고아처럼 버려두심)
3. 엘리와 두 아들을 죽게하심(17-18)   (엘리 가문 몰락시키심)

083

| 이가봇 가문의 비극 | 삼상 4:19-22 |

1. 하나님의 궤를 빼앗김(19)   (기쁨이 사라짐)
2. 남편과 시부가 죽음(19)   (두려운 일 계속됨)
3. 영광이 이스라엘을 떠남(21)   (영광이 이스라엘을 떠남)

084

| 법궤의 저주받은 블레셋 | 삼상 5:1-12 |

1. 다곤의 머리와 두 손목 끊어짐(4)   (우상 신이 파괴됨)
2. 성읍 사람들이 종기가 남(9)   (백성들이 고통 당함)
3. 부르짖음이 하늘에 사무침(12)   (백성들이 뉘우치며 통곡함)

085

| 법궤 잘못 보낸 블레셋(1) | 삼상 6:1-9 |

1. 제사장들과 복술자들에게 물음(2)   (불의한 자들 말을 따름)
2. 금 독종과 금 쥐로 속건제 드림(4)   (우상에 제물 바침)
3. 젖 나는 소 두 마리로 옮김(7)   (하나님 명령대로 따르지 않음)

086

| 법궤 잘못 보낸 블레셋(2) | 삼상 6:1-9 |

1. 제사장들과 복술자들에게 물음(2)   (하나님께 묻지 않음)
2. 금 독종과 금 쥐로 속건제 드림(4)   (부정한 제물을 바침)
3. 젖 나는 소 두 마리로 옮김(7)   (명령대로 따르지 않음)

087

| 이스라엘을 도운 사무엘 | 삼상 7:5-10 |

1. 미스바에 모여 기도케 함(5)　　(합심으로 회개 기도 인도함)
2. 온전한 번제 드리게 함(9)　　　(정성껏 예배 드리게 함)
3. 블레셋을 패하게 함(10)　　　　(원수를 물리쳐 기도 응답 받음)

088

| 이스라엘을 도우시는 하나님 | 삼상 7:5-14 |

1. 사무엘의 기도를 들으심(8)　　(의인의 기도에 귀 기울이심)
2. 블레셋에 우박을 발하심(10)　　(자연 이적으로 원수를 물리치심)
3. 빼앗긴 성읍을 찾게 하심(14)　　(옛 땅 회복의 기도 응답주심)

089

| 하나님께 드리는 감사 | 삼상 7:12-14 |

1. 여기까지 도우셨다 함(12)　　　(오늘날까지 도우심)
2. 블레셋 사람을 막아주심(13)　　(원수로부터 지켜주심)
3. 성읍을 회복되게 하심(14)　　　(끝까지 도우심)

090

| 사무엘의 고별사 | 삼상 12:1-5 |

1. 어려서 오늘까지 출입했다 함(1)　　(지금까지 백성들 지도함)
2. 남의 것 착취하지 않았다 함(3)　　　(남의 것 빼앗지 않음)
3. 이제 왕이 너희 앞에 출입한다 함(2)　(뒤이을 왕이 백성들 다스림)

091

| 나하스를 이기는 신앙 | 삼상 12:20-25 |

1. 헛된 것을 따르지 않음(21)　　　(세상 것 멀리함)
2. 여호와가 행한 큰일 생각함(24)　(하나님의 자비를 기억함)
3. 마음 다해 여호와를 섬김(20)　　(전심으로 하나님 말씀을 따름)

092

다윗이 블레셋을 이긴 이유   삼상 17:45-47

1. 이스라엘의 하나님을 믿음(46)   (하나님이 택한 백성을 지키심)
2. 여호와 이름으로 나아감(45)   (하나님이 함께하심을 믿음)
3. 여호와께서 손에 붙이심(46)   (전쟁은 하나님께 속함)

093

다윗을 돕는 요나단   삼상 18:1-5

1. 자기 생명 같이 사랑함(1)   (정신적으로 깊은 우정을 나눔)
2. 언약을 맺음(3)   (후대에 지속되는 의형제 맺음)
3. 입었던 겉옷을 벗어줌(4)   (상호 하나된 친분을 과시함)

094

어리석은 나발   삼상 25:3, 17, 38

1. 행실이 완고하고 악함(3)   (악행을 저지름)
2. 불량한 사람임(17)   (무익한 사람임)
3. 하나님이 죽이심(38)   (하나님의 심판 받음)

095

지혜로운 아비가일   삼상 25:3, 23-31

1. 총명하고 아름다움(3)   (현명하고 용모가 뛰어남)
2. 죄를 내게 돌리라고 함(24)   (남의 죄를 대신하겠다 함)
3. 복수하는 것을 막았음(25)   (죄 용서 받기를 설득함)

사무엘하

여호와께서 그의 왕에게 큰 구원을 주시며 기름 부음 받은 자에게 인자를 베푸심이여 영원하도록 다윗과 그 후손에게로다 하였더라(삼하 22:51).

096

법궤의 영향 받은 세사람	삼하 6:3-23
1. 웃사가 궤를 붙들어 죽음(6,7)	(웃사는 신적 규율을 어겨 죽음)
2. 다윗 업신여긴 미갈 자식 없음(16)	(미갈은 주의 종 무시로 후손 끊김)
3. 궤를 둔 오벳에돔 집에 복 주심(11)	(오벳에돔은 궤 두어 온 집 복받음)

097

다윗으로 보는 예수님	삼하 9:1-8
1. 다리 저는 므비보셋 데려옴(5)	(죄에서 구원하심)
2. 사울의 밭을 돌려주겠다 함(7)	(천국을 기업으로 주심)
3. 항상 내 상에 떡 먹으리라 함(7)	(영원히 함께 하심)

098

므비보셋을 돌보는 다윗	삼하 9:1-8
1. 다리 저는 므비보셋 데려옴(5)	(고난에서 건져냄)
2. 사울의 밭을 돌려주겠다 함(7)	(삶의 필요를 채워줌)
3. 항상 내 상에 떡 먹으리라 함(7)	(영원히 함께하겠다 함)

099

전염병 벌받은 다윗	삼하 24:10, 25
1. 백성 조사 후 자책함(10)	(양심 가책으로 회개함)
2. 미련한 죄 사해 달라고 함(10)	(군사력 과시한 죄 용서 구함)
3. 번제와 화목제로 재앙 그치게 함(25)	(예배 드려 재앙을 끝냄)

100

예루살렘에서 다윗의 행적	삼하 24:10, 15, 25
1. 백성을 조사하여 큰 죄를 범함(10)	(인구 조사로 하나님 진노케 함)
2. 전염병 징벌받아 칠만 명 죽게함(15)	(전염병 징벌로 떼죽음 당함)
3. 제단을 쌓고 재앙 그치게 함(25)	(회개 예배로 재앙 멈추게 함)

열왕기상

내가 네게 명령한 법도를 지키지 아니하였으니 내가 반드시
이 나라를 네게서 빼앗아 네 신하에게 주리라(왕상 11:11).

101

솔로몬에게 유언한 다윗	왕상 2:1-3
1. 대장부가 되라 함(2)	(강하고 담대하라 함)
2. 여호와의 명령을 지키라 함(2)	(하나님의 계명을 따르라 함)
3. 무엇을 하든 형통하리라 함(3)	(원하는 대로 다 이룬다 함)

102

솔로몬의 축복 과정	왕상 3:4-13
1. 일천 번제를 드림(4)	(일천 번제를 드림)
2. 분별의 지혜를 구함(11)	(선악을 분별하는 지혜 구함)
3. 부귀와 영광도 받음(13)	(부귀 영화까지 누림)

103

솔로몬에게 복 주신 하나님	왕상 3:7-13
1. 왕이 되게 하심(7)	(기름 부어 왕으로 세우심)
2. 지혜를 주심(12)	(지혜 구한 기도에 응답하심)
3. 부를 주심(13)	(구하지 않은 재물까지 주심)

104

솔로몬의 죄악	왕상 11:1-8
1. 이방 여인들을 사랑함(1)	(쾌락에 탐닉함)
2. 다른 신을 따름(4)	(이방의 우상을 숭배함)
3. 여호와 눈 앞에서 악을 행함(6)	(하나님을 두려워하지 않음)

105

여로보암을 도우신 하나님	왕상 11:37-40
1.이스라엘 왕이 되리라 하심(37)	(기름 부어 왕으로 세우심)
2.견고한 집을 세우리라 하심(38)	(왕위 계승 이어가게 하심)
3.너와 함께하리라 하심(38)	(눈동자처럼 보호하심)

106

아사 왕의 신앙	왕상 15:9-15
1.아세라 우상을 불사름(13)	(우상 숭배를 금함)
2.여호와 성전에 성별한 것 드림(15)	(전리품을 하나님께 드림)
3.평생 여호와 앞에 온전함(14)	(끝까지 하나님을 섬김)

107

엘리야로 보는 예수님 사역	왕상 18:40;17:19-22; 왕하2:11
1.바알 선지자들 모두 죽임(18:40)	(마귀를 멸하심)
2.여인의 죽은 아들 살림(17:19-22)	(인류를 구원하심)
3.불마차 타고 하늘 올라감(2:11)	(부활 승천하심)

108

엘리야 행적의 의미	왕상 19:1-8
1.이세벨에게서 생명의 위협 받음(2)	(마귀의 공격 받음)
2.천사의 떡과 물을 먹음(6)	(영과 진리로 회복함)
3.하나님의 산 호렙에 이름(8)	(천국에 들어감)

109

엘리야로 보는 예수님	왕상 19:1-8
1.로뎀나무 아래서 죽으려 함(4)	(겟세마네 기도하신 예수님)
2.천사가 떡과 물을 줌(6)	(부활 후 조반 드신 예수님)
3.음식 먹고 사십 주야 길을 감(8)	(사명 감당하신 예수님)

열왕기하

요시야가 여호와 보시기에 정직히 행하여 그의 조상 다윗의
모든 길로 행하고 좌우로 치우치지 아니하였더라(왕하 22:2).

110

| 엘리사 뒤를 잇는 엘리사 | 왕하 2:4-14 |

1. 당신을 떠나지 않겠다 맹세함(4) (끝까지 스승에게 충성함)
2. 갑절 성령의 역사를 구함(9) (스승보다 큰 영력 원함)
3. 물을 갈라지게하고 건너감(14) (스승처럼 능력이 나타남)

111

| 엘리사로 보는 예수님 사역 | 왕하 4:32, 42-44; 5:10-14 |

1. 나아만의 나병을 낫게함(5:14) (모든 병을 고치심)
2. 보리떡 20개로 100명 먹임(21) (오병이어의 이적 보이심)
3. 죽은 아이의 눈을 뜨게함(21) (나사로를 살리심)

112

| 나아만의 치유 과정 | 왕하 5:14-17 |

1. 요단강에 일곱 번 담가 회복됨(20) (순종으로 나병이 나음)
2. 하나님의 사람에게 예물 드림(23) (엘리사에게 감사 헌금함)
3. 여호와께 희생제사 드림(27) (하나님을 영접하고 예배 드림)

113

| 제사장 여호야다의 행적 | 왕하 11:12-17 |

1. 요아스를 왕으로 삼음(12) (요아스를 왕으로 세움)
2. 아달랴를 죽임 당하게 함(16) (바알 신봉자를 제거함)
3. 여호와와 언약 맺음(17) (언약을 회복함)

114

아사랴의 불행	왕하 15:1-5
1. 여호와 보시기에 정직함(3)	(말씀대로 순종함)
2. 산당을 제거하지 않음(4)	(배교행위를 계속함)
3. 나병들어 별궁에서 죽음(5)	(하나님 진노로 멸망 당함)

115

히스기야의 행적	왕하 20:1-7
1. 병으로 죽게됨 (2)	(수명이 다함을 알게 됨)
2. 선행을 기억해 달라고 기도함(3)	(잘한일 내세워 회복을 간청함)
3. 15년을 더 살게됨(6)	(생명 연장의 응답 받음)

역대상

다윗이 이르되 이는 여호와 하나님의 성전이요
이는 이스라엘의 번제단이라 하였더라(대상 22:1).

116

야베스의 기도	대상 4:10
1. 지역을 넓히기 원함(10)	(말씀이 멀리 전파되기 원함)
2. 환난 근심이 없기를 원함(10)	(고난에서 벗어나기를 원함)
3. 하나님께 구한 것 허락 받음(10)	(하나님의 응답 받음)

117

다윗의 전승 과정	대상 14:13-17
1. 하나님께 물음(14)	(하나님의 뜻을 살핌)
2. 하나님의 명령대로 행함(16)	(하나님 말씀대로 순종함)
3. 이방 민족에 명성을 떨침(17)	(택한 백성으로 높이 세워짐)

118

재앙을 만난 다윗	대상 21:17-27
1. 악을 행한 자는 나라고 함(17)	(백성을 계수한 죄 고백함)
2. 번제와 화목제를 드림(26)	(진정한 회개 예배 드림)
3. 제단에 불로 응답 받음(26)	(하나님 용서로 형벌 그침)

119

성전 찬양대의 모습	대상 25:1-7
1. 아삽 헤만 자손으로 구분됨(1)	(음악 지도자들 택함)
2. 수금 비파로 신령한 노래함(6)	(성령의 감동으로 노래함)
3. 여호와께 감사 찬양 드림(3)	(하나님께 영광 돌림)

역대하

너희가 만일 그를 찾으면 그가 너희와 만나게 되시려니와
너희가 만일 그를 버리면 그도 너희를 버리시리라(대하 15:2).

120

성전 봉헌 때 현상	대하 7:1
1. 솔로몬의 기도 후 불이 내림(1)	(성령님이 임재하심)
2. 번제물과 제물을 사름(1)	(예배 받으며 응답하심)
3. 여호와의 영광이 성전에 가득함(1)	(하나님의 영광이 충만함)

121

하나님 징계를 막는 방법	대하 7:14
1. 악한 길에서 떠남(14)	(죄악에서 돌이킴)
2. 스스로 낮추고 기도함(14)	(겸손히 간구함)
3. 하나님의 얼굴을 찾음(14)	(하나님의 자비를 구함)

122

| 솔로몬을 도우신 하나님 | 대하 7:15-18 |

1.성전을 택하심(16)　　　　　　　(교회를 세우심)
2.마음이 여기에 있다 하심(16)　　(항상 함께하심)
3.왕위를 견고케 하심(18)　　　　　(왕권을 든든히 세우심)

123

| 여러보암의 죄악 | 대하 11:13-17 |

1.제사장직 뺏고 떠나게 함(14)　　(성직자들 멸시하며 쫓아냄)
2.숫염소와 송아지 우상 세움(15)　(우상숭배로 하나님 배반함)
3.친히 제사장들을 세움　　　　　　(하나님 명령을 거역함)

124

| 아사 선지자의 개혁 | 대하 15:8-15 |

1.가증한 물건을 제거함(8)　　　　(우상을 멀리함)
2.여호와의 제단을 재건함(8)　　　(성전을 재건함)
3.마음을 다하여 여호와를 찾음(15)　(정성다해 예배 드림)

125

| 여호사밧에게 복 주신 하나님 | 대하 17:1-6 |

1.스스로 강하게 하심(1)　　　　　(강하게 해주심)
2.나라를 견고하게 하심(5)　　　　(나라를 든든히 세워주심)
3.부귀영화를 떨치게 하심(6)　　　(부귀영화를 주심)

126

| 여호사밧의 개혁 | 대하 19:4-7 |

1.하나님께 돌아오게 함(4)　　　　(우상숭배를 제거함)
2.유다 성읍에 재판관 세움(5)　　　(모든 백성 공의롭게 재판함)
3.여호와를 삼가 행함(7)　　　　　(하나님 말씀대로 행함)

127
유다의 멸망 이유	대하 36:11-16
1.왕이 여호와 보시기에 악을 행함(12)	(왕이 하나님을 진노케 함)
2.제사장들이 가증한 일로 성전 더럽힘(14)	(교회 지도자들이 타락함)
3.백성들이 하나님 말씀을 멸시함(16)	(백성들이 하나님 말씀을 거역함)

에스라

예루살렘으로 올라가서 이스라엘의 하나님 여호와의 성전을 건축하라
그는 예루살렘에 계신 하나님이시라(스 1:3).

128
성전 건축을 명한 고레스	스 1:3-4,11
1.유다 백성은 예루살렘으로 가라함(3)	(유다인 본국으로 돌아가라 함)
2.남은 자는 기쁘게 예물 드리게 함(4)	(못 가는 자들 물질로 돕게함)
3.바벨론 그릇들 가져가게 함(11)	(보관한 그릇들 함께 보냄)

129
이스라엘을 지키시는 하나님	스 9:9
1.종살이 중에 버리지 않으심(9)	(포로에서 귀환하게 하심)
2.하나님 성전 세우게 하심(9)	(예배 제단을 쌓게 하심)
3.유다 예루살렘에 울타리 주심(9)	(하나님이 끝까지 보호하심)

130
에스라의 신앙 권면	스 10:1-3, 14,19
1.백성들과 죄 자복함(1)	(이방여자와 합한 죄 회개함)
2.아내들 보내고 율법대로 행함(3)	(죄를 멀리하고 말씀 붙잡음)
3.속건제로 하나님 진노 막음(14,19)	(참 예배로 죄 용서 받음)

느헤미야

우리가 당한 모든 일에 주는 공의로우시니 우리는 악을 행하였사오나 주께서는 진실하게 행하셨음이니이다(느 9:33).

131

성벽 재건하는 느헤미아	느 2:17-20
1. 성을 건축하여 수치 당하지 말자 함(17)	(성을 세워 적 노략에 대비하자 함)
2. 산발랏 일당의 비웃음에 대답함(19-20)	(대적자들의 무시에 담대히 맞섬)
3. 하나님이 형통하게 하신다 함(20)	(하나님의 보호로 기도 응답됨)

132

느헤미아의 권면	느 4:10-12
1. 백성들이 성 건축 못 한다 들음(10)	(유다인들의 낙심을 들음)
2. 원수들이 살육한다 들음(11)	(원수들의 음모를 들음)
3. 주를 기억하고 싸우라 함(14)	(하나님을 의지하고 싸우라 함)

133

느헤미아의 신앙	느 5:14-16
1. 하나님을 경외함(15)	(하나님을 높이 섬김)
2. 총독의 녹을 먹지 않음(14)	(대가 없이 헌신 봉사함)
3. 성벽 공사에 힘을 다함(16)	(맡은 직분을 잘 감당함)

134

자기백성 품으시는 하나님	느 9:17
1. 용서하심(17)	(모든 죄를 사하여 주심)
2. 긍휼히 여기심(17)	(부족함을 불쌍히 여기심)
3. 버리지 않으심(17)	(끝까지 옳은 길로 인도하심)

135

느헤미야의 개혁	느 13:28-31
1. 이방사람을 떠나게 함(30)	(이방 여인을 내보냄)
2. 제사장에게 자기 일 맡김(30)	(제사장 고유 직분을 맡김)
3. 처음 익은 것 드리게 함(31)	(첫 소산을 하나님께 드림)

에스더

나도 나의 시녀와 더불어 이렇게 금식한 후에 규례를 어기고 왕에게 나아가리니 죽으면 죽으리이다 하니라(에 4:16).

136

에스더가 받은 복 의미	에 2:16-18
1. 왕궁에 들어감(16)	(천국에 들어감)
2. 왕의 사랑 받음(17)	(예수님 사랑 받음)
3. 왕이 잔치를 베풂(18)	(천국 잔치 누림)

137

에스더의 신앙 결단	에 4:16; 5:3
1. 삼일 금식 기도함(16)	(하나님의 긍휼을 호소함)
2. 규례를 어기고 왕에게 나아감(16)	(죽음을 무릅쓰고 왕을 만남)
3. 왕이 나라 절반 주겠다 함(3)	(왕의 은혜로 기도 응답 받음)

138

복 받은 모르드게	에 10:1-3
1. 아하수에로 왕의 다음이 됨(1)	(왕의 반지 받고 총리에 오름)
2. 허다한 형제의 사랑을 받음(3)	(모든 성도의 칭송받음)
3. 유다 백성의 이익을 도모함(3)	(자기 백성을 번영케 함)

욥기

내가 가는 길을 그가 아시나니 그가 나를 단련하신 후에는
내가 순금 같이 되어 나오리라(욥 23:10).

139

욥으로 보는 예수님(1)	욥 1:20-22
1.범죄하지 않음(21)	(죄가 없으심)
2.주신 이, 거두신 이는 여호와라 함(21)	(하나님께 모든 것을 맡기심)
3.여호와의 이름을 찬송함(21)	(하나님께 영광 돌리심)

140

욥으로 보는 예수님(2)	욥 2:7-10
1.발바닥에서 정수리까지 종기 남(7)	(십자가 고난 받으심)
2.아내가 하나님 저주하고 죽으라 함(9)	(제자들에게서 버림 받으심)
3.하나님 복받고 화도 받음(10)	(하나님의 뜻을 이루심)

141

욥이 고백한 하나님	욥 9:5-8, 17-19
1.하늘 펴시고 땅을 기둥 심으심(9)	(천지를 지으심)
2.해 못 뜨게 하고 바다 밟으심(10)	(자연을 다스리심)
3.괴로움 주시고 공의를 베푸심(10)	(연단 끝 옳은 길로 인도하심)

142

욥의 신앙 고백	욥 42:1-6
1.무지한 말로 이치를 가림(3)	(하나님의 책망을 소홀히 함)
2.눈으로 주를 뵙는다 함(3)	(영안이 열려 하나님 자각함)
3.티끌과 재 가운데 회개함(6)	(연약한 죄인으로 뉘우침)

143

욥을 축복하신 하나님	욥 42:5, 10-12
1. 재 가운데 회개기도 들으심(5) 2. 욥의 곤경을 돌이키심(10) 3. 이전 소유보다 갑절을 주심(10)	(욥의 뉘우침 어여삐 여기심) (욥의 고난을 제하여 주심) (재산을 두배 늘려 주심)

시편

여호와는 나의 목자시니 내게 부족함이 없으리로다(시 23:1).

144

복 있는 자의 신앙	시 1:1-6
1. 악인의 꾀를 따르지 않음(1) 2. 죄인의 길에 서지 않음(1) 3. 오만한 자의 자리에 앉지 않음(1)	(악인의 불의를 멀리함) (죄를 멀리함) (교만을 멀리함)

145

징계 받는 다윗의 기도	시 6:1-10
1. 탄식의 눈물로 요를 적신다 함(6) 2. 내 눈이 근심으로 쇠한다 함(7) 3. 여호와가 내 울음을 들으셨다 함(8)	(진정한 회개를 나타냄) (하나님의 긍휼에 의지함) (하나님의 응답을 기다림)

146

환난 날에 도우시는 하나님	시 20:1-5
1. 성소에서 도우심(2) 2. 번제를 받으심(3) 3. 깃발을 세우게 하심(5)	(교회에 임재하심) (예배를 받으심) (승리로 응답하심)

147

다윗의 신앙	시 20:1-9
1.하나님이 도우시길 기도함(2)	(하나님의 도우심을 구함)
2.하나님의 이름으로 깃발 세움(5)	(하나님에 힘 입어 승리함)
3.하나님의 이름을 자랑함(7)	(오직 하나님을 높임)

148

다윗으로 보는 예수님	시 20:6-9
1.기름 부음 받으심(6)	(성령 충만하심)
2.여호와의 이름을 자랑함(7)	(하나님만 의지하심)
3.그들을 엎드러뜨리고 일어서심(8)	(마귀 권세를 이기심)

149

선한 목자되신 하나님	시 23:1-3
1.부족함이 없다하심(1)	(육적 필요를 채워주심)
2.풀밭과 물가로 인도하심(2)	(영의 양식을 먹여주심)
3.의의 길로 인도하심(3)	(천국으로 인도하심)

150

성도가 만족하는 이유	시 23:1-6
1.부족함이 없음(1)	(하나님은 나의 전부이심)
2.푸른 풀밭에 누움(2)	(말씀으로 평안이 보장됨)
3.여호와의 집에 영원히 삶(6)	(영원한 천국을 누림)

151

하나님을 섬기는 자의 축복	시 23:4-5
1.해를 두려워하지 않음(4)	(고난을 두려워하지 않음)
2.머리에 기름 부음 받음(5)	(성령이 임하심)
3.잔이 넘치게 됨(5)	(풍성한 은혜를 받음)

152

| 참된 예배자 | 시 24:3-4 |

1. 손이 깨끗함(4) (죄를 미워함)
2. 거짓 맹세하지 않음(4) (위선으로 서원하지 않음)
3. 허탄한 데 뜻을 두지 않음(4) (영적 분별력을 가짐)

153

| 하나님과 친밀한 자 | 시 25:14-15 |

1. 여호와를 경외함(14) (하나님을 높이 섬김)
2. 항상 여호와를 앙망함(15) (늘 하나님을 깊이 사모함)
3. 그물에서 발이 벗어나게 됨(15) (환난에서 능히 건짐받음)

154

| 주의 종의 본분 | 시 29:1-2 |

1. 거룩한 옷을 입음(2) (하나님 말씀을 가르침)
2. 여호와께 경배드림(2) (하나님께 예배 드림)
3. 여호와께 영광을 돌림(2) (하나님의 이름을 높임)

155

| 하나님을 의지하는 이유 | 시 40:1-3 |

1. 부르짖음을 들으심(1) (간절한 기도를 들으심)
2. 수렁에서 끌어올리심(2) (위기에서 건지심)
3. 걸음을 견고하게 하심(2) (안전하게 인도하심)

156

| 돕는 자 복 주시는 하나님 | 시 41:1-3 |

1. 재앙의 날에 건지심(1) (구원하심)
2. 세상에서 지키며 살게하심(2) (보호하심)
3. 병을 고쳐주심(3) (치유하심)

157

자기 백성 지키시는 하나님	시 43:14-21
1. 바벨론을 멸망시키심 (14)	(원수를 물리치심)
2. 옛일을 생각지 말라 하심(18)	(새 일을 행하심)
3. 찬송을 부르게 하심(21)	(찬양을 기뻐하심)

158

고라 자손의 감사 신앙	시 44:6-8
1. 원수들에게서 구원하심(7)	(위기 때마다 지켜주심)
2. 종일 하나님을 자랑함(8)	(눈동자처럼 보호하심)
3. 하나님 이름에 영원히 감사함(8)	(영원한 생명을 주심)

159

왕이신 예수님	시 45:1-8
1. 입술에 은혜를 머금으심(2)	(참된 은혜를 말씀하심)
2. 허리에 칼을 찬 용사이심(3)	(어둠의 세력을 물리치심)
3. 위엄을 세우심(4)	(강한 능력을 베푸심)

160

하나님을 찬양할 이유	시 47: 3-8
1. 온 땅의 왕이심(7)	(온 세상을 통치하심)
2. 거룩한 보좌에 앉으심(8)	(예배 받기에 합당하심)
3. 기업으로 택하심(4)	(천국을 상속케 하심)

161

재물 의지함이 헛된 이유	시 49:5-12
1. 형제를 구원하지 못함(7)	(누구 도움도 구원 얻지 못함)
2. 사람도 멸망하는 짐승같음(12)	(모든 사람은 죽게됨)
3. 재물은 남겨두고 떠나야함(10)	(죽을 때 재물을 가지지 못 함)

162

감사 제물의 의미   시 50:23

1. 행위를 옳게 함(23)   (하나님께 합당하게 헌신함)
2. 구원을 봄(23)   (하나님의 구원을 받음)
3. 영화롭게 함(23)   (하나님께 영광 돌림)

163

다윗을 도우시는 하나님   시 54:1-7

1. 기도를 들으심(2)   (눈동자처럼 보호하심)
2. 원수를 멸하심(5)   (대적자를 물리치심)
3. 모든 환난에서 건지심(7)   (고난을 이기게 하심)

164

위기 때 다윗의 모습   시 56:1-4

1. 원수를 두려워하지 않음(4)   (사울을 두려워하지 않음)
2. 하나님을 의지함(4)   (전적으로 하나님께 맡김)
3. 말씀을 찬송함(4)   (하나님께 찬양으로 영광 돌림)

165

삼위 하나님의 사역   시 65:3-4

1. 택하심(4)   (하나님이 자기 백성 삼으심)
2. 허물을 사하고 가까이하심(3,4)   (예수님이 죄 용서로 구원하심)
3. 주의 뜰에 살게 하심(4)   (성령님이 천국 인도하심)

166

고난 중 하나님의 은혜   시 73:22-26

1. 오른손을 붙드심(23)   (능력으로 보호하심)
2. 주의 교훈으로 인도하심(24)   (선한 길로 이끄심)
3. 영광으로 영접하심(24)   (천국 소망을 주심)

167

이스라엘을 교훈하신 하나님	시 81:8-10
1. 증언을 들으라 하심(8)	(말씀대로 행하라 하심)
2. 다른 신을 두지말라 하심(9)	(우상숭배를 금하라 하심)
3. 입을 크게 열라 하심(10)	(은혜를 사모하라 하심)

168

고라 자손의 신앙	시 84:1-7
1. 주의 장막을 사랑함(2)	(성전을 떠나지 않음)
2. 제단을 보금자리 삼음(3)	(성전을 안식처로 여김)
3. 항상 주를 찬양함(7)	(늘 하나님께 영광 돌림)

169

다윗을 도우시는 하나님	시 89:19-24
1. 기름 부어 주심(20)	(성령 충만케 하심)
2. 대적들을 박멸하심(23)	(사탄 권세를 깨뜨리심)
3. 견고하게 하심(21)	(눈동자처럼 보호하심)

170

의인의 삶	시 92:12-15
1. 여호와 집에 심겨짐(13)	(반석같은 성전에 뿌리내림)
2. 번성하고 성장함(12)	(영적으로 거듭남)
3. 늙어도 결실함(14)	(끝까지 성령의 열매를 맺음)

171

하나님을 찬양할 이유	시 93:1-5
1. 영원부터 계심(2)	(영원하심)
2. 바다보다 크심(4)	(무한한 능력을 행하심)
3. 스스로 다스리심(1)	(만물을 통치하심)

172

| 다윗의 신앙 결단 3가지 | 시 108:1-4 |

1. 새벽을 깨우리라 함(2) (새벽 제단을 쌓음)
2. 마음 다해 찬양하리라 함(1) (정성을 다해 찬양 드림)
3. 주께 감사하리라 함(3) (하나님께 감사드림)

173

| 하나님을 경외하는 자 | 시 112:1-5 |

1. 후손이 땅에서 강성함(2) (자손이 번창함)
2. 집에 부와 재물이 있음(3) (재물이 풍성함)
3. 이웃에게 은혜를 베풂(5) (이웃 사랑을 실천함)

174

| 하나님 백성의 축복 | 시 115:14-18 |

1. 자손이 번창하게 됨(14) (세상에서 후손이 창대함)
2. 여호와께서 땅을 주심(16) (천국을 기업으로 받음)
3. 영원히 여호와를 송축함(18) (영원히 하나님께 찬양드림)

175

| 하나님을 찬양하는 이유 | 시 117:1-7 |

1. 모든 나라를 향하심(1) (그리스도 안에 이방인과 하나됨)
2. 인자하심이 크심(2) (택한 백성에게 용서와 구원하심)
3. 진실하심이 영원하심(2) (모든 성도들에게 사랑 베푸심)

176

| 하나님을 경외하는 자 | 시 118:1-2 |

1. 고통 중 부르짖음에 응답받음(5) (위기 때 건짐 받음)
2. 하나님이 내 편되심(7) (하나님 손에 보호 받음)
3. 영원히 인자하심(4) (끝까지 사랑 받음)

177 말씀에 의지하는 이유 — 시 119:49-50

1. 고난 중 위로가 됨(50)　　　　(참된 위안을 갖게 함)
2. 살리게 함(50)　　　　　　　　(새로운 마음을 갖게 함)
3. 소망을 가지게 함(49)　　　　　(희망과 용기를 갖게 함)

178 이스라엘을 도우시는 하나님 — 시 121:1-8

1. 졸지도 주무시지도 않으심(3)　 (눈동자처럼 감찰하심)
2. 환난을 면케 하심(7)　　　　　(악한 세력에게서 보호하심)
3. 영원까지 지키심(8)　　　　　 (천국까지 흠 없게 보전하심)

179 하나님을 사모하는 자 — 시 122:1-9

1. 전례에 여호와 집에 올라감(4)　(대대로 성전에서 예배 드림)
2. 형제를 위해 평안을 구함(8)　　(동역자 위해 중보 기도함)
3. 궁중에 형통함이 있음(7)　　　(모든 백성이 복을 받음)

180 시련 중 다윗의 기도 — 시 123:1-4

1. 멸시가 영혼에 넘친다 함(4)　　(힘겨운 고통의 한계에 이름)
2. 눈을 들어 주를 향함(1)　　　　(전적으로 하나님께 의탁함)
3. 은혜 베푸시기를 기다림(2)　　 (긍휼하신 응답을 갈망함)

181 이스라엘의 포로 귀환자들 — 시 126:1-6

1. 꿈꾸는 것 같다 함(1)　　　　　(구약 예언 성취에 감격함)
2. 여호와께서 큰일 행하셨다 함(2)(하나님이 구원을 베푸셨다 함)
3. 찬양과 웃음이 가득함(3)　　　(하나님께 기쁜 감사예배 드림)

182

하나님을 경외하는 자	시 128:1-6
1. 수고한 대로 먹음(2)	(일한 대가를 풍성히 받음)
2. 아내는 포도나무, 자식은 감람나무 같음(3)	(단란한 가정의 복을 받음)
3. 시온에서 복을 받음(5)	(신령한 영적 복을 받음)

183

다윗의 신앙 인격	시 131:1-3
1. 교만하지 않음(1)	(겸손의 모범이 됨)
2. 감당 못 할 일에 힘쓰지 않음(1)	(능력 밖으로 무리하지 않음)
3. 영혼이 평온함(2)1	(평안과 안식으로 만족함)

184

다윗이 감사하는 하나님	시 144:1-3
1. 내 손을 가르쳐 전쟁하게 하심(11)	(전쟁을 이기게 하심)
2. 나의 산성이요 방패되심(16)	(피난처가 되게 하심)
3. 내 백성이 복종하게 하심(21)	(백성이 나를 따르게 하심)

잠언

여호와를 경외하는 것이 지식의 근본이거늘 미련한 자는
지혜와 훈계를 멸시하느니라(잠 1:7).

185

하나님이 기뻐하시는 자	잠 12:1-7
1. 지식을 좋아함(1)	(말씀을 사모하여 깨달음)
2. 뿌리가 움직이지 않음(3)	(어떤 환난도 능히 견딤)
3. 생각이 정직함(7)	(불의를 탐하지 않음)

186
하나님을 사랑하는 자	잠 16:3-7
1.행사를 여호와께 맡김(3)	(하나님을 전적으로 의지함)
2.여호와를 경외함(6)	(하나님을 높이 섬김)
3.여호와를 기쁘시게 함(7)	(하나님께 만족을 드림)

187
부모를 섬기는 마음	잠 23:22-24
1.청종함(22)	(말씀대로 따름)
2.경히 여기지 않음(22)	(소홀함 없이 존대함)
3.즐거움을 드림(24)	(기쁨으로 효도함)

188
위풍있는 지도자 자격	잠 30:29-31
1.가장 강한 사자 같음(30)	(담대한 능력과 권세를 가짐)
2.물러서지 않는 사냥개 같음(31)	(앞장선 지도력으로 보호함)
3.당할 수 없는 왕 같음(31)	(영적 권능을 행함)

전도서

하나님을 경외하고 그 명령들을 지킬지어다
이것이 모든 사람의 본분이니라(전 12:13).

189
솔로몬의 탄식	전 1:1-11
1.해 아래 수고에 유익 없다 함(3)	(하나님을 떠난 수고는 무익하다 함)
2.눈으로 보아도 만족이 없다 함(8)	(만물이 무상하고 허무하다 함)
3.해 아래 새로운 것이 없다 함(14)	(죄악 세상에 모두 헛되다 함)

190

청년들에 대한 교훈	전 11:9-12:2
1. 악이 물러가게 함(11:10)	(악행을 멀리하라 함)
2. 창조주를 기억하라 함(12:1)	(하나님 말씀대로 행하라 함)
3. 하나님이 모든 일 심판하신다 함(11:9)	(하나님 심판에 대비하라 함)

191

창조주를 기억할 때	전 12:1-8
1. 곤고한 날이 이르기 전임(1)	(삶이 힘겨울 때임)
2. 아무 낙이 없을 때임(1)	(세상 소망이 없을 때임)
3. 하나님께 돌아가기 전임(7)	(죽음이 눈 앞에 있을 때임)

아가서

*나의 사랑하는 자가 내게 말하여 이르기를 나의 사랑,
내 어여쁜 자야 일어나서 함께 가자(아 2:10).*

192

솔로몬으로 보는 예수님	아 1:1-3
1. 사랑이 포도주보다 나음(2)	(사랑이 풍성하심)
2. 기름이 향기로워 아름다움(3)	(성령이 충만하심)
3. 이름이 쏟는 향기름 같음(3)	(구원주로 오심)

193

술람미의 신앙	아 6:4-10
1. 디르사 같이 어여쁨(4)	(온전한 신앙을 갖춤)
2. 완전한 자는 하나뿐이라 함(9)	(오직 예수님 사랑 받음)
3. 왕들과 후궁들이 칭찬함(9)	(성도들에게 칭송 받음)

194

솔로몬 향한 술람미 사랑의 의미	아 4:1-4
1.침상에서 마음으로 찾지 못함(1)	(평소 예수님을 찾는 습관을 길러야 함)
2.성안 돌아다녀도 찾지 못함(2)	(예수님께 온전히 죄를 고백해야 함)
3.그를 붙잡고 놓지 않음(3)	(예수님의 첫사랑을 끝까지 지켜야 함)

이사야

그가 상함은 우리의 죄악 때문이라 그가 징계를 받으므로 우리는 평화를 누리고 그가 채찍에 맞으므로 우리는 나음을 받았도다(사 53:5).

195

하나님을 거역한 유다	사 1:1-9
1.온몸에 성한 곳이 없음(6)	(온 나라에 죄악이 퍼짐)
2.이방인에게 파괴됨(7)	(앗수르에게 침략 당함)
3.소돔과 고모라 같음(9)	(하나님의 심판이 예언됨)

196

통치자되시는 하나님	사 1:18-20
1.변론으로 죄가 희게 된다 하심(18)	(죄 사함으로 회복케 하심)
2.거절하면 칼에 삼켜진다 하심(20)	(말씀을 거부하면 멸망한다 하심)
3.순종하면 소산을 먹는다 하심(19)	(말씀에 순종하면 합당한 열매를 맺음)

197

새 하늘 새 땅의 모습	사 11:6-9
1.이리와 어린양이 함께 함(6)	(낙원에 평화가 임함)
2.아이가 독사와 장난함(8)	(마귀의 해함이 없음)
3.여호와를 아는 지식이 충만함(9)	(만물이 하나님을 받듦)

198

죽음을 앞둔 히스기야	사 38:1-6
1. 벽을 향해 통곡함(1)	(하나님께 전적으로 매달림)
2. 선행 기억하라며 기도함(4)	(의인의 긍휼을 호소함)
3. 수한 십오 년을 더하게 됨(5)	(수명 연장으로 기도 응답 받음)

199

이사야로 보는 예수님 사역	사 40:9-11
1. 높은 산에 오름(9)	(이땅에 오신 예수님)
2. 아름다운 소식을 전함(9)	(천국 복음 전하심)
3. 상급과 보응으로 다스림(11)	(재림 때 심판하심)

200

야곱으로 보는 예수님	사 41:8-10
1. 택한 종으로 부르심(8)	(하나님의 종으로 오심)
2. 오른손으로 붙들리라하심(10)	(큰 능력을 행하심)
3. 거룩한 자로 자랑하리라 하심(16)	(하나님께 영광 돌리심)

201

하나님의 언약	사 42:5-8
1. 손을 잡아 보호하심(6)	(사명자로 세우심)
2. 이방의 빛이 되게 하심(6)	(열방에 복음 전하게 하심)
3. 감방에서 나오게 하심(7)	(어둠에서 구원으로 인도하심)

202

하나님께 책망받는 유다	사 42:18-19
1. 많은 것 보고 유의치 않음(20)	(영안이 가리워짐)
2. 귀가 열려도 듣지 않음(20)	(영적인 귀머거리임)
3. 교훈을 귀하게 받지 않음(21)	(말씀을 경홀히 여김)

203

택한 백성을 지키시는 하나님	사 43:1-4
1. 너는 내 것이라 하심(1)	(자녀로 구원하심)
2. 물, 불 가운데 함께하심(2)	(어떤 환난에도 보호하심)
3. 존귀하며 사랑한다 하심(4)	(귀하게 여겨 사랑하심)

204

하나님이 야곱에게 하신 말씀	사 43:1-4
1. 내 것이라 하심(1)	(종으로 부르심)
2. 침몰하거나 불타지 않는다 하심(2)	(어떤 위기에서도 보호하심)
3. 구원자라 하심(3)	(구원을 약속하심)

205

자기 백성 지키시는 하나님	사 43:14-21
1. 바벨론을 멸망시키심(14)	(원수를 물리치심)
2. 옛 일 생각치말라 하심(14)	(새 일을 행하심)
3. 찬송을 부르게 하심(21)	(찬양을 기뻐하심)

206

자기 백성을 도우시는 하나님	사 46:3-4
1. 태어날 때부터 안으심(3)	(창세 전에 지명하여 부르심)
2. 백발이 될 때까지 품으심(4)	(고난 중 사랑으로 인도하심)
3. 구하여 내심(4)	(마귀 권세에서 구원하심)

207

자기 백성을 권고하시는 하나님	사 52:11-12
1. 바벨론을 떠나라 하심(11)	(죄악에서 떠나라 하심)
2. 부정한 것 만지지 말라 하심(11)	(우상을 떠나 성결하라 하심)
3. 정결케 하라 하심(11)	(거룩하게 살라 하심)

208

| 예수님의 고난 | 사 53:1-6 |

1. 간고와 멸시를 받으심(3)   (핍박을 받으심)
2. 질고를 지심(4)   (십자가 고통을 받으심)
3. 죄악을 담당하심(5)   (우리의 죄악을 대신하심)

209

| 자기 백성 도우시는 하나님 | 사 54:1-3 |

1. 홀로된 여인의 자식 많음(1)   (포로를 구원하심)
2. 장막터를 넓히심(2)   (교회를 회복케 하심)
3. 황폐한 성읍에 사람이 살게 됨(3)   (번영을 약속하심)

210

| 멸망 받을 자 | 사 56:9-12 |

1. 맹인의 파수꾼들임(10)   (영적 분별력이 없음)
2. 족한 줄을 모름(11)   (탐욕으로 자기 중심적임)
3. 독주를 넘치도록 마심(12)   (술 취하고 방탕함)

211

| 하나님이 기뻐하시는 금식 | 사 58:6-7 |

1. 흉악의 결박을 풀어줌(6)   (죄에서 해방됨)
2. 주린 자에게 양식을 나눠줌(7)   (가난한 자를 구제함)
3. 골육을 피해 숨지 않음(7)   (형제의 필요를 채워줌)

212

| 안식일을 지키는 축복 | 사 58:13-14 |

1. 여호와 안에서 즐거움 얻음(13)   (마음의 평안을 얻음)
2. 땅의 높은 곳에 올려짐(13)   (세상에서 높여짐)
3. 야곱의 기업으로 길러짐(13)   (천국을 누림)

213

성령이 임하신 목적	사 61:1-3
1. 가난한 자에게 아름다운 소식 전함(1)	(억눌린 자에게 복음 전하심)
2. 슬퍼하는 자에게 화관을 주심(3)	(애통하는 자에게 기쁨주심)
3. 포로된 자에게 자유를 주심(1)	(죄 중에 있는 자를 구원하심)

예레미야

내가 나의 법을 그들의 속에 두며 그 마음에 기록하여(렘 31:33).

214

예레미야에게 임하신 하나님	렘 1:5
1. 모태에서 알았다 하심 (5)	(예정하여 택하심)
2. 배에서 성별했다 하심(5)	(구별하여 부르심)
3. 여러 나라 선지자로 세웠다 하심(5)	(열방의 선지자로 세우심)

215

하나님의 보호 받는 예레미아	렘 1:17-19
1. 견고한 성읍이 됨(18)	(하나님이 친히 지키심)
2. 두려움 당하지 않음(17)	(하나님이 함께하시므로 담대함)
3. 다른 족속이 치나 이기지 못함(18)	(전쟁은 하나님께 속함)

216

하나님이 진노하신 이유	렘 7:16-20
1. 다른 신들에게 전제를 부음(18)	(우상 숭배함)
2. 등 돌리고 얼굴을 향하지 않음(24)	(하나님의 명령을 거역함)
3. 목을 굳게 함(26)	(완악하고 교만함)

217

하나님을 신뢰하는 자   렘 17:7-8

1. 물가에 심은 나무 같음(8)   (날마다 말씀으로 채움)
2. 더위에도 두려워하지 않음(8)   (어떤 시련도 이겨냄)
3. 결실이 그치지 않음(8)   (풍성한 삶을 누림)

218

모든 것을 아시는 하나님   렘 29:11-13

1. 심장을 살피심(10)   (중심을 보심)
2. 폐부를 시험하심(13)   (속사람을 보심)
3. 행위대로 보응하심(11)   (행한 대로 상벌을 내리심)

219

고난 중의 예레미야   렘 29:11-13

1. 부르짖으며 기도함(12)   (전심으로 기도함)
2. 하나님을 만남(13)   (기도 응답 받음)
3. 평안을 얻음(11)   (평강으로 회복함)

220

우리를 도우시는 하나님   렘 29:11-13

1. 평안을 주심(11)   (평강을 주심)
2. 부르짖는 기도를 들으심(12)   (간절한 기도에 응답하심)
3. 온 마음으로 구하면 만나주심(13)   (전심으로 구하면 해결해 주심)

221

예레미야가 받은 말씀   렘 33:1-9

1. 부르짖으면 응답 주심(3)   (간구할 때 응답하심)
2. 모든 죄를 사해 주심(8)   (모든 죄를 용서하심)
3. 성읍을 치료하며 평안을 주심(6)   (연단 후 회복케 하심)

예레미야애가

우리가 주께로 돌아가겠사오니 우리의 날들을 다시
새롭게 하사 옛적 같게 하옵소서(애 5:21).

222

이스라엘 심판하신 하나님	애 2:1-3
1. 발판을 기억하지 않으심(1)	(성전이 무너지도록 진노하심)
2. 모든 뿔을 자르심(3)	(자랑하던 모든 것 파괴하심)
3. 나라와 지도자들 욕되게 하심(2)	(백성들이 수치 당하게 하심)

223

하나님의 사랑	애 3:31-33
1. 근심하지 않게 하심(33)	(고난에서 견디게 하심)
2. 긍휼히 여기심(32)	(죄 깨닫기를 원하심)
3. 영원토록 버리지 아니하심(31)	(끝내 구원을 이루게 하심)

224

하나님 도우심 필요한 때	애 3:33-41
1. 고생이나 근심할 때임(33)	(고난을 겪을 때임)
2. 억울한 송사의 때임(36)	(세상 법정이 부당할 때임)
3. 죄 때문에 벌 받을 때임(39)	(죄로 인해 징계 당할 때임)

에스겔

주 여호와께서 이 뼈들에게 이같이 말씀하시기를
내가 생기를 너희에게 들어가게 하리니 너희가 살아나리라(겔 37:5).

225

에스겔에게 사명을 주신 하나님	겔 3:3-11
1.반역한 족속을 두려워말라 하심(9)	(강퍅한 백성 앞에 담대하라 하심)
2.꿀같은 두루마리를 먹이심(2,3)	(생명의 말씀을 주심)
3.마음에 받은 말씀 고하라 하심(11)	(마음에 새긴 말씀을 선포하라 하심)

226

하나님 백성의 조건	겔 11:18-21
1.가증한 것을 제거함(18)	(우상 숭배를 멀리함)
2.새 영의 부드러운 마음 가짐(19)	(성령으로 거듭남)
3.율례와 규례를 지켜 행함(20)	(말씀대로 행동으로 실천함)

227

거짓 선지자의 위선	겔 13:1-10
1.자기 심령 따라 예언함(3)	(성령 능력 없이 거짓 공언함)
2.허탄한 것을 말함(7)	(아무 유익 없이 헛된 점을 침)
3.백성들을 유혹함(10)	(영적 분별 없이 혼돈에 빠트림)

228

신실하신 하나님	겔 18:29-32
1.모든 죄에서 떠나라 하심(30)	(돌이켜 회개하라 하심)
2.마음과 영을 새롭게하라 하심(30)	(성령으로 거듭나라 하심)
3.죽을 자라도 기뻐하지 않으심(32)	(끝까지 구원받기를 원하심)

229

에스겔의 사역	겔 33:22
1.여호와의 손이 임함(22)	(하나님의 능력과 권위를 받음)
2.여호와께서 입을 여심(22)	(하나님께서 예언하게 하심)
3.다시는 잠잠하지 않음(22)	(사명을 감당함)

230

믿음 없는 이스라엘 백성	겔 33:30-33
1.말씀을 들어도 행치 않음(31)	(말뿐으로 실천하지 않음)
2.사랑을 말해도 이익을 따름(31)	(양면성으로 위선적임)
3.사랑을 노래하는 자 같음(32)	(단순히 세속적임)

231

성도의 자격	겔 36:25-27
1.맑은 물을 뿌려 정결함(25)	(십자가로 죄 사함 받음)
2.굳은 마음이 부드럽게 됨(26)	(성령으로 거듭남)
3.규례를 지켜 행함(27)	(말씀대로 순종함)

232

마른 뼈 환상으로 보는 예수님	겔 37:1-12
1.골짜기에 뼈가 많고 아주 말랐음 (2)	(죄인들 위해 이땅에 오심)
2.생기를 넣어 살아나게 함 (9)	(천국 복음을 전하심)
3.이스라엘로 들어가게 함(12)	(천국으로 인도하심)

다니엘

많은 사람을 옳은 데로 돌아오게 한 자는 별과 같이 영원토록 빛나리라
(단 12:3).

233

복받은 다니엘과 세친구	단 1:12-49
1.왕의 음식보다 채식이 더 윤택함 (12,15)	(시험을 이기고 채식이 허용됨)
2.하나님에게서 지혜를 받음(17)	(하나님의 지혜 능력 받음)
3.술객의 지혜보다 십배나 인정됨 (20)	(받은 지혜로 왕의 인정 받음)

234

다니엘을 높이는 느부갓네살	단 2:46-49
1.다니엘에게 엎드려 절함(46)	(다니엘을 신처럼 떠받듦)
2.하나님을 모든 왕의 주재라 함(47)	(하나님을 왕 중의 왕으로 섬김)
3.다니엘이 온 지방 다스리게 함(48)	(다니엘에게 왕권 넘김)

235

느부갓네살 왕의 악행	단 3:1-7
1.금 신상을 만듦(1)	(우상을 세움)
2.금 신상에게 엎드려 절하게 함(7)	(모두 우상숭배하게 함)
3.절하지 않으면 풀무불에 던짐(6)	(신앙 지킨 자 죽임)

236

다니엘의 세 친구(1)	단 3:13-18
1.왕에게 대답할 필요 없다 함(16)	(오직 하나님을 따름)
2.하나님이 풀무불에서 건지신다 함(17)	(하나님의 보호하심을 믿음)
3.왕의 신을 섬기지 않겠다 함(18)	(담대히 우상을 거부함)

237

다니엘의 세 친구(2)	단 3:19-27
1.칠 배 뜨거운 불에 떨어짐(19,22)	(명령불복으로 형벌에 처해짐)
2.네 사람이 불 가운데 상하지 않음(25)	(죽음을 이기고 이적 체험함)
3.높은 하나님의 종으로 불림(25)	(영적 지도자로 높이 세워짐)

238

하나님 높이는 느부갓네살	단 3:28-30
1.천사를 보내셨다 함(28)	(예수님이 함께하셨다 함)
2.하나님 종들을 구원하셨다 함 (28)	(하나님이 살리심을 믿었음)
3.구원할 다른 신이 없다 함(29)	(유일신으로 인정함)

239

느부갓네살의 죄악	단 4:4-7
1.꿈꾸고 두려워하고 번민함(5)	(왕 자리를 위태로워 함)
2.지혜자들에게 꿈 해석 명령함(6)	(세상 미신에 의지함)
3.점쟁이들이 해석 못 함(7)	(세상 지혜의 한계를 드러남)

240

다니엘을 신뢰한 느부갓네살	단 4:8-9
1.박수장 벨드사살이라 이름한 자라 함(8)	(최고 해몽자로 인정함)
2.어떤 은밀한 것도 어려움 없는 자라 함(9)	(해몽 능력에 감동함)
3.신들의 영이 있는 자라 함(8)	(하나님이 함께하는 자라 함)

241

느부갓네살과 나무 비유	단 4:10-11
1.나무가 자라 견고해짐(11)	(바벨론이 부강해짐)
2.땅 끝에서도 보임(11)	(광활한 땅을 통치함)
3.하늘에 닿음(11)	(왕의 교만이 극에 달함)

242

느부갓네살의 꿈 해석	단 4:14-16
1.나무가 베임 당함(14)	(왕의 자리에서 쫓겨남)
2.그루터기를 쇠와 놋줄로 동임(15)	(쇠줄에 묶여 포로가 됨)
3.짐승의 마음을 받게 함(16)	(짐승처럼 비참하게 됨)

243

지극히 높으신 하나님	단 4:17
1.나라를 세우심(17)	(나라를 세우심)
2.자기 뜻대로 나라를 주심(17)	(하나님 뜻대로 나라를 맡기심)
3.사람의 나라를 다스리심(17)	(모든 나라를 통치하심)

244 느부갓네살 왕이 한 일 — 단 4:26-27

1. 공의를 행함(27) (옳은 길로 인도함)
2. 가난한 자를 긍휼히 여김(27) (연약한 자를 돌봄)
3. 하나님이 다스리심을 깨달음(26) (하나님이 통치하심을 깨달음)

245 느부갓네살 왕이 들은 음성 — 단 4:31-33

1. 왕위가 네게서 떠났다 함(31) (왕위를 넘겨주게 됨)
2. 사람에게서 쫓겨난다 함(32) (반역으로 쫓겨남)
3. 일곱 때를 지낼 것이라 함(32) (칠 년 징계를 받음)

246 다니엘의 기도 — 단 6:10

1. 왕의 조서를 알고도 행함(10) (죽을 각오로 담대함)
2. 전에 하던 대로 세 번 기도함(10) (습관대로 세 번 기도함)
3. 하나님께 감사함(10) (하나님 보호하심에 감사함)

247 다니엘의 기도 — 단 9:15-22

1. 죄를 자복함(20) (죄 고백으로 회개함)
2. 주의 긍휼을 의지함(18) (하나님의 자비를 구함)
3. 하나님의 지혜와 총명을 받음(22) (기도 응답 받음)

248 마지막 때의 축복 — 단 12:1-3

1. 책에 기록된 자는 구원받음(1) (생명록에 기록된 자 구원 받음)
2. 자는 자 깨어나 영생 받음(2) (죽은 자는 부활하여 영생함)
3. 옳은 데로 오게 한 자는 별 같이 빛남(2) (전도한 자들은 하늘 영광을 누림)

249

하나님의 부름 받는 다니엘	단 12:13
1. 마자막을 기다림	(죽음을 준비함)
2. 평안히 쉼	(안식에 들어감)
3. 끝날에 자기 몫을 누림	(재림 때 상급 받고 영생을 누림)

호세아

너의 하나님께로 돌아와서 인애와 정의를 지키며
항상 너의 하나님을 바랄지니라(호 12:6).

250

고멜을 돌이키시는 하나님	호 2:2-7
1. 음행을 제하라 하심(2)	(우상숭배를 금하라 하심)
2. 가시와 담으로 막겠다 하심(4)	(재앙을 내린다 하심)
3. 본 남편에게 돌아가라 하심(6)	(하나님께 돌아오게 하심)

251

우상숭배로 받은 형벌	호 2:8-13
1. 모든 명절을 폐함(11)	(예배의 축복 빼앗김)
2. 곡식과 포도주를 빼앗김(9)	(극심한 가난에 처해짐)
3. 몸을 가릴 양털을 빼앗김(9)	(수치를 당함)

252

북이스라엘의 변화 과정	호 3:1
1. 다른 신을 섬김(1)	(우상 숭배 함)
2. 건포도 과자를 즐김(1)	(바알 의식에 빠짐)
3. 여호와가 그들을 사랑하심(1)	(하나님의 사랑으로 돌이킴)

253

고멜의 변화 과정	호 3:1
1. 타인의 사랑을 받음(1)	(다른 남자를 사랑함)
2. 음녀가 됨(1)	(육신적 쾌락에 빠짐)
3. 다시 사랑 받음(1)	(남편 사랑을 회복함)

254

이스라엘이 형벌 받을 이유	호 4:15-19
1. 암소처럼 완강함(16)	(하나님을 거역하고 완악함)
2. 우상과 연합함(17)	(하나님 배반하고 우상 숭배함)
3. 마시기를 다하고 음행함(18)	(술 취하여 음란에 빠짐)

255

분별하시는 하나님	호 6:6
1. 제사를 원치 않으심(6)	(가식적 예배는 받지 않으심)
2. 인애를 원하심(6)	(헌신과 이웃 사랑을 바라심)
3. 하나님 아는 것을 원하심(6)	(갈수록 친밀해지기를 원하심)

요엘

누구든지 여호와의 이름을 부르는 자는 구원을 얻으리니 이는 나 여호와의 말대로 시온 산과 예루살렘에서 피할 자가 있을 것임이요(욜 2:32).

256

재앙이 임할 이스라엘	욜 1:8-12
1. 소제와 전제가 끊어짐(9)	(하나님과 관계가 멀어짐)
2. 포도주와 기름이 마름(10)	(하나님의 은혜가 사라짐)
3. 사람들의 즐거움이 마름(12)	(성도들의 기쁨이 사라짐)

257

종말을 준비하는 자세	욜 1:13-15
1. 여호와의 날이 가까이 이름(15)	(하나님 심판이 멀지 않음)
2. 제사장은 굵은 베로 동이고 슬피 욺(13)	(주의 종들이 눈물로 회개함)
3. 장로와 주민은 성전에 모여 부르짖음(14)	(성도들은 성전에서 통성기도함)

258

성령을 약속하신 하나님	욜 2:28-32
1. 만민에게 주심(28)	(모든 사람에게 주심)
2. 종들에게 주심(29)	(택한 자녀들에게 주심)
3. 여호와를 부르는 자를 구원하심(32)	(예수 믿는 자를 구원하심)

아모스

오직 정의를 물 같이, 공의를 마르지 않는 강 같이
흐르게 할지어다(암 5:24).

259

이스라엘의 악행	암 2:6-8
1. 연약한 자의 길을 굽게 함(7)	(약자를 괴롭힘)
2. 아버지와 아들이 한 여인에게 다님(7)	(성적으로 타락함)
3. 신전에서 포도주를 마심(8)	(제단에서 술 취함)

260

다림줄의 의미	암 7:7-9
1. 주께서 손에 잡고 계심(7)	(예수님이 심판자가 되심)
2. 이스라엘 백성 가운데 두심(8)	(자기 백성을 긍휼히 여기심)
3. 용서하지 않겠다 하심(8)	(죄 지음을 경고하심)

261
이스라엘의 회복 모습	암 9:11-15
1.사로잡힌 것을 돌이키리라 함(14)	(죄로부터 해방시키심)
2.준 땅에서 다시 뽑히지 아니함(15)	(지속적인 축복 받음)
3.땅에 심으리라 함(15)	(천국을 기업으로 주심)

오바댜

네가 네 형제 야곱에게 행한 포학으로 말미암아
부끄러움을 당하고 영원히 멸절되리라(옵 1:10).

262
이스라엘을 향한 하나님의 경고	옵 1:1-9
1.나라들 가운데 매우 작게 하심(2)	(교만한 마음을 꺾으심)
2.별 사이에서 끌어 내리심(4)	(어디에도 피할 수 없게 하심)
3.죽임을 당하여 멸절케 하심(9)	(완전히 멸망케 하심)

263
에돔이 심판 받는 이유	옵 1:10-14
1.야곱에게 포악을 행함(10)	(이스라엘에게 불의를 행함)
2.이스라엘의 재난을 방관함(12)	(형제의 고통을 무시함)
3.남은 자를 원수에게 넘겨줌(14)	(이스라엘의 대적들과 함께함)

264
이스라엘의 회복 예언	옵 1:17-21
1.시온 산에 피할 자가 있음(17)	(구원 받은 자의 피난처가 됨)
2.자기 기업을 누림(17)	(약속의 땅을 차지함)
3.에서의 산을 심판함(21)	(원수를 물리침)

요나

주께서는 은혜로우시며 노하기를 더디하시며 인애가 크시사 뜻을 돌이켜 재앙을 내리지 아니하시는 하나님이신 줄을 내가 알았음이니이다(욘 4:2).

265

| 불순종한 요나 | 욘 1:3-6 |

1. 하나님의 얼굴을 피해 도망감(3)   (하나님 명령을 거역함)
2. 배 밑층에 깊이 잠듦(5)   (깊은 영적인 잠에 빠짐)
3. 큰 폭풍을 만남(4)   (하나님의 간섭을 깨달음)

266

| 요나를 도우신 하나님 | 욘 2:1-9 |

1. 부르짖음을 들으심(2)   (기도에 응답하심)
2. 구덩이에서 건지심(9)   (위기에서 구원하심)
3. 제사를 받으심(9)   (예배를 받으심)

267

| 요나의 기도(1) | 욘 2:1-9 |

1. 스올의 뱃속에서 부르짖음(2)   (극한 고난 가운데서 부르짖음)
2. 다시 주의 성전을 바라보겠다 함(4)   (하나님 소망을 회복하겠다 함)
3. 서원을 갚겠다 함(9)   (약속대로 행하겠다 함)

268

| 요나의 기도(2) | 욘 2:1-9 |

1. 물이 영혼까지 둘렀다 함(5)   (죽음이 가까이 왔다 함)
2. 주의 성전 바라보겠다 함(4)   (하나님의 긍휼을 호소함)
3. 서원을 주께 갚겠다 함(9)   (약속 지키며 순종을 다짐함)

269
니느웨를 사랑하시는 하나님   욘 3:1-10

1. 요나를 보내 말씀을 선포하게 하심(2)   (선지자를 통해 전도하게 하심)
2. 베 옷 입고 기도하게 하심(5)   (마음 깊이 회개하게 하심)
3. 뜻을 돌이키심(9)   (죄 용서로 구원 하심)

270
니느웨로 파송된 요나   욘 3:1-10

1. 악행으로 사십 일 후 무너진다 함(4)   (죄악으로 임박한 멸망 전함)
2. 베 옷 입고 하나님께 부르짖게함(6)   (외치며 회개 기도하게 함)
3. 하나님의 재앙을 막음(10)   (하나님의 진노를 돌이키게 함)

271
니느웨 사람들의 변화   욘 3:4-10

1. 베 옷을 입고 부르짖음(8)   (통성 기도로 회개함)
2. 악한 강포에서 떠남(8)   (율법을 어긴 죄를 돌이킴)
3. 하나님의 재앙을 받지 않음(10)   (하나님의 징계를 면함)

272
박넝쿨 비유   욘 4:5-11

1. 박넝쿨을 예비하심(6)   (기쁘게 하심)
2. 박넝쿨이 시들게 하심(7)   (고난을 주심)
3. 마 른 박넝쿨을 아끼심(10)   (백성이 구원 받기 원하심)

미가

오직 정의를 행하며 인자를 사랑하며 겸손하게
네 하나님과 함께 행하는 것이 아니냐(미 6:8).

273

이스라엘 지도자들의 죄악	미 3:9-12
1.두령은 뇌물을 받고 재판함(11)	(지도자들이 뇌물 따라 치리함)
2.제사장은 삯을 받고 교훈함(11)	(직분자들이 탐욕에 물듦)
3.선지자는 돈을 받고 점을 침(11)	(주의 종들이 영적으로 타락함)

274

이스라엘을 회복하시는 하나님	미 4:6-8
1.남은 백성이 되게 하심(7)	(택한 백성으로 부르심)
2.강한 나라가 되게 하심(7)	(연단으로 강하게 세우심)
3.영원까지 다스리심(7)	(영원한 천국에 이르게 하심)

275

세상에 오신 예수님	미 5:2
1.영원부터 계심(2)	(창세 전부터 계심)
2.베들레헴 에브라다에서 나심(2)	(메시아로 오심)
3.이스라엘을 다스릴 자로 오심(2)	(왕으로 오심)

나훔

유다야 네 절기를 지키고 네 서원을 갚을지어다 악인이 진멸되었으니 그가 다시는 네 가운데로 통행하지 아니하리로다 하시니라(나 1:15).

276

니느웨를 경고하신 하나님	나 1:2-8
1.대적하는 자에게 진노하심(2)	(대적자들이 피할 수 없음)
2.거스르는 자에게 보복하심(2)	(분노를 불처럼 쏟으심)
3.대적들을 흑암으로 쫓아내심(8)	(원수들을 지옥 심판하심)

277

니느웨의 멸망 모습	나 2:5-13
1. 엎드러질 듯 달려 성에 이름(5)	(바벨론의 기습 공격 받음)
2. 젊은 사자를 멸하고 왕후가 끌려감(7,13)	(용사들은 죽고 왕후는 포로됨)
3. 왕궁 소멸로 공허하고 황폐함(6,10)	(왕궁이 무너져 폐허가 됨)

278

니느웨가 망한 이유	나 3:1-7
1. 거짓이 가득함(1)	(거짓이 가득함)
2. 포악이 가득함(1)	(노략질로 악을 행함)
3. 음행으로 미혹함(4)	(음란에 빠짐)

하박국

의인은 그의 믿음으로 말미암아 살리라(합 2:4).

279

갈대아인의 징계 과정	합 2:4-8
1. 마음이 교만함(4)	(마음이 교만함)
2. 스올처럼 자기 욕심을 넓힘(5)	(끝없는 탐욕에 빠짐)
3. 남은 자의 노략을 당함(8)	(멸망 당함)

280

하박국의 신앙(1)	합 3:16-19
1. 양식과 소출이 없어도 감사함(17)	(아무 가진 것이 없어도 감사함)
2. 구원의 하나님으로 감사함(18)	(구원의 은혜에 감사함)
3. 힘이 되신 하나님께 감사함(19)	(하나님 의지함에 감사함)

281	
하박국의 신앙(2)	합 3:16-19
1. 환난 날에 감사함(16)	(힘겨워도 감사함)
2. 열매나 소출이 없어도 감사함(17)	(궁핍해도 감사함)
3. 구원의 하나님으로 감사함(18)	(구원만으로도 감사함)

스바냐

그가 너로 말미암아 기쁨을 이기지 못하시며 너를 잠잠히 사랑하시며 너로 말미암아 즐거이 부르며 기뻐하시리라(습 3:17).

282	
마지막 때 심판 받을 자	습 1:1-6
1. 악인(3)	(하나님을 거역하는 자)
2. 우상 숭배자(4)	(바알, 그마림, 제사장)
3. 여호와를 배반한 자(6)	(하나님을 배교한 자)

283	
유다의 심판 받을 자	습 1:1-6
1. 바알을 섬기는 자(4)	(우상 숭배자)
2. 여호와를 배반한 자(6)	(하나님을 배교한 자)
3. 여호와를 찾거나 구하지 않은 자(6)	(하나님을 불신한 자)

284	
이스라엘의 남은 자들	습 3:13
1. 악을 행하지 않음(13)	(불의를 탐하지 않음)
2. 입에 궤휼한 혀가 없음(13)	(간사한 말하지 않음)
3. 두려워할 자가 없음(2)	(하나님의 보호 않음)

285

하나님을 기뻐해야 할 이유	습 3:15
1. 형벌을 제거하심(15)	(죄에서 해방하심)
2. 원수를 쫓아내심(15)	(마귀를 물리치심)
3. 우리 가운데 계심(15)	(영원히 함께하심)

286

성도가 감사해야 할 이유	습 3:17
1. 여호와가 가운데 계심 (17)	(성령님께서 내주하심)
2. 여호와가 잠잠히 사랑하심(17)	(하나님 사랑으로 새롭게 하심)
3. 여호와는 구원의 전능자이심(17)	(예수님은 전능한 구원주이심)

287

완전하신 삼위 하나님	습 3:17
1. 잠잠히 사랑하심(17)	(영원히 사랑하시는 하나님)
2. 구원을 베푸심(17)	(십자가로 구원하신 예수님)
3. 즐거이 부르며 기뻐하심(17)	(기뻐 찬양하시는 성령님)

288

자기 백성을 지키시는 하나님	습 3:19-20
1. 괴롭게 하는 자를 벌하심(19)	(대적자를 물리치심)
2. 쫓겨난 자를 모으심(19)	(고국으로 돌아오게 하심)
3. 명성과 칭찬을 얻게하심(20)	(높여주심)

학개

이 성전의 나중 영광이 이전 영광보다 크리라 만군의 여호와의 말이니라
내가 이 곳에 평강을 주리라(학 2:9).

학개에게 명하신 하나님	학 1:7-8
1. 자기 행위를 살피라 하심(7)	(자신을 돌이켜 회복시키심)
2. 성전을 건축하라 하심(8)	(교회를 통해 언약을 회복시키심)
3. 영광을 받으심(8)	(영광 받으심)

학개를 위하신 하나님	학 2:1-9
1. 굳세게 하라 하심(4)	(위로와 격려하심)
2. 두려워 말라 하심(5)	(하나님이 보증한다 하심)
3. 평강을 주리라 하심(9)	(평강의 복을 주리라 하심)

성전 재건을 명하신 하나님	학 2:3-9
1. 보잘것없다 하지 말라 하심(3)	(열심을 내라고 위로하심)
2. 두려워하지 말라 하심(5)	(함께하신다 하심)
3. 은도 금도 내 것이라 하심(8)	(필요한 물질도 주신다 하심)

스가랴

내가 그들로 나 여호와를 의지하여 견고하게 하리니
그들이 내 이름으로 행하리라 나 여호와의 말이니라(슥 10:12).

네 뿔의 의미	슥 1:18-21
1. 이스라엘을 흩뜨린 뿔임(19)	(이스라엘 대적하는 열방들임)
2. 사람이 머리 들지 못함(21)	(열방들의 권세에 눌림)
3. 유다를 해친 뿔을 떨어뜨림(21)	(하나님이 원수들을 멸망시키심)

293

스가랴의 환상 의미	슥 2:1-5
1. 한 사람이 측량줄을 손에 잡음(1)	(예수님을 통해 선전을 재건함)
2. 예루살렘의 너비, 길이를 측량함(2)	(예루살렘을 회복시킴)
3. 불로 둘러싼 성곽이 되심(5)	(원수로부터 하나님의 보호를 받음)

294

스가랴에게 주신 말씀	슥 9:11-13
1. 갇힌 자들을 구덩이에 놓았다 하심(11)	(유다인의 해방을 예언하심)
2. 갑절이나 갚을 것이라 하심(12)	(유다인에게 풍성한 복을 주심)
3. 용사의 칼 같게 하리라 하심(13)	(이방을 정복하심)

295

예루살렘을 회복시키신 하나님	슥 13:1-6
1. 죄와 더러움 씻는다 하심(1)	(죄 사함 받게 하심)
2. 우상의 이름을 끊으심(2)	(우상을 제거하심)
3. 거짓 선지자와 귀신을 떠나게 하심(2)	(거짓 선지자와 귀신을 멸하심)

말라기

그런즉 내게로 돌아오라 그리하면 나도 너희에게로 돌아가리라(말 3:7).

296

십일조에 대한 하나님의 교훈	말 3:7-12
1. 내게로 돌아오라 하심(7)	(온전한 십일조를 지키라 하심)
2. 도둑질하면 저주를 받게 됨(9)	(규례를 범하면 저주를 받는다 하심)
3. 창고에 들이면 하늘문을 여심(10)	(규례를 지키면 풍성한 복을 준다 하심)

297

십일조의 의미 — 말 3:10

1. 온전하게 드림(10) (성도가 말씀대로 드림)
2. 집에 양식이 됨(10) (교회의 필요를 채움)
3. 여호와가 쌓을 곳이 없도록 복 주심(10) (하나님께서 풍성하게 갚아주심)

298

십일조의 축복 — 말 3:10-12

1. 메뚜기 금하고 열매 맺게 하심(11) (손실 없이 물질 주심)
2. 나의 집에 양식이 있게 하심(10) (교회의 필요를 채워주심)
3. 쌓을 곳이 없도록 복을 부으심(10) (풍성한 복으로 갚아주심)

299

하나님의 복 받을 자 — 말 3:16-18

1. 기념책에 기록된 자(16) (생명책에 기록된 자)
2. 특별한 소유로 삼게 된 자(17) (구원받은 성도)
3. 아들 같이 아낌을 받은 자(17) (자녀처럼 사랑 받는 자)

300

하나님 경외하는 자 — 말 4:2

1. 공의로운 해가 떠오름(2) (빛되신 예수님 영접함)
2. 치료하는 광선을 비추심(2) (신유의 은혜를 받음)
3. 외양간의 송아지 같이 뜀(2) (구원받은 자유를 누림)

마태복음

시몬 베드로가 대답하여 이르되 주는 그리스도시요
살아 계신 하나님의 아들이시니이다(마 16:16).

301

예수님의 사명	마 1:18-22
1. 성령으로 잉태되심(18)	(동정녀에게서 성육신 하심)
2. 자기 백성을 죄에서 구원하심(21)	(십자가 대속으로 구원주 되심)
3. 선지자의 말씀을 이루심(22)	(구약 예언이 성취됨)

302

세상에 오신 예수님	마 1:18-25
1. 다윗의 자손이심(20)	(하나님의 언약이 성취됨)
2. 선지자로 하신 말씀을 이루심(22)	(구약 예언이 성취됨)
3. 자기 백성을 구원하심(12)	(택한 백성을 구원하심)

303

예수님의 생애	마 1:19-25
1. 성령으로 잉태되심(18)	(성육신 하심)
2. 죄에서 구원하심(21)	(십자가 대속으로 구원하심)
3. 우리와 함께 계심(23)	(구원받은 자와 동행하심)

304

예수 나심 들은 헤롯	마 2:1-8
1. 소동하였음(3)	(왕의 자리가 위기에 몰림)
2. 그리스도가 어디서 났는지 물음(4)	(유대 왕을 붙잡으려함)
3. 그를 경배하겠다 함(8)	(아기 예수를 죽일 모의를 함)

동방박사들의 행적   마 2:1-12

1. 아기 있는 곳에서 기뻐함(10)   (메시아 만남에 감격함)
2. 황금, 유향, 몰약을 드림(11)   (유대 왕께 최상의 예물 드림)
3. 꿈 지시로 다른 길로 돌아감(12)   (피할 길 인도받고 돌아감)

세례 요한의 사명   마 3:1-16

1. 회개하라고 외침(2)   (천국 복음을 전파함)
2. 주의 길을 준비함(3)   (예수님의 길을 준비함)
3. 예수께 세례 베품(16)   (메시아 사역을 시작케 함)

예수님이 받으신 세례 의미   마 3:13-17

1. 모든 의를 이룸(15)   (십자가 죽음과 부활하심)
2. 성령이 비둘기 같이 임하심(16)   (능력으로 구원하심)
3. 사랑하고 기뻐하는 자라고 들음(17)   (고난 받으실 종임)

갈릴리에서 베드로 보신 예수님   마 4;18-22

1. 나를 따르라 하심(19)   (절대적 권위로 명하심)
2. 그물을 버리고 따르게 하심(20)   (세상 이긴 제자로 삼으심)
3. 사람 낚는 어부가 되게 하심(19)   (영혼 구원할 전도자로 세우심)

예수님의 3대 사역   마 4:23-25

1. 회당에서 가르치심(23)   (최고 교사로 본을 보이심)
2. 천국 복음을 전파하심(23)   (영원한 복음 전하심)
3. 모든 병을 고치심(24)   (못 고칠 병이 없으심)

310

구제를 교훈하신 예수님	마 6:1-4
1.사람에게 보이려 하지 말라 하심(1)	(자랑하지 말라 하심)
2.영광을 받으려 하지 말라 하심(2)	(자기를 높이지 말라 하심)
3.은밀하게 하라 하심(3)	(남이 모르게 하라 하심)

311

기도를 교훈하신 예수님	마 6:5-7
1.외식하는 기도 하지 말라하심(5)	(사람에게 과시 말라 하심)
2.골방에서 은밀하게 하라 하심(6)	(하나님과 대화하라 하심)
3.중언 부언 하지말라 하심(7)	(무의미한 말 반복말라 하심)

312

예수님이 가르치신 기도	마 6:9-13
1.이름이 거룩히 여김 받으심(9)	(하나님의 이름을 높이라 함)
2.나라가 임하심(10)	(성령의 임재를 구함)
3.영광이 아버지께 영원하심(13)	(영원하신 하나님께 영광 돌림)

313

참된 금식	마 6:16-18
1.슬픈 기색을 보이지 않음(16)	(인위적으로 흉하게 보이지 않음)
2.머리에 기름을 바름(17)	(금식 표 안나게 기름으로 가림)
3.아버지께 보이게 함(18)	(하나님께 겸손함을 보임)

314

재물 교훈하신 예수님	마 6:19-24
1.보물을 땅에 쌓지 말라 하심(19)	(물질 탐하지 말라 하심)
2.하늘에 쌓으라 하심(20)	(헌신할 수록 상급 더함)
3.하나님과 재물 겸하지 말라 하심(24)	(오직 하나님만 섬기라 하심)

315

염려하지 않을 이유	마 6:25-34
1. 키를 한 자라도 더할 수 없음(27)	(아무 유익이 없음)
2. 하나님이 입히심(30)	(하나님이 돌보심)
3. 모든 것을 더하심(33)	(하나님이 모든 필요를 채우심)

316

염려하지 말아야 할 이유	마 6:31-34
1. 있어야 할 것을 아심(32)	(하나님은 모든 필요를 아심)
2. 그의 나라를 구하라 함(33)	(하나님 나라에 우선 가치 둠)
3. 내일 일을 염려말라 함(34)	(미래보다 오늘 일에 충성 다함)

317

믿음을 교훈하신 예수님	마 6:31-34
1. 먹고 입는 일에 염려말라 하심(31)	(하나님은 육신적 필요를 채워주심)
2. 그의 나라와 의를 구하라하심(33)	(영적 선행을 우선하라 하심)
3. 모든 것 더하신다 하심(33)	(영육간 모든 풍요를 보장하심)

318

비판에 대한 예수님 말씀	마 7:1-5
1. 비판하면 비판받는다 하심(2)	(정죄하면 되돌아온다 하심)
2. 자기 눈의 들보를 빼라 하심(5)	(자신 큰 허물을 회개하라 하심)
3. 형제 눈의 티를 빼지 말라 하심(3)	(이웃의 작은 허물을 덮으라 하심)

319

반석에 집 지은 자	마 7:24-29
1. 지혜로운 자임(24)	(진리 깨닫고 마음에 새김)
2. 말씀을 행하는 자임(24)	(말씀대로 실천함)
3. 바람이 불어도 무너지지 않음(25)	(어떤 시험도 믿음으로 이겨냄)

320

예수님을 찾아온 백부장	마 8:5-13
1.하인의 중풍병 고쳐달라 함(6)	(종을 위해 중보기도 함)
2.말씀만으로 낫겠다 함(8)	(예수님의 능력을 믿음)
3.믿음대로 하인이 나음(13)	(기도 응답을 받음)

321

영적인 일을 강조하신 예수님	마 8:18-22
1.인자는 머리 둘 곳이 없다 하심(20)	(자신은 아무 가진 것 없다 하심)
2.죽은 자들이 장사하라 하심(22)	(죽은 자보다 전도가 중하심)
3.너는 나를 따르라 하심(22)	(옳은 길 따를 것을 명하심)

322

예수님과 항해 중인 제자들	마 8:23-27
1.큰 놀을 만남(24)	(큰 위기에 처함)
2.예수님 깨우며 구원하소서 함(25)	(예수님께 구원을 청함)
3.바다가 잔잔하게 됨에 놀람(26)	(자연을 다스리는 권능에 감동함)

323

가다라 귀신이 떠나는 과정	마 8:28-32
1.무덤에서 나와 예수님 만남(28)	(예수님의 권위에 무릎 꿇음)
2.귀신들이 나와 돼지에 들어감(32)	(피할 곳으로 쫓겨남)
3.바다에 들어가 몰사함(32)	(최후 멸망함)

324

가버나움 맹인을 만난 예수님	마 9:27-31
1.불쌍한 자의 소리를 들으심(27)	(병약자를 긍휼히 여기심)
2.일이 될 줄 믿느냐 물으심(28)	(온전히 낫겠다는 믿음을 보심)
3.눈을 만져 밝아지게 하심(30)	(안수로 병을 고치심)

325. 제자들을 훈련하신 예수님 — 마 10:1-4

1. 열 두 제자를 부르심(1) (전도자로 세우심)
2. 귀신 쫓는 권능을 주심(1) (축사의 능력을 주심)
3. 병 고치는 권능을 주심(1) (치유의 능력을 주심)

326. 제자들에게 사명을 주신 예수님 — 마 10:5-8

1. 잃어버린 양에게 가라 하심(6) (방황한 자 돌아오게 하라 하심)
2. 천국이 가까이 왔다 하라 하심(7) (천국 복음을 전하라 하심)
3. 병든자를 고치라고 하심(8) (병든 자를 돌보라 하심)

327. 제자들의 전도 모습 — 마 10:7-12

1. 천국이 가까이 왔다 함(7) (천국 복음을 전함)
2. 병든 자 고치고 귀신 쫓음(8) (병 고침과 마귀 물리침)
3. 집의 평안을 빌어줌(8) (참 평안을 기도함)

328. 하나님의 상 받을 자 — 마 10:40-42

1. 작은 자에게 냉수 한 그릇 베풂(42) (작은 대접도 크게 평가됨)
2. 주의 종 영접은 하나님 영접임(40) (하나님 대신 전도로 인정함)
3. 의인 영접함은 의인의 상 받음(41) (주의 종이 받을 상을 함께 누림)

329. 겨자씨 같은 천국 — 마 13:31-32

1. 밭에 심은 한 알 씨 같음(31) (보잘것없이 작게 시작함)
2. 자라서 나무가 됨((32) (온 나라로 복음 전파됨)
3. 공중의 새들이 깃듦(32) (인류 구원 누리게 함)

330 그물 비유 — 마 13:47-50

1. 각종 물고기 물가로 끌어냄(47-48) (세상 끝에 심판함)
2. 못된 것은 내버림(48) (악인은 지옥 감)
3. 좋은 것은 그릇에 담음(48) (의인은 천국 감)

331 물 위를 걸으신 예수님 — 마 14:25-33

1. 두려워말라 하심(27) (마음에 안심을 주심)
2. 물에 빠진 저를 붙잡으심(31) (위기에서 베드로 구원하심)
3. 바람을 그치게 하심(32) (자연을 다스리심)

332 가나안 여인의 믿음 — 마 15:21-28

1. 딸에게 들린 귀신을 쫓아달라 함 (22) (예수님의 자비에 호소함)
2. 개들도 주인 상의 부스러기를 먹음(27) (겸손히 긍휼을 바람)
3. 소원을 이룸(28) (딸을 구원으로 이끔)

333 예수님의 사명 — 마 16:13-20

1. 하나님의 아들이심(18) (하나님의 종으로 성육신하심)
2. 교회를 세우심(19) (교회의 머리로 구원주 되심)
3. 천국 열쇠를 주심(19) (천국 복음으로 영생 주심)

334 제자적 삶 — 마 16:24

1. 자기를 부인함(24) (이기적인 주장과 욕심 버림)
2. 자기 십자가를 짐(24) (진리 위해 고난을 자청함)
3. 예수님을 따름(24) (끝까지 예수님 헌신 본받음)

335

천국에 들어갈 자	마 18:1-14
1.자기를 낮추는 자(4)	(겸손한 자)
2.남을 실족시키지 않는 자(6)	(남을 죄짓게 하지 않는 자)
3.작은 자도 업신여기지 않는 자(10)	(약자를 소중히 여기는 자)

336

천국에 들어갈 자	마 19:21-29
1.소유를 팔아 가난한 자에게 줌(21)	(이웃 사랑을 실천함)
2.집 부모, 형제, 자매를 버림(29)	(가족보다 하나님을 따름)
3.모든 것 버리고 주를 따름(27)	(세상 것 버리고 예수의 제자됨)

337

포도원 품꾼 비유	마 20:1-16
1.종일 놀고 있는 자(6)	(세상 풍조 속의 불신자)
2.주인에게서 부름 받음(8)	(주의 종에게서 전도 받음)
3.먼저 일한 자 주인 원망함(11)	(자기중심적 신자)

338

포도원 주인 비유	마 20:1-16
1.놀고 있는 품꾼 부름(8)	(불신자 교회로 전도)
2.먼저된 자 나중 된다 함(16)	(거듭나지 못한 직분자)
3.나중된 자 먼저 된다 함(16)	(거듭난 초신자)

339

영적 지도자의 자세	마 20:25-28
1.권세를 부리지 않음(25)	(교만을 버림)
2.종이 됨(27)	(자신을 낮춤)
3.섬기는 자가 됨(26)	(남을 위해 헌신함)

340

여리고의 두 맹인	마 20:29-34
1. 길가에 앉아 있음(30)	(낫겠다는 소망으로 기다림)
2. 예수께 불쌍히 여기소서 함(30)	(예수님의 권능을 구함)
3. 보게 되어 예수님을 따름(34)	(밝은 눈으로 예수님을 좇음)

341

머릿돌 비유	마 21:42-46
1. 돌이 사람 위에 떨어지면 흩으심 (44)	(재림 때 심판 받음)
2. 돌 위에 떨어지는 자는 깨짐(44)	(믿지 않는 자는 지옥 감)
3. 하나님나라 열매 맺음(43)	(믿는 자는 천국의 상급 받음)

342

하나님을 섬기는 자세	마 22:37
1. 마음을 다해야 함(37)	(전심으로 다함)
2. 뜻을 다해야 함(37)	(말씀대로 행함)
3. 목숨을 다해야 함(37)	(죽도록 충성함)

343

말세의 징조	마 24:3-8
1. 미혹을 받음(5)	(적그리스도가 나타남)
2. 나라 간 대적함(7)	(국제 전쟁이 일어남)
3. 기근 지진이 있음(7)	(자연 재해로 고난 받음)

344

세상 끝의 징조	마 24:3-14
1. 내가 그리스도라며 미혹함(5)	(적그리스도가 하나님이라 함)
2. 기근과 지진이 있음(7)	(천재지변이 발생함)
3. 온 세상에 복음이 전파됨(14)	(미전도지까지 복음 전함)

예수님의 대환난 의미 — 마 24:21-22

1. 창세 이후 없던 큰 환난 있음(21) (창세 이래 대환난이 예언됨)
2. 그날을 감하지 않으면 구원받을 자 없음(22) (환난날 줄지 않으면 누구도 살지 못 함)
3. 택하신 자 위해 그날을 감하심(22) (성도들 위해 환난날 줄어듦)

종말 때 하나님 하실 일 — 마 24:31

1. 나팔 소리로 알리심(31) (성도의 구원을 선포하심)
2. 천사들을 보내심(31) (천사들의 수종 들게 하심)
3. 택한 자들을 사방에서 모으심(31) (믿는 자는 영광에 참여케 하심)

노아 심판 때 모습 — 마 24:37-41

1. 방주 들어갈 때까지 먹고 마심(38) (심판 날까지 악에 물들음)
2. 다 멸하기까지 깨닫지 못함(39) (심판 당해도 미처 깨닫지 못함)
3. 버려둠과 데려감을 당함(40-41) (심판 때 천국, 지옥으로 나뉨)

예수님 재림 시기 — 마 24:42-44

1. 어느 날에 임하실지 모름(42) (예고 없이 갑자기 오심)
2. 도둑 같이 오심(43) (아무도 모르게 오심)
3. 생각지 않을 때 오심(44) (항상 깨어 준비할 때 오심)

슬기로운 다섯 처녀 — 마 25:1-13

1. 미련한 자에게 너희 쓸 것 사라 함(9) (구원은 각자 몫이라 함)
2. 그릇에 기름 담아 등과 함께 가져감(4) (항상 예수님 말씀 가까이 함)
3. 신랑과 함께 혼인잔치에 들어감(10) (예수님 재림 때 천국 들어감)

350

마리아를 칭찬하신 예수님(1)	마 26:6-13
1. 나는 항상 함께 있지 아니한다 하심(11)	(마지막 기회로 섬김 받으심)
2. 내 장례를 위함이라 하심(12)	(십자가 죽음을 예표하심)
3. 여자가 행한 일을 기억하라 하심(13)	(옥합을 깬 선행을 전파하라 하심)

351

마리아를 칭찬하신 예수님(2)	마 26:6-13
1. 항상 함께 있지 않는다 하심(11)	(임박한 죽음을 아심)
2. 향유로 미리 장례 받으심(7,12)	(죽음 앞서 기름부음 받으심)
3. 천하가 그녀를 기억하리라 하심(13)	(모두에게 헌신의 본이 되리라 하심)

352

예수님의 겟세마네 기도	마 26: 36-42
1. 얼굴을 땅에 대심(39)	(성부 하나님께 겸손히 복종하심)
2. 깨어 기도하라 하심(41)	(앞 일에 정신 차리라 하심)
3. 아버지 원대로 되길 바라심(39)	(아버지 뜻에 전적으로 복종하심)

353

아리마데 요셉의 헌신	마 27:57-61
1. 예수님의 제자였음(57)	(예수님 가르침을 받은 제자임)
2. 빌라도에게 예수님 시체를 달라함(58)	(담대히 예수님 시신을 요구함)
3. 자기 무덤에 예수님 장사 치름(60)	(가족묘에 예수님을 정성껏 모심)

354

부활하신 예수님	마 28:5-10
1. 말씀대로 살아나심(6)	(예언이 성취됨)
2. 평안하냐, 무서워 말라 하심(9,10)	(평안과 위로를 주심)
3. 갈릴리로 가서 보리라 하심(7,10)	(끝까지 제자들을 사랑하심)

355

예수님의 마지막 명령	마 28:18-20
1. 모든 족속을 제자 삼으라 하심(19)	(이방인 선교하라 하심)
2. 세례를 주라 하심(19)	(죄 사함 주라 하심)
3. 분부한 것 가르쳐 지키라 하심(20)	(말씀 가르쳐 행하라 하심)

마가복음

인자가 온 것은 섬김을 받으려 함이 아니라 도리어 섬기려 하고 자기 목숨을 많은 사람의 대속물로 주려 함이니라(막 10:45).

356

공생애를 준비하신 예수님	막 1:9-13
1. 요한에게 세례를 받으심(9)	(메시아로 사역을 시작하심)
2. 성령이 내려오심을 보심(10)	(성령 충만의 능력 받으심)
3. 사단의 시험을 능히 받으심(13)	(사단을 이기는 본이 되심)

357

가버나움에서 예수님 하신 일	막 1:32-34
1. 온 동네 사람 모이게 하심(33)	(모두 예배 자리에 나오게 하심)
2. 병자들 예수님께 나오게 하심(32)	(병자들에게 기도하심)
3. 각색병, 귀신 들린 자들 고치심(34)	(모든 병자를 치유하심)

358

기도의 본이 되신 예수님	막 1:35; 마 14:23; 눅 6:12
1. 새벽 미명에 하심 (막 1:35)	(새벽기도 하심))
2. 날이 저물 때 하심 (마 14:23)	(저녁기도 하심)
3. 밤이 맞도록 하심 (눅 6:12)	(철야기도 하심)

359
나병환자를 만나신 예수님	막 1:40-45
1.깨끗케 할 수 있음을 들으심(35)	(믿음을 보심)
2.손을 내밀어 깨끗게 하심(38)	(안수로 치유하심)
3.제사장에게 보이라 하심(39)	(주의 종의 확인 받으라 하심)

360
예수님을 만난 나병환자	막 1:40-45
1.예수님이 깨끗케 하시도록 간구함(40)	(예수님의 치유능력을 믿음)
2.예수님이 손 대니 나병이 깨끗해짐(42)	(예수님의 안수로 나병이 나음)
3.이일을 널리 전파함(45)	(예수님의 이적을 사방에 알림)

361
중풍병자를 만나신 예수님	막 2:1-12
1.지붕에서 내리는 병자 믿음을 보심(5)	(병자 믿음을 인정하심)
2. 죄 사하여 주심(9)	(죄를 용서하심)
3.상을 가지고 집으로 가라 하심(11)	(중풍병을 고치심)

362
12제자를 세우신 목적	막 3:13-19
1.함께 있기 위함(14)	(사역을 이어가시기 위함)
2.전도하기 위함(14)	(복음 전하기 위함)
3.귀신 쫓는 권능 갖기 위함(15)	(축사 능력 주시기 위함)

363
열매맺지 못하는 밭	막 4:1-8
1.길가와 같은 밭(4)	(말씀을 받지 않음)
2.돌짝밭과 같은 밭(5)	(환난을 당하면 넘어짐)
3.가시밭과 같은 밭(7)	(세상 정욕에 미혹됨)

364

갈릴리 광풍 만난 예수님	막 4:35-41
1.제자들이 죽게 되었다고 들으심(38)	(제자들 구원 요청 받으심)
2.바람을 잔잔케 하심(39)	(자연을 다스리심)
3.제자들에게 믿음 없다 하심(40)	(믿음 없음을 꾸짖으심)

365

혈루병 여인	막 5:25-34
1.예수님 뒤로 옷에 손댐(27)	(예수님의 옷을 만지면 나을 것을 믿음)
2.몸에 병이 나은 줄 깨달음(29)	(치유됨을 확인함)
3.믿음으로 구원받았다고 들음(34)	(믿음으로 구원받음)

366

야이로의 딸을 보신 예수님	막 5:38-42
1.죽은 것 아니라 잔다 하심(39)	(생사 주관으로 앞일을 아심)
2.소녀야 일어나라 하심(41)	(죽은 자에 명령하여 깨우심)
3.소녀에게 먹을 것을 주라 하심(43)	(소녀의 완전함을 보게하심)

367

바리새인의 외식	막 7:5-9
1.입술로 하나님 공경함(6)	(겉으로만 하나님을 섬김)
2.사람의 계명을 가르침(7)	(하나님의 계명을 버림)
3.사람의 전통을 지키게 함(8)	(인간의 말에 따르게 함)

368

수로보니게 여인의 믿음	막 7:24-30
1.귀신 들린 딸 위해 간구함(26)	(딸의 치유를 호소함)
2.개들도 부스러기 먹는다 함(28)	(겸손히 예수 은총 간청함)
3.딸의 귀신이 나갔다고 들음(30)	(예수님의 권능을 확신함)

369

제자들을 교훈하신 예수님	막 8:14-21
1. 바리새인 누룩 주의하라 하심(15)	(외식과 세속화 경고하심)
2. 떡 없음을 수군거린다 하심(17)	(육적 양식에 연연한다 하심)
3. 아직 깨닫지 못하느냐 하심(21)	(메시아임을 알라 하심)

370

제자 결단의 조건	막 8:34-38
1. 자기를 부인함(34)	(자기 주장과 욕심을 버림)
2. 자기 십자가를 짐(34)	(자기 희생을 감당함)
3. 예수님을 따름(34)	(예수님을 본받음)

371

변화산의 기적 의미	막 9:2-11
1. 예수님이 광채가 나고 희어짐(3)	(하나님의 영광을 입으심)
2. "사랑하는 아들이라"를 들음(7)	(메시아로 선포되심)
3. "내 아들의 말 들으라"를 들음(7)	(예수 구원사역 선포되심)

372

예수님의 사명	막 10:32-34
1. 이방인에게 넘겨짐(33)	(버림 당하심)
2. 온갖 능욕을 받고 죽으심(34)	(인류 죄를 대속하심)
3. 삼 일 만에 살아나심(34)	(부활하심)

373

응답받는 기도	막 11:20-25
1. 이 산더러 들리어 던져지라 함(23)	(전적으로 하나님 의지함)
2. 기도로 구한 것 받은 줄 믿음(24)	(의심없이 확신함)
3. 그대로 되리라 하심(24)	(믿음 따라 열매 맺음)

374

맹인 바디매오의 치유 과정	막 10:46-52
1. 더욱 소리 질러 외침(48)	(마지막 기회로 통성 기도함)
2. 주여 보기 원한다 함(51)	(오직 예수님만 의지함)
3. 믿음으로 곧 보게 됨(52)	(믿음으로 기도 응답됨)

375

마리아를 칭찬하신 예수님	막 14:3-9
1. 힘을 다해 향유를 부었다 하심(8)	(정성 들인 헌신을 받으심)
2. 내 장례를 미리 준비했다 하심(8)	(십자가 신앙을 보심)
3. 내게 좋은 일을 했다 하심(6)	(메시아로 환영 받으심)

376

예수를 섬긴 베다니 여인	막 14:3-9
1. 향유를 부어 장례를 준비함(8)	(예수의 죽으심에 앞서 기름 부음)
2. 좋은 일 했다 라고 들음(6)	(의로운 일에 칭찬 받음)
3. 행한 일이 대대로 기억됨(9)	(후대에 헌신의 본이 됨)

377

빌라도 심문받은 예수님	막 15:1-15
1. 유대인의 왕이라 하심(2)	(메시아라고 답하심)
2. 대제사장 고발에 답이 없으심(3,4)	(죄 없음을 보이심)
3. 십자가 못 박히게 되심(15)	(하나님의 뜻을 이루심)

378

믿는 자의 표적	막 16:17-18
1. 예수 이름으로 귀신을 쫓음(17)	(축사 능력을 행함)
2. 손을 얹어 병든 자를 낫게함(18)	(안수로 병을 고침)
3. 방언으로 말함(18)	(영으로 기도함)

누가복음

인자가 온 것은 잃어버린 자를 찾아 구원하려 함이니라(눅 19:10).

379

사가랴 부부의 사명	눅 1:5-8, 13-16
1. 제사장 직무를 흠 없이 행함(6)	(제사장 직분에 충성을 다함)
2. 아들 요한을 낳음(13)	(예수 앞길에 예비자를 둠)
3. 자손을 하나님께 돌아오게 함16/7)	(많은 사람들을 구원 받게 함)

380

세례요한으로 보는 예수님	눅 1:8-17
1. 독한 술을 마시지 않음(15)	(성결하심)
2. 성령 충만함을 받음(15)	(성령 충만하심)
3. 자손을 하나님께로 돌아오게 함(16)	(구원자이심)

381

요셉과 마리아의 사명	눅 2:1-7
1. 고향 베들레헴으로 돌아감(3)	(구약 예언이 성취됨)
2. 첫 아들을 낳음(7)	(구원주 예수님 세상에 오심)
3. 아기 예수를 구유에 누임(7)	(어린양 예수 속죄 제물 되심)

382

소년 예수님의 모습	눅 2:52
1. 키가 자라가심(52)	(육신이 튼튼해지심)
2. 지혜가 자라가심(52)	(영적인 지혜를 가지심)
3. 하나님과 사람에게 사랑 받으심(52)	(하나님과 모든 이의 기쁨이 되심)

383

게네사렛의 예수 민난 베드로	눅 5:1-11
1. 밤새 고기 잡지 못함(5)	(세상 일 헛됨을 깨달음)
2. 말씀 따라 많은 고기 잡음(4,6)	(순종함으로 큰 복을 받음)
3. 모든 것 버리고 예수님 따름(11)	(세상 것 버리고 제자가 됨)

385

나인성 과부 만나신 예수님	눅 7:11-17
1. 불쌍히 여겨 울지 말라 하심(13)	(긍휼을 베풀며 위로하심)
2. 죽은 아들을 일어나게 하심(15)	(죽은 자 살리는 권능을 베푸심)
3. 하나님께 영광 돌리심(16)	(하나님을 높여 드리심)

386

옥합을 깬 여인	눅 7:44-50
1. 눈물로 적시고 머리털로 씻음(44)	(회개하며 헌신함)
2. 죄 사함으로 구원받음(48,50)	(죄 용서로 새 생명 얻음)
3. 평안히 감(50)	(참된 하늘의 평안을 누림)

387

씨뿌리는 자의 비유	눅 8:4-8
1. 길가에 떨어져 새들이 먹음(5)	(마귀가 믿음 얻지 못하게 함)
2. 바위에 떨어져 난 싹이 마름(7)	(고난 중 작은 믿음도 없어짐)
3. 좋은땅에 떨어져 결실 맺음(8)	(순종하여 온전한 믿음 얻음)

388

결실 없는 마음 3가지	눅 8:11-15
1. 마귀가 말씀을 빼앗음(12)	(마귀 방해로 말씀 듣지 못함)
2. 시련 가운데 배반함(13)	(어려움 당하면 말씀 저버림)
3. 재물과 향락에 빠짐(14)	(세상 것으로 열매 맺지 못함)

389

풍랑 가운데 예수님	눅 8:22-25
1.제자들이 외칠 때 잠드셨음(23)	(해결책을 아시므로 평안하심)
2.바람을 꾸짖어 잠잠케 하심(24)	(자연 다스리는 권능 베푸심)
3.네 믿음이 어디 있느냐 하심(25)	(제자들 불신앙을 꾸짖으심)

390

거라사 광인을 만나신 예수님	눅 8:26-39
1.귀신에게 나오라고 명하심(29)	(예수님 권위에 무릎 꿇게 함)
2.귀신들 호수에 몰살케 하심(33)	(악한 영들 최후 멸망케 하심)
3.행하신 일 성내 전파케하심(39)	(하나님 치유 은총을 나누게하심)

391

혈루병 여인의 축복	눅 8:42-48
1.예수님의 옷 가에 손을 댐(44)	(예수님 치유 능력에 의지함)
2.예수 능력으로 질병 치유됨(46)	(예수님 치유로 육적 복 받음)
3.믿음으로 구원 받음(48))	(구원 확신으로 영적 복 받음)

392

예수님의 사명	눅 9:20-27
1.하나님의 그리스도이심(20)	(이땅에 구원주로 오심)
2.제 삼일에 살아나심(22)	(부활의 첫 열매가 되심)
3.영광으로 다시 오심(26)	(재림 때 심판하심)

393

예수님 변화산 사건 의미	눅 9:28-36
1.용모가 변하고 옷 광채남(29)	(하나님의 영광을 입음)
2.예수님 별세하실 것 들음(31)	(십자가 죽으심 예언 들음)
3.택함 받은 아들 따르라 들음(35)	(메시아로 선포됨)

394

귀신 들린 아이를 돌보는 예수님	눅 9:37-45
1.제자들이 못 고침 들으심(40)	(제자들 능력 없음을 알게 되심)
2.인자 곧 사람 손에 넘겨진다 하심(44)	(죽으신 후 누가 고칠지 탄식하심)
3.귀신 꾸짖고 아이 낫게 하심(42)	(말씀으로 마귀 물리치심)

395

어린아이 비유	눅 9:46-48
1.어린이를 영접함은 나를 영접함(33)	(연약한 자 돌봄은 예수 섬김임)
2.나를 영접함은 보내신 이를 영접함(34)	(예수님 섬김은 하나님 섬김임)
3.가장 작은 그가 큰 자임 36)	(약한 자 섬김은 하나님의 인정을 받음)

396

사마리아에 가신 예수님	눅 9:51-56
1.사마리아인 예수 받지 않음(53)	(유대인 대적하여 거부함)
2.제자들은 불로 멸하자고 물음(54)	(제자들이 불심판 권유함)
3.다른 마을로 가심(39)	(새 전도지로 떠나심)

397

화를 받을 자	눅 11:52
1.어려운 짐에 한 손가락 대지 않는자(46)	(자기 중심적인 자)
2.선지자들을 죽이는 자(47)	(주의 종을 핍박하는 자)
3.지식 열쇠 가지고 들어가지 않는자(52)	(복음 전하지 않는 영적 지도자)

398

제자들을 교훈하신 예수님	눅 12:1-12
1.바리새인의 외식 주의하라 하심(1)	(위선과 탐심 멀리하라 하심)
2.하나님의 심판을 두려워하라 하심(5)	(지옥 가지 않도록 조심하라 하심)
3.성령 모독한 자 사함 못받는다 하심(10)	(다시 십자가에 못 박지 말라 하심)

399

어리석은 부자	눅 12:16-21
1. 곳간 크게 짓고 모두 쌓음(18)	(물질 욕심에 빠짐)
2. 먹고 마시고 즐거워함(19)	(세상 향락에 빠짐)
3. 오늘 영혼이 불려갈지 모름(20)	(생명이 하나님께 달림을 모름)

400

세상에 오신 예수님	눅 12:49-53
1. 땅에 불을 던지려고 오심(49)	(성령의 능력 주심)
2. 세례 받으려고 오심(50)	(십자가 대속주 되심)
3. 분쟁 하려고 오심(51)	(선악 가리시는 심판주 되심)

401

죄를 교훈하신 예수님	눅 13:1-5
1. 갈릴리 해 받음보다 죄 크다 하심(2)	(죄 분량대로 불행을 부정하심)
2. 실로암 죽은 자보다 죄 크다 하심(4)	(불행이 죄의 결과임을 부정하심)
3. 죄 회개치 않으면 망한다 하심(5)	(회개를 촉구하심)

402

겨자씨 비유	눅 13:18-19
1. 하나님나라는 겨자씨 한 알 같음(19)	(멸시 받은 예수의 복음 전함)
2. 사람이 자기 채소밭에 한 알 심음(19)	(사도들이 말씀으로 교회 세움)
3. 자라서 공중 새들이 가지에 깃듦(19)	(참교회 많은 성도들 구원 받음)

403

구원받지 못할 자	눅 13:22-29
1. 좁은 문 구해도 못 들어가는 자(24)	(복음 기회를 갖지 못한 자)
2. 문 닫힌 후 문 두드리는 자(25)	(회개 기회를 잃은 자)
3. 행악하는 자(27)	(교회와 주의 종을 핍박한 자)

404

불쌍한 자들을 청하는 이유	눅 14:12-14
1. 부한 이웃은 도로 갚음(12)	(부자는 받을 상급이 없음)
2. 갚을 수 없음(14)	(갚을 재물이 없음)
3. 부활 시 갚음(14)	(천국에서 상급받음)

405

큰 잔치 비유	눅 14:16-24
1. 한 사람이 큰 잔치에 사람 청함(16)	(예수님이 만민에게 복음 전함)
2. 다 일치하여 청함을 거절함(18)	(믿지 않는 유대인들 천국 못 감)
3. 주인이 강권하여 집 채우라 함(23)	(믿는 이방인들 천국 감)

406

잃은 양 비유	눅 15:3-7
1. 잃은 양 찾아다님(5)	(예수님 죄인 부르러 이땅에 오심)
2. 찾은 양을 어깨에 멤(5)	(십자가 지시고 죄인 구원하심)
3. 집에 와서 이웃과 함께 즐김(6)	(구원받은 자들 함께 천국 누림)

407

드라크마 비유	눅 15:8-10
1. 열 드라크마 중 하나 잃음(8)	(믿음 연약한 자 죄에 빠짐)
2. 잃은 드라크마를 찾음(9)	(회개하고 구원받음)
3. 하나님의 사자들에 기쁨이 됨(10)	(천국의 기쁨이 됨)

408

탕자 비유	눅 15:11-24
1. 먼 나라에 가 허랑방탕함(13)	(세상 유혹으로 타락함)
2. 죄 뉘우치고 아버지께 돌아감(20)	(회개하고 구원 받음)
3. 아버지 입 맞추며 먹고 즐김(23)	(하나님과 천국 잔치 참예함)

409

바리새인들의 죄악 3가지	눅 16:14-15
1. 돈을 좋아함(14)	(물질적 탐욕에 빠짐)
2. 말씀을 비웃음(14)	(말씀을 거역함)
3. 스스로 옳다고 함(15)	(자신을 높임)

410

죽은 자들의 두 갈래 길	눅 16:19-31
1. 부자는 고통받는 음부에 들어감(23)	(부자는 지옥감)
2. 나사로는 아브라함 품에 들어감(22)	(나사로는 천국감)
3. 그들 사이 못 건널 큰 구렁 있음(26)	(각자 천국, ㅈ 지옥 영원히 나뉨)

411

성도의 신앙 자세	눅 17:7-10
1. 먼저 수종들고 후에 먹고 마심(8)	(섬김의 본이 됨)
2. 명한 대로 다 행함(10)	(말씀대로 실천함)
3. 해야할 일을 한 것 뿐이라 함(10)	(겸손히 자기를 낮춤)

412

천국이 임하는 곳	눅 17:20-21
1. 볼 수 있게 임하지 않음(20)	(예수님 오심으로 시작됨)
2. 여기도 저기도 있지 않음(21)	(예수 영접한 자는 찾지 않음)
3. 자기 안에 있음(21)	(예수님이 천국임)

413

기도를 교훈하신 예수님	눅 18:1-8
1. 항상 기도하라 하심(1)	(끊임없이 기도에 집중하라 하심)
2. 택하신 자 원한을 풀어 주심(7)	(성도의 기도에 응답하신다 하심)
3. 인자가 올 때 믿음을 보겠느냐 하심(8)	(다시 올 때까지 기도 쌓으라 하심)

```
                                                                    414
┌─────────────────────────────────────────────────────────────────────┐
│           어린아이 비유                         눅 18:16-17          │
├─────────────────────────────────────────────────────────────────────┤
│ 1.어린이 오는 것 금하지 말라 하심 (16)    (예수님 사랑을 막지 말라 하심) │
│ 2.어린이 같지 못하면 거기 못 간다 하심(17) (순결하지 않으면 천국 못 간다 하심) │
│ 3.하나님나라가 이런 자의 것이라 하심(17)  (어린아이 같아야 천국 간다 하심) │
└─────────────────────────────────────────────────────────────────────┘
```

```
                                                                    415
┌─────────────────────────────────────────────────────────────────────┐
│         이방인 나병환자의 믿음                  눅 17:11-19          │
├─────────────────────────────────────────────────────────────────────┤
│ 1.예수님께 긍휼이 여기소서 함(13)     (예수님께 불쌍히 여겨달라 함)   │
│ 2.예수님께 엎드려 감사함(16)          (예수님의 치유에 감사함)       │
│ 3.예수님을 믿음으로 구원받음(19)      (예수 믿고 구원 받음)          │
└─────────────────────────────────────────────────────────────────────┘
```

```
                                                                    416
┌─────────────────────────────────────────────────────────────────────┐
│         영생을 가르치신 예수님                  눅 18:18-23          │
├─────────────────────────────────────────────────────────────────────┤
│ 1.계명을 지키라 하심(21)              (십계명을 준행하라 하심)       │
│ 2.네 것을 다 나눠주라 하심(22)        (육신적 탐욕을 버려라 하심)    │
│ 3.나를 따르라 하심(22)                (영적 가르침을 받으라 하심)    │
└─────────────────────────────────────────────────────────────────────┘
```

```
                                                                    417
┌─────────────────────────────────────────────────────────────────────┐
│          세상 것 버리는 축복                    눅 18:25-30          │
├─────────────────────────────────────────────────────────────────────┤
│ 1.주를 따름(21)                       (예수님과 동행함)              │
│ 2.현세에 여러 배를 받음(30)           (지상에서 평안과 만족 누림)    │
│ 3.내세에 영생을 받음(30)              (영원한 천국을 누림)           │
└─────────────────────────────────────────────────────────────────────┘
```

```
                                                                    418
┌─────────────────────────────────────────────────────────────────────┐
│            예수님의 생애                        눅 18:31-34          │
├─────────────────────────────────────────────────────────────────────┤
│ 1.십자가에 죽으심(33)                 (인류의 죄를 대속하심)         │
│ 2.삼일 만에 살아나심(41)              (사망권세 이기고 부활하심)     │
│ 3.선지자들의 기록이 응하게 됨(31)     (구약 예언이 성취되심)         │
└─────────────────────────────────────────────────────────────────────┘
```

419
예수님을 만난 삭개오   눅 19:1-10

1. 즐거이 영접함(6)　　　　　　　(기쁨으로 영접함)
2. 토색한 것 네 배 갚겠다 함(8)　　(마음 깊이 회개함)
3. 아브라함의 자손이 됨(9)　　　　(온 가족 구원받음)

420
종말 때 성도의 신앙   눅 21:34-38

1. 스스로 조심함(34)　　　　　　(미혹에 빠지지 않음)
2. 기도하며 깨어 있음(36)　　　　(깨어 기도함)
3. 성전에서 말씀을 들음(38)　　　(말씀으로 양육 받음)

421
예수님의 감람산 기도   눅 22:39-46

1. 습관을 따라 하심(39)　　　　　　(규칙적으로 생활화 하심)
2. 땀이 핏방울이 되도록 하심(44)　(전심을 다하심)
3. 아버지 원대로 되도록 하심(42)　(하나님 뜻 이루길 바라심)

422
예수님을 괴롭힌 자들   눅 22:66-71

1. 희롱함(63)　　　　　　　　　(이유없이 조롱함)
2. 눈 가리고 매질함(64)　　　　　(누구인지 모르게 때림)
3. 많은 말로 욕함(65)　　　　　　(수치스럽게 모욕함)

423
우편 강도의 축복   눅 23:39-43

1. 예수님이 행한 것이 모두 옳다함(40)　(회개하고 예수 영접함)
2. "예수여 나를 기억하소서" 함(42)　　(구원 받기에 갈급함)
3. "네가 낙원에 있으리라" 들음(43)　　(천국 들어가게 됨)

424

아리마대 요셉의 헌신	눅 23:50-56
1. 선하고 의로운 사람임(50)	(예수님을 메시아로 섬김)
2. 빌라도에게 예수 시체를 받음(52)	(위험 무릅쓰고 예수의 시신을 모심)
3. 장사하지 않은 바위 무덤에 넣음(53)	(예비한 장소에 정성껏 장사함)

425

예수 부활을 본 여인들	눅 24:1-12
1. 돌이 옮겨진 것을 봄(2-3)	(하나님 권능에 놀람)
2. 예수님 말씀을 기억함(8)	(예언 이루어짐에 감동함)
3. 모든 이에게 알림(9)	(모두에게 사실을 알림)

426

엠마오로 가는 두 제자	눅 24:13-35
1. 예수님을 알아보지 못함(16)	(예수님의 신령한 몸 못 봄)
2. 성경에 예수 자신 것 설명 들음(27)	(성경으로 예수님 증거 들음)
3. 예수 말씀 들은 대로 말함(35)	(예수 부활을 증언함)

427

부활 예수를 본 제자들	눅 24:27-35
1. 예수님에 관한 것 자세히 들음(27)	(예수님의 부활 증거를 들음)
2. 성경을 들을 때 마음이 뜨거워짐(32)	(말씀으로 예수님 알고 감격함)
3. 즉시 예루살렘으로 돌아감(33)	(진정한 복음 전파자가 됨)

428

부활 후 제자들 보신 예수님	눅 24:36-43
1. 평강이 있을지어다 하심(36)	(평안을 주심)
2. 의심이 일어나느냐 하심(38)	(본 대로 믿으라 하심)
3. 손, 발 보이고 나를 알라 하심(39)	(몸 보여준 대로 알게 하심)

요한복음

하나님이 세상을 이처럼 사랑하사 독생자를 주셨으니
이는 그를 믿는 자마다 멸망하지 않고 영생을 얻게 하려 하심이라(요 3:16).

429

세례 요한으로 보는 예수님	요 1:6-7
1. 하나님에게서 보내심 받음(6)	(세상에 메시아로 오심)
2. 빛에 대해 증언함(7)	(천국 복음을 전하심)
3. 모든 사람을 믿게 함(7)	(인류를 구원하심)

430

세상에 오신 예수님(1)	요 1:9-14
1. 각 사람에게 빛을 비추심(9)	(죄인들에게 복음 깨닫게 하심)
2. 하나님의 자녀가 되게 하심(12)	(구원받게 하심)
3. 하나님의 영광을 보이심(14)	(하나님의 성품을 나타내심)

431

세상에 오신 예수님(2)	요 1:14
1. 말씀이 육신이 되심(14)	(성육신 하심)
2. 우리 가운데 거하심(14)	(우리 안에 내주하심)
3. 은혜와 진리가 충만하심(14)	(하나님의 본성을 나타내심)

432

세례 요한의 증언	요 1:20-23, 27, 34
1. 나는 그리스도가 아니라 함(20)	(자신은 구원주가 아님)
2. 그의 신발 끈 풀기도 감당 못 한다 함(27)	(예수의 종보다 보잘것없음)
3. 그가 하나님의 아들이심(23)	(뒤에 오실 이가 메시아임)

433

가나 첫 표적의 예수님	요 2:1-11
1. 포도주 떨어져 항아리 물 채움(2)	(위급한 때 절대 순종케 하심)
2. 물로 된 좋은 포도주 맛보게 하심(9)	(신성을 나타내심)
3. 영광을 나타내심(11)	(하나님께 영광돌림)

434

가나 혼인 잔치의 예수님	요 2:3-9
1. 포도주가 떨어졌다고 들으심(3)	(문제 해결을 요청 받으심)
2. 항아리에 물 채우라 하심(7)	(지시에 따르도록 명하심)
3. 물로 된 포도주를 맛보게 하심(9)	(첫 표적을 행하심)

435

예수님의 성전 청결 의미	요 2:13-19
1. 성전이 헐림(19)	(십자가에 죽으심)
2. 사흘 동안에 일으키심(19)	(사흘 만에 부활하심)
3. 채찍으로 양과 소를 쫓으심(15)	(재림 때 심판하심)

436

하나님의 사랑(1)	요 3:16
1. 독생자를 주심(16)	(외아들 예수를 세상에 보내심)
2. 믿는 자 멸망하지 않음(16)	(예수 믿어 지옥을 면케 하심)
3. 영생을 얻게 하심(16)	(영원 천국을 누리게 하심)

437

하나님의 사랑(2)	요 3:16
1. 독생자를 주심(16)	(아들을 세상에 보내심)
2. 멸망치 않게 하심(16)	(지옥을 면하게 하심)
3. 영생을 얻게 하심(16)	(천국 들어가게 하심)

438

| 예수님 이땅에 오신 이유 | 요 3:16-21 |

1.진리에 따라 빛으로 오심(21)   (말씀으로 마귀를 멸하심)
2.세상이 구원을 받게 하심(17)   (죄악 세상 십자가 구원하심)
3.영생 얻게 하심(16)   (영원 천국 누리게 하심)

439

| 올바른 예배 자세 | 요 4:23-24 |

1.영이신 하나님께 드림(24)   (성도가 영적 아버지께 드림)
2.영과 진리로 드림(23)   (성령의 인도와 말씀으로 드림)
3.참되게 예배 드림(23)   (진실하게 예배 드림)

440

| 베데스다 병자 만나신 예수님 | 요 5:1-9 |

1. 누운 자의 병이 오랜줄 아심(34)   (불치환자를 불쌍히 여기심)
2. "낫고자 하느냐" 물으심(35)   (믿음을 고백케 하심)
3. 걸어가게 하심(36)   (말씀으로 병 고치심)

441

| 베데스다에서 예수님 하신 일 | 요 5:2-9 |

1.38년된 병자를 보심(5)   (불치환자를 만나심)
2.네가 낫고자 하느냐 물으심(6)   (믿음을 고백케 하심)
3.일어나 걸으라 하시니 걸어감(8)   (병 고치심)

442

| 생명의 떡의 의미(1) | 요 6:35-51 |

1.나는 생명의 떡이라 함(35)   (예수님이 생명이라 하심)
2.광야 만나는 먹어도 죽게 됨(49)   (육의 양식은 생명 없다 하심)
3.하늘에서 온 떡 먹으면 영생함(51) (영의 양식은 영생한다 하심)

생명의 떡 의미(2) — 요 6:51-54
443

1. 나는 하늘에서 온 산 떡임(51)   (예수는 하나님이 보내신 구원주임)
2. 인자의 살과 피로 생명 얻음(54)   (예수님 영접과 연합으로 구원받음)
3. 마지막 날 다시 살게 됨(54)   (예수 재림 때 영생 인도하심)

배척 받으신 예수님 — 요 7:1-9
444

1. 형제들이 유대로 가라는 말 들으심(3)   (세상적인 형제의 제안을 들으심)
2. 형제들도 예수를 믿지 않음(5)   (형제들이 예수가 메시아인지 모름)
3. 세상으로부터 미움 받음(7)   (타락한 세상에 선하심이 고난 받으심)

간음녀를 살리시는 예수님 — 요 8:6-11
445

1. 음행 여인 고발 요구 받으심(6)   (율법 거스를 시험 당하심)
2. 죄 없는자부터 돌로 치라 하심(7)   (모두 죄인으로 정죄 못한다 하심)
3. 다시 범죄하지 말라 하심(11)   (죄악에서 건져내 구원 하심)

예수님 따르는 자의 축복 — 요 8:31-32
446

1. 제자가 됨(31)   (말씀대로 순종함)
2. 진리를 알게 됨(32) (말씀을 깨달음)
3. 자유롭게 됨(32)   (죄에서 해방됨)

마귀에게 속한 자 — 요 8:44
447

1. 처음부터 살인함(44)   (아담을 속여 죽게 함)
2. 속에 진리가 없음(44)   (세상적 미혹에 빠짐)
3. 거짓의 아비임(44)   (하나님 말씀을 거역함)

448

권능 베푸시는 예수님	요 9:1-5
1. 세상의 빛으로 오심(5)	(구원주로 이땅에 오심)
2. 하나님 하시는 일을 나타내심(3)	(하나님이심을 보이심)
3. 보내신 이의 일을 하심(4)	(하나님의 뜻을 이루심)

449

선한 목자되신 예수님	요 10:7-18
1. 양의 문이 되심(7)	(구원의 길이심)
2. 양들 위해 목숨을 버리심(11)	(인류 구원 위해 십자가에서 죽으심)
3. 생명을 얻게 하심(10)	(영생으로 인도하심)

450

죽은 나사로를 찾으신 예수님	요 11:38, 43, 44
1. 나사로 무덤에 가심(38)	(죄악 세상에 오심)
2. "나사로야 나오너라" 부르심(15)	(죄인을 부르심)
3. "풀어 다니게 하라" 하심(16)	(사망 권세 이기고 구원하심)

451

나사로로 보는 예수님	요 11:38-44
1. 죽은지 나흘 되었음(39)	(십자가에 죽으신 예수님)
2. 죽은 자가 나와 다녔음(44)	(부활하신 예수님)
3. 하나님 영광을 보았음(40)	(하나님께 영광 돌리신 예수님)

452

예수님을 위하는 마리아	요 12:1-8
1. 비싼 향유 붓고 머리털로 닦음(3)	(정성을 다해 섬김)
2. 예수님 장례를 위하여 행함(7)	(십자가 죽으심의 예를 행함)
3. 나는 항상 함께 있지 않다 들음(8)	(마지막 기회로 헌신함)

예수 십자가 의미 — 요 12:31-33

1. 세상 심판이 이름(31)   (모든 세상 죄가 드러나 처리됨)
2. 세상 임금이 쫓겨남(31) (마귀의 미혹이 드러나 파멸됨)
3. 모든 사람을 예수께 이끎(32) (죄인들이 구원으로 인도됨)

예수님의 새 계명 — 요 13:34-35

1. 예수님 같이 사랑하라 하심(34)   (십자가 사랑 본받으라 하심)
2. 서로 사랑하라 하심(34)   (이웃 사랑을 실천하라 하심)
3. 제자처럼 사랑하라 하심(34)   (제자의 희생적 사랑하라 하심)

보혜사 성령님 — 요 14:16-17; 16:13-14

1. 진리 가운데로 인도하심(13)   (말씀으로 깨닫게 하심)
2. 장래 일을 알게 하심(13)   (장차 될 일을 알려 주심)
3. 영원히 함께하심(16)   (영생을 누리게 하심)

예수님을 따르는 자 — 요 14:21

1. 계명을 지킴 (21)   (말씀대로 순종함)
2. 하나님의 사랑을 받음 (21)   (하나님의 사랑을 받음)
3. 예수 그리스도를 나타냄 (21)   (삶 가운데 예수님을 체험함)

예수님을 사랑하는 자 — 요 14:23

1. 예수님 말씀을 지킴(23)   (예수님 말씀에 순종함)
2. 아버지의 사랑을 받음(23)   (하나님의 사랑을 받음)
3. 아버지의 거처에 함께함(23)   (천국에서 하나님과 함께함)

458

예수님의 제자 베드로	요 18:15-27
1. 여종 물음에 제자 아니라 함(17)	(두려움으로 예수님을 부인함)
2. 불 쬐던 사람 앞에 아니라 함(18,25)	(죽음 앞에 맹세를 배신함)
3. 귀 잘린 자 친척 물음에 아니라 함(27)	(말고의 사람에게 3번째 부인함)

459

제자를 만나신 부활의 예수님	요 20:26-29
1. 평강하라 하심(26)	(장차 고난에 담대하라 하심)
2. 믿음을 가져라 하심(22)	(불신앙 이기도록 권면하심)
3. 믿음으로 복 받으라 하심(23)	(오직 말씀대로 행하라 하심)

460

디베랴의 베드로 만난 예수님	요 21:15-18
1. 나를 사랑하느냐 물으심(15)	(여전한 애정을 나누심)
2. 어린양 먹이고 치라 하심(16)	(말씀과 전도 사명 주심)
3. 띠 띠워 팔 벌리리라 하심(18)	(순교 사명 예언 하심)

사도행전

오직 성령이 너희에게 임하시면 너희가 권능을 받고 예루살렘과 온 유대와 사마리아와 땅끝까지 이르러 내 증인이 되리라 하시니라(행 1:8).

461

승천하신 예수님	행 1:4-11
1. 성령 세례를 받게 하심(5)	(성령 충만하게 하심)
2. 땅끝까지 증인되게 하심(8)	(온 세상 복음 전하게 하심)
3. 하늘로 가신 그대로 오심(11)	(재림하심)

성령을 받은자 — 행 1:8 (462)

1. 권능을 받음(8) — (능력을 받음)
2. 땅끝까지 이름(8) — (미전도지역까지 복음 전함)
3. 증인이 됨(8) — (순교까지 감당함)

오순절에 오신 성령님 — 행 2:1-4 (463)

1. 강한 바람 같았음(2) — (큰 능력 주심)
2. 불의 혀 같이 보였음(3) — (뜨겁게 역사하심)
3. 다른 언어로 말하게 하심(4) — (방언을 주심)

성령받는 비결 3가지 — 행 2:38 (464)

1. 회개함(38) — (죄를 뉘우침)
2. 세례를 받음(38) — (예수를 구주로 영접함)
3. 죄 사함을 얻음(38) — (죄 용서를 받음)

초대교회의 신앙(1) — 행 2:42-47 (465)

1. 성전에 모이기를 힘씀(46) — (성령의 임재를 사모함)
2. 사도의 가르침을 받음(42) — (말씀의 은혜를 사모함)
3. 구원받는 사람이 더해짐(47) — (영혼 구원을 사모함)

초대교회의 신앙(2) — 행 2:42-47 (466)

1. 사도의 가르침을 받음(42) — (성숙한 신앙을 본받음)
2. 모든 물건을 서로 통용함(44) — (서로의 필요를 채움)
3. 성전에 모이기를 힘씀(46) — (성전 중심 신앙)

467

| 아나니아와 삽비라의 불행 | 행 5:1-11 |

1. 사탄이 마음에 가득함(3) (사탄의 미혹을 받음)
2. 성령을 속여 땅값 얼마 감춤(3) (하나님 속이며 돈을 챙김)
3. 혼이 떠남(5) (하나님 심판으로 죽게 됨)

468

| 사도들의 표적에 대한 반응 | 행 5:12-16 |

1. 믿는 사람이 마음을 같이함(12) (모두 믿음으로 하나됨)
2. 큰 무리가 믿고 주께로 나옴(14) (무리지어 예배 자리로 모임)
3. 백성들이 칭송함(13) (하나님께 영광 돌림)

469

| 스데반의 구약 설교 | 행 7:1-16 |

1. 아브라함이 하란 떠남(4) (아브라함이 약속의 땅으로 감)
2. 야곱이 12조상을 낳음(8) (야곱이 12지파의 조상이 됨)
3. 요셉이 애굽 통치로 가족 만남(10) (요셉이 애굽 총리로 가족 돌봄)

470

| 사마리아에서 전도한 빌립 | 행 8:5-8 |

1. 무리가 한마음으로 따름(6) (많은 사람이 말씀에 감동함)
2. 귀신이 나가고 병자가 나음(7) (여러 표적이 나타남)
3. 성에 큰 기쁨이 있음(8) (가는 곳마다 은혜가 충만함)

471

| 하나님을 경외한 고넬료 | 행 10:2-8 |

1. 백성을 구제함(2) (가난한 자들 가까이 돌봄)
2. 항상 하나님께 기도함(2) (습관을 따라 하나님께 기도함)
3. 베드로 청하라는 천사 말 들음(5) (베드로 만날 기도 응답 받음)

472

베드로의 성령 체험	행 10:42-46
1. 말할 때 성령이 내려오심(44)	(말씀 전할 때 성령이 임하심)
2. 이방인에게 성령 부어주심(45)	(이방인도 하나님 은총 받음)
3. 방언을 말하게 됨(46)	(성령 충만의 징표를 보임)

473

이방인의 구원을 말한 베드로	행 15:6-11
1. 나를 택하시고 증언케 하심(7-8)	(나를 전도자로 세우셨다 함)
2. 우리도 못 하던 멍에 두느냐함(10)	(이방인 할례해도 구원 없다 함)
3. 예수님 은혜로 구원받는다함(11)	(예수 믿음으로 구원 받는다 함)

474

바울을 인도하신 성령님	행 16:6-10
1. 비두니아 가기 허락치 않으심(7)	(아시아 복음길을 막으심)
2. 마케도냐에 와서 도우게 하심(9)	(유럽 복음길을 열으심)
3. 그가 인정하고 떠나게 하심(10)	(바울이 순종하고 떠나게하심)

475

아덴에서 증거한 바울	행 17:24, 29-31
1 하나님이 만물 지으셨다 함(24)	(창조주 하나님을 전함)
2. 돌에 새긴 것 회개하라 함(29,30)	(우상숭배를 버리라 함)
3. 죽은 자 살리심 믿으라 함(32)	(예수 부활을 선포함)

476

아볼로의 신앙	행 18:24-28
1. 주의 도를 가르침(24)	(기독교 복음을 전함)
2. 브리스길라와 아굴라 가르침(26)	(예수부활과 성령강림을 가르침)
3. 공중 앞에서 유대인을 이김(28)	(예수는 메시아로 유대인 설득함)

477

에베소 장로들 권면하는 바울	행 20:28-32
1. 이리가 와서 양떼 아끼지 않음(29)	(거짓 목자들 조심하라 함)
2. 각 사람 눈물의 훈계 기억하라 함(31)	(참되게 행한 것 기억하라 함)
3. 은혜의 말씀께 부탁한다 함(32)	(신앙을 든든히 세우라함)

478

바울의 신앙 결단	행 21:10-14
1. 예루살렘 가지 말라 들음(12)	(수난 길을 만류 받음)
2. 예수 위해 죽을 각오함(13)	(담대히 순교지로 나아감)
3. 주의 뜻대로 이루어짐(14)	(하나님의 뜻을 이룸)

479

바울과 함께하신 예수님	행 23:11
1. 곁에 서서 계심(11)	(항상 가까이 하심)
2. 담대하라 하심(11)	(능력을 주심)
3. 내 일을 증언하라 하심(11)	(예수 복음 증거케 하심)

480

로마에서 바울의 전도	행 28:23
1. 하나님의 나라를 증언함(23)	(천국 복음을 전함)
2. 모세 율법과 선지자의 말 전함(23)	(구약 성경을 가르침)
3. 예수님에 대해 전함(23)	(구원자 예수님을 증거함)

481

바울의 전도	행 28:30-31
1. 오는 사람을 다 영접함(30)	(한 영혼도 소홀히 하지 않음)
2. 하나님나라를 전파함(31)	(천국 복음을 전함)
3. 예수님의 모든 것 가르침(31)	(오직 예수님만 가르침)

로마서

오직 의인은 믿음으로 말미암아 살리라 함과 같으니라(롬1:17).

482

예수 그리스도의 사명	롬 1:1-4
1. 다윗의 혈통에서 나심(3)	(육신을 입고 세상에 오심)
2. 죽은 자들 가운데 부활하심(4)	(부활의 첫 열매가 되심)
3. 하나님의 아들로 선포됨(2)	(메시아로 선포되심)

483

바울의 사명	롬 1:1-5, 16
1. 사도로 택정함을 입음(1)	(하나님의 종으로 부름 받음)
2. 먼저 유대인들 구원받게함(16)	(동족 전도로 천국 가게 함)
3. 이방인들도 믿어 순종케함(5)	(열방 선교로 천국 가게 함)

484

바울의 복음 의미	롬 1:16-17
1. 구원 주시는 하나님 능력임(16)	(하나님께서 구원을 베푸심)
2. 하나님의 의가 믿음에 이름(2)	(하나님 은혜로 믿게 됨)
3. 의인은 믿음으로 살리라 함(2)	(복음을 믿어 의인에 이름)

485

아브라함이 믿은 하나님	롬 4:17-18
1. 죽은자를 살리심(17)	(권능을 행하심)
2. 없는 것을 있게 하심(17)	(무에서 유를 창조하심)
3. 바랄 수 없는 중에 바라게 하심(18)	(불가능 가운데 소망주심)

486

아브라함의 믿음　　　　　　　롬 4:18-22

1. 죽은 것 같아도 약해지지 않음(19)　　　(전적으로 신뢰함)
2. 약속을 의심하지 않음(20)　　　　　　（말씀을 믿음)
3. 하나님께 영광 돌림(21)　　　　　　　(하나님께 영광 돌림)

487

구원받은 자의 축복　　　　　　롬 5:1-4

1. 하나님과 화평을 누림(1)　　　　　　(평안의 근원이 됨)
2. 환난 중에 즐거워함(3)　　　　　　　(더 큰 소망을 확신함)
3. 하나님의 영광을 바람(2)　　　　　　(하나님 구원계획이 완성됨)

488

성도의 축복　　　　　　　　　롬 5:9-11

1. 의롭다 하심을 받음(9)　　　　　　　(예수님의 의로 인함)
2. 구원을 받음(10)　　　　　　　　　 (예수님 대속으로 인함)
3. 하나님 안에서 즐거워함(11)　　　　 (하나님과 화목으로 인함)

489

하나님을 사랑하는 자　　　　　롬 5:1-2

1. 결코 정죄함이 없음(1)　　　　　　　(심판받지 않음)
2. 죄와 사망에서 해방됨(2)　　　　　　(죄와 사망에서 자유함)
3. 생명의 성령의 법을 따름(2)　　　　 (성령님의 인도를 받음)

490

구원받은 자　　　　　　　　　롬 8:5-9

1. 하나님의 영이 거하심(14)　　　　　 (성령님이 내주하심)
2. 영의 일을 생각함(17)　　　　　　　(하나님의 선한 일을 추구함)
3. 생명과 평안이 있음(17)　　　　　　(천국을 상속받음)

성도의 삶	롬 8:14-17
1.하나님의 영으로 인도받음(14)	(성령의 인도하심 받음)
2.아빠 아버지라고 부르짖음(15)	(하나님의 자녀로 기도함)
3.고난도 함께 받음(17)	(자기 십자가를 짊)

성도의 축복	롬 8:21-37
1.대적할 자 없음(31)	(원수가 없음)
2.그리스도의 사랑에서 끊을 자 없음(35)	(예수님 사랑으로 고난 견딤)
3.모든 일에 넉넉히 이김(37)	(최후 승리함)

우리를 위하시는 성령님	롬 8:26
1.탄식하심(26)	(애통해 하심)
2.연약함을 도우심(26)	(부족함을 채우심)
3.친히 간구하심(26)	(대신 중보하심)

하나님을 사랑하는자	롬 8:26-28
1.하나님의 부르심을 입음(28)	(하나님의 택함을 받음)
2.성령의 도우심을 받음(26)	(성령의 인도를 받음)
3.합력하여 선을 이룸(28)	(예수를 위한 일에 하나됨)

성도의 특권	롬 8:31-36
1.누가 대적하리요 함(31)	(하나님이 보호하심)
2.누가 정죄하리요 함(34)	(하나님이 죄 용서하심)
3.누가 그리스도 사랑을 끊으리요 함(35)	(예수님과 하나됨)

496

믿음에서 난 의	롬 9:30-33
1. 이방인은 얻음(30)	(이방인이 예수 믿어 의롭게 됨)
2. 이스라엘은 얻지 못함(31)	(안 믿는 이스라엘은 의롭지 못함)
3. 부끄러움 당하지 않음(33)	(믿는 자는 실족하지 않음)

497

구원을 받는 조건	롬 10:9-13
1. 예수를 주로 믿고 시인함(10)	(예수님의 주권을 인정함)
2. 예수가 죽었다 살아나심 믿음(10)	(예수 부활의 첫 열매로 믿음)
3. 주의 이름을 부름(13)	(예수 그리스도를 구주로 사모함)

498

하나님께 합당한 예배자	롬 12:1-2
1. 이 세대를 본받지 않음(2)	(세상 풍조를 따르지 않음)
2. 하나님의 뜻을 분별함(2)	(하나님 말씀대로 순종함)
3. 산 제물로 몸을 드림(1)	(정성 다해 헌신함)

499

그리스도인의 삶(1)	롬 12:14-21
1. 서로 마음을 같이함(16)	(함께 마음을 나눔)
2. 선한 일을 도모함(18)	(이웃 사랑을 실천함)
3. 선으로 악을 이김(21)	(원수 사랑을 입증함)

500

그리스도인의 삶(2)	롬 12:14-21
1. 박해하는 자를 축복함(14)	(원수를 사랑함)
2. 모든 사람과 더불어 화목함(18)	(누구와도 화목함)
3. 선으로 악을 이겨야 함(21)	(예수님의 사랑으로 악을 이김)

501

성도의 신앙	롬 13:8-10
1.,악을 행하지 않음(10)	(악을 멀리함)
2.이웃을 자신과 같이 사랑함(9)	(이웃 사랑을 실천함)
3.사랑으로 율법을 완성케 함(10)	(사랑으로 하나님의 뜻 이룸)

502

종말 때 삶의 자세	롬 13:11-13
1.빛의 갑옷을 입음(12)	(말씀으로 무장함)
2.술 취하지 않음(13)	(방탕하지 않음)
3.다투지 않음(13)	(분쟁을 멀리함)

503

마지막 때 성도의 신앙	롬 13:12-14
1.밤이 깊고 낮이 가까이 옴(12)	(예수 재림을 기대함)
2.육신의 일을 도모하지 않음(14)	(육체의 정욕을 멀리함)
3.예수 그리스도로 옷 입음(14)	(세례로 예수 부활에 참여함)

504

성도의 교제 방법	롬 15:1-2
1.믿음이 약한 자를 도움(1)	(연약한 자를 가까이 돌봄)
2.이웃을 기쁘게 함(2)	(형제의 필요를 채워줌)
3.선을 이루고 덕을 세움(2)	(남의 영적 유익에 기여함)

505

바울의 복음 전파 목적	롬 16:25-27
1.모든 민족이 예수 믿게 함(26)	(온 세상이 구원 받음)
2.복음으로 능히 견고하게 함(26)	(성도들이 하나님 능력 신뢰함)
3.하나님의 영광이 세세무궁함(27)	(하나님께 영원히 영광 돌림)

고린도전서

그런즉 너희가 먹든지 마시든지 무엇을 하든지
다 하나님의 영광을 위하여 하라(고전 10:31).

506

| 바울이 감사하는 하나님 | 고전 1:4-7 |

1. 모든 지식에 풍족하심(5)　　　　(풍성한 축복을 주심)
2. 그리스도의 증거를 견고케 하심(6)　(예수님 증거를 확신함)
3. 은사에 부족함이 없으심(7)　　　(성령의 능력으로 이적 행하심)

507

| 바울의 전도 방법 | 고전 2:1-5 |

1. 지혜의 말로 하지 않음(1)　　(세상 지식으로 하지 않음)
2. 성령의 능력으로 전함(4)　　(성령님 인도 따라 전함)
3. 예수 십자가 복음만 전함(2)　(오직 예수 십자가 복음 증거함)

508

| 성도의 신앙 | 고전 3:10-15 |

1. 예수 그리스도 터 위에 세움(11)　(오직 예수님 신앙)
2. 금은 보석으로 세움(12)　　　　(믿음 충만한 신앙)
3. 공적으로 상을 받음(7)　　　　(열매 맺는 신앙)

509

| 고린도 교회의 양육 단계 | 고전 3:5-9 |

1. 바울은 심었음(6)　　　　　(바울은 복음을 전함)
2. 아볼로는 물을 주었음(6)　　(아볼로는 성경을 가르침)
3. 하나님은 오직 자라게 하심(7)　(하나님은 성장케 하심)

510

성전의 의미	고전 3:16-17
1. 하나님의 것임16)	(하나님이 주인이심)
2. 성령이 우리 안에 계심(16)	(성령님이 내주하심)
3. 성전이 거룩하니 우리도 거룩함(17)	(성도를 거룩하게 함)

511

그리스도의 일꾼	고전 4:1-5
1. 판단하지 않음(3)	(남을 비판하지 않음)
2. 맡은 일에 충성을 구함(2)	(직분에 충성을 다함)
3. 각 사람에게 칭찬이 있음(5)	(행한 대로 하늘 상급 받음)

512

가나안에 못 들어간 이유	고전 10:5-11
1. 우상 숭배함(7)	(다른 신을 섬김)
2. 음행함(8)	(모압 여인과 간음함)
3. 원망함(10)	(하나님 통치에 불평함)

513

광야에서 멸망 받은 이유	고전 10:5-11
1. 우상 숭배를 함(7)	(다른 신을 섬김)
2. 음행을 함(8)	(이방인과 간음함)
3. 주를 시험함(9)	(하나님 능력을 의심함)

514

성찬을 말씀하신 예수님	고전 11:24-26
1. 떡을 떼어 기념하라 하심(24)	(십자가 속죄를 기억하라 하심)
2. 잔으로 언약 기념하라하심(25)	(구원 받음을 기억하라 하심)
3. 다시 올 때까지 전하라 하심(26)	(재림 때까지 복음 전하라 하심)

515

바울이 가시가 있는 이유	고전 12:7-10
1. 자고하지 않기 위함(7)	(교만하지 않기 위함)
2. 간구하기 위함(8)	(더욱 기도하기 위함)
3. 그리스도 능력이 머물기 위함(9)	(예수님의 능력 받기 위함)

516

방언의 의미	고전 14:2-4
1. 하나님께 드림(2)	(하나님이 들으시는 기도임)
2. 영으로 비밀을 말하는 것임(2)	(악한 영이 못 듣는 기도임)
3. 자기의 덕을 세움(4)	(개인 신앙에 유익함)

517

바울이 전한 복음	고전 15:1-8
1. 예수님 우리 죄 위해 죽으심(3)	(예수님 인류 죄로 십자가 지심)
2. 사흘 만에 다시 사심(4)	(사흘 만에 부활하심)
3. 열두 제자 오백 형제에게 보이심(5,6)	(함께한 자들에게 부활 증거하심)

518

부활의 영광	고전 15:20-26
1. 그리스도가 죽은자의 첫 열매 되심(20)	(예수께서 첫째 부활 하심)
2. 다음은 강림 때 그에게 속한자임 (23)	(예수 믿는 자 둘째 부활 하심)
3. 왕노릇 하심 (25)	(예수님과 성도 천년왕국 통치함)

519

바울의 신앙 고백	고전 15:9-12
1. 사도로 감당하지 못함(9)	(박해자가 사도됨이 과분함)
2. 나의 나된 것 하나님의 은혜임(10)	(사도로 세우신 하나님께 감사함)
3. 예수 죽으시고 살아나심 전파함(12)	(예수님의 부활을 증거함)

520

최후 부활의 영광	고전 15:20-26
1. 그리스도 죽은 자의 첫 열매되심(20)	(예수께서 첫째 부활하심)
2. 강림 때 그에게 속한 자가 됨(23)	(예수 재림 때 성도 둘째 부활함)
3. 왕노릇 하심(25)	(예수님과 성도 천년왕국 통치함)

521

재림 때 성도의 축복	고전 15:51-54
1. 순식간에 홀연히 변화 됨(51)	(산자가 변화체로 부활함)
2. 죽은 자가 다시 살아남(52)	(죽은 자가 부활체로 살아남)
3. 사망에서 이김(54)	(사망 권세 이기고 영생함)

고린도후서

그런즉 누구든지 그리스도 안에 있으면 새로운 피조물이라
이전 것은 지나갔으니 보라 새 것이 되었도다(고후5:17).

522

바울의 사명	고후 2:12-17
1. 말씀을 혼잡케 하지 않음(16)	(말씀을 왜곡시키지 않음)
2. 하나님 앞에 받은 것 같이 말함(17)	(하나님 말씀만 증거함)
3. 그리스도의 향기가 됨(15)	(섬김의 본이 됨)

523

바울의 신앙	고후 5:8-10
1. 몸 있든지 떠나든지 주를 기쁘시게 함(9)	(언제든지 하나님을 기쁘시게 함)
2. 몸을 떠나 주와 함께 있게됨(8)	(부활하여 예수님과 함께함)
3. 몸으로 행한 것을 따라 받게됨(10)	(재림 때 행위에 따라 보상받음)

524

믿는 자의 소망	고후 4:16-18
1. 속사람이 새로워짐(16)	(영적 성장이 지속됨)
2. 영원한 영광의 중한 것 이룸(17)	(하늘 영광의 축복을 받음)
3. 보이지 않는 것은 영원함임(18)	(영원한 천국을 누림)

525

성도의 축복	고후 5:17-19
1. 하나님과 화목함(18)	(죄 사함을 받음)
2. 새로운 피조물이 됨	(성령으로 거듭남)
3. 화목하게 하는 직분 받음(18)	(십자가 복음을 전함)

526

고린도 교회의 회개	고후 7:9-11
1. 두려움으로 함(11)	(하나님의 진노를 두려워함)
2. 간절하게 함(11)	(진지하게 죄를 바로잡음)
3. 열심으로 함(11)	(바울 가르침을 따르도록 집중함)

527

믿음 충만한 디도	고후 8:23
1. 바울의 동역자임(23)	(바울의 돕는 자)
2. 여러 교회의 사자임(23)	(여러 교회의 사역자)
3. 그리스도의 영광이 됨(23)	(예수 이름을 높임)

528

성경적인 헌금생활	고후 9:5-7
1. 미리 준비함(5)	(기도하며 준비함)
2. 인색함으로 하지 않음(7)	(아까워하지 않음)
3. 하나님께 즐겨 내야 함(7)	(하나님께 기쁨으로 드림)

529

바울에게 가시 주신 이유	고후 12:7-9
1. 자만하지 않게 하기 위함(7)	(교만하지 않게 하기 위함)
2. 간구하게 하기 위함(8)	(기도하게 하기 위함)
3. 그리스도의 능력이 머물기 위함(9)	(능력을 힘입게 하기 위함)

갈라디아서

내가 그리스도와 함께 십자가에 못 박혔나니 그런즉 이제는
내가 사는 것이 아니요 오직 내 안에 그리스도께서 사시는 것이라(갈 2:20).

530

저주 받을 자	갈 1:6-11
1. 다른 복음을 따름(6)	(복음의 진리를 왜곡함)
2. 사람들의 기쁨을 구함(10)	(사람들의 환심을 사려함)
3. 사람들의 뜻에 따라 전함(11)	(사람의 전승이나 교육함)

531

의로운 자의 조건	갈 2:16-20
1. 율법의 행위로 되지 않음(16)	(스스로 노력으로 되지 않음)
2. 그리스도를 믿음으로 됨(16)	(오직 예수를 믿음으로 됨)
3. 예수와 함께 십자가 못 박힘(20)	(예수 십자가 고난에 동참함)

532

성도의 삶	갈 6:6-10
1. 가르치는 자와 좋은 것 함께함(6)	(주의 종들을 잘 섬김)
2. 선을 행하되 낙심치 말아야 함(9)	(선행 중에 중단치 않음)
3. 심은 대로 거두게 됨(7)	(행한 대로 복을 받음)

에베소서

이는 성도를 온전하게 하여 봉사의 일을 하게 하며
그리스도의 몸을 세우려 하심이라(엡 4:20).

533

복음 전도자 된 바울	엡 1:1-2
1. 하나님 뜻으로 사도가 됨(1)	(하나님의 사도로 부름받음)
2. 신실한 자에게 편지 함(1)	(성도들에게 복음 전함)
3. 은혜와 평강 있을지어다 함(2)	(은혜와 평강의 축복을 함)

534

바울이 증거한 예수님	엡 1:22-23
1. 만물을 복종하게 하심(22)	(만왕의 왕이심)
2. 교회의 머리가 되심(22)	(교회의 주인이심)
3. 교회는 그의 몸이심(23)	(성도와 하나가 되심)

535

하나님의 구원계획	엡 1:3-5
1. 창세 전에 택하셨음(4)	(영원 전에 지명하심)
2. 자기의 아들들이 되게 하셨음(5)	(자기 자녀 삼으심)
3. 거룩하고 흠이 없게 하셨음(4)	(죄 사함으로 깨끗케 하심)

536

하나님이 주신 복	엡 1:3-6
1. 자기의 아들이 되게 하심(5)	(자녀 삼으심)
2. 거룩하고 흠이 없게 하심(4)	(죄 용서로 깨끗케 하심)
3. 영광을 찬송케 하심(6)	(영광 돌리게 하심)

537

하나님을 진노케하는 자	엡 2:1-3
1. 공중 권세자를 따름(3)	(사단의 지배에 속함)
2. 세상 풍조를 따름(3)	(세상 죄악에 물듦)
3. 육체의 욕심을 따름(2)	(육신의 정욕에 빠짐)

538

삼위 하나님의 은혜	엡 2:4-10
1. 하나님이 전에 예비하심(10)	(하나님이 창세 전에 택하심)
2. 그리스도와 함께 죽음에서 살리심(5)	(예수님 십자가로 구원하심)
3. 하나님이 선물로 주심(8)	(성령님의 선물임)

539

구원의 축복	엡 2:8-9
1. 행위로 인한 것이 아님(9)	(하나님이 택하심)
2. 믿음으로 말미암음(8)	(예수님을 믿음으로 받음)
3. 선물로 받은 것임(8)	(성령님의 선물로 받음)

540

성도의 삶	엡 2:19-22
1. 예수님께서 모퉁잇돌이 되심(20)	(예수님이 본이 되심)
2. 성전이 되어감(21)	(공동체 신앙을 다져감)
3. 예수님 안에서 지어져 감(22)	(영적 성장을 이룸)

541

이방인 구원의 축복	엡 3:6-12
1. 복음에 참여함(6)	(하나님의 자녀가 됨)
2. 지혜를 앎(10)	(말씀을 깨달음)
3. 믿음으로 나아감(12)	(믿음으로 세워짐)

542

복음의 일꾼된 바울	엡 3:7-9
1. 하나님 은혜의 선물을 받음(7)	(구원 받음)
2. 이방인에게 전함(8)	(이방인 전도자가 됨)
3. 하나님 비밀의 경륜을 드러냄(9)	(천국 복음을 전함)

543

성도의 충만 3가지	엡 3:14-19
1. 속사람 능력을 강건케 함(16)	(성령의 충만을 받음)
2. 예수님이 마음에 계시게 함(17)	(믿음이 충만함)
3. 모든 성도가 사랑으로 함께함(18)	(사랑의 충만으로 교제함)

544

직분자의 역할	엡 4:11-12
1. 성도를 온전하게 함(12)	(성도의 신앙을 도움)
2. 봉사의 일을 하게 함(12)	(이웃을 위해 헌신함)
3. 그리스도의 몸을 세움(12)	(교회를 든든히 세움)

545

성도의 삶	엡 4:22-24
1. 유혹의 욕심을 벗음(22)	(회개의 삶)
2. 새 사람을 입음(24)	(거듭난 삶)
3. 심령이 새롭게 되어감(23)	(성화의 삶)

546

성도의 이웃 관계	엡 4:25-32
1. 참된 것을 말함(25)	(올바른 교제를 생활화 함)
2. 선한 말로 은혜를 끼침(29)	(덕스런 말로 유익을 줌)
3. 불쌍히 여기며 용서함(32)	(긍휼을 베풀며 용서함)

547

에베소 교인을 향한 바울의 권면	엡 5:16-18
1.세월을 아끼라 함(16)	(영적인 일에 집중하라 함)
2.성령으로 충만함을 받으라 함(18)	(성령으로 거듭나라 함)
3.항상 하나님께 감사하라 함(20)	(늘 하나님께 감사하라 함)

548

성경적 부부	엡 5:24-31
1.아내는 남편에게 복종함(24)	(아내는 남편에게 순종함)
2.남편은 아내를 자기처럼 사랑함(28)	(남편은 최선으로 아내를 사랑함)
3.둘이 합하여 한 육체가 됨(31)	(남편과 아내가 하나 됨)

549

성경적인 부모 섬김	엡 6:1-4
1.순종함(1)	(말씀 들은 대로 행함)
2.공경함(2)	(공손히 예의를 갖춤)
3.주의 교훈으로 양육 받음(4)	(하나님 말씀대로 따름)

550

마귀를 이기는 비결	엡 6:10-18
1.하나님의 전신 갑주를 입음(11)	(하나님의 능력에 힘입음)
2.진리의 허리띠를 띔(17)	(오직 예수님 말씀으로 무장함)
3.성령 안에서 기도함(18)	(성령님 충만으로 기도함)

빌립보서

주 안에서 항상 기뻐하라 내가 다시 말하노니 기뻐하라(빌 4:4).

551

고난 중 바울의 신앙	빌 1:13-21
1. 하나님 말씀을 담대히 전함(14)	(성령 충만으로 전도함)
2. 무슨 방도로 전파하든 기뻐함(10)	(복음 전파에 기쁨이 넘침)
3. 죽는 것도 유익하다 함(21)	(하나님 영광 위해 순교를 각오함)

552

성도의 덕목	빌 2:1-4
1. 아무 일에 다투지 않음(3)	(모든 일에 화합함)
2. 남을 낫게 여김(3)	(남을 섬기는 삶)
3. 다른 사람들의 일을 돌봄(4)	(이웃 사랑을 실천함)

553

이땅에 오신 예수님	빌 2:1-8
1. 하나님과 동등되지 않고 사람 되심(6)	(하늘 영광 버리고 성육신 하심)
2. 종의 형체로 자기를 비우심(7)	(낮은 자세로 섬기심)
3. 십자가 죽기까지 복종하심(8)	(죽음으로 하나님 뜻 이루심)

554

기쁨 충만한 성도	빌 2:3-4
1. 다툼이나 허영으로 하지 않음(3)	(자기를 자랑치 않음)
2. 남을 낫게 여김(3)	(남을 높이며 섬김)
3. 다른 사람을 돌아봄(4)	(이웃 사랑을 실천함)

555

빌립보 성도 향한 바울의 교훈	빌 2:12-18
1. 세상에 빛을 나타내야 함(15)	(거룩한 성도의 본을 보임)
2. 수고가 헛되지 않아야 함(16)	(복음 증거로 열매 맺음)
3. 구원을 이루어야 함(12)	(천국을 소망함)

556

에바브로디도의 신앙	빌 2:25-30
1.함께 수고한 자임(25)	(동역자로서 수고함)
2.함께 군사된 자임(25)	(함께 복음 전함)
3.목숨을 돌보지 아니한 자임(30)	(순교까지 각오함)

557

성도의 삶 3가지	빌 4:4-6
1.항상 기뻐함(4)	(어떤 상황에도 즐거워함)
2.모든 사람에게 관용함(5)	(누구나 너그럽게 받아들임)
3.모든 일에 감사로 기도함(6)	(하나님께 감사기도로 순종함)

558

참된 성도의 신앙	빌 4:6
1.아무것도 염려하지 않음(6)	(오직 하나님을 의지함)
2.모든 일에 기도함(6)	(무슨 일이든 하나님께 구함)
3.감사로 아뢰라 함(6)	(감사 기도함)

골로새서

무엇을 하든지 말에나 일에나 다 주 예수의 이름으로 하고
그를 힘입어 하나님 아버지께 감사하라(골 3:17).

559

골로새 교회 향한 바울의 감사	골 1:3-8
1.예수 안에서 믿음이 있음(4)	(예수를 믿는 믿음)
2.성도에 대한 사랑이 있음(4)	(인류를 사랑하는 믿음)
3.하늘에 소망이 있음(5)	(하늘의 상급 받을 믿음)

560

바울의 중보기도	골 1:9-12
1. 하나님 아는 것이 자라게 함(10)	(하나님의 뜻을 깨달아 감)
2. 선한 열매를 맺게 함(10)	(영적으로 성장함)
3. 성도의 기업을 얻게 함(12)	(천국을 소망케 함)

561

골로새 교회 위한 바울의 기도	골 1:10
1. 하나님 아는 것이 자라게 함(10)	(믿음이 자라감)
2. 주께 합당하게 행함(10)	(오직 예수 신앙 지킴)
3. 선한 일에 열매 맺음(10)	(구원 받는 자 수가 늘어감)

562

성도의 신앙	골 1:10-14
1. 하나님 아는 것이 자람(10)	(꾸준히 믿음 더함)
2. 모든 견딤과 오래 참음(11)	(끝까지 고난을 이겨냄)
3. 아들의 나라로 옮겨짐(28)	(천국에 들어감)

563

성도들 향한 바울의 권면	골 2:6-7
1. 주 안에 뿌리 박으라 함(7)	(그리스도 안에 굳센 믿음 가짐)
2. 믿음에 굳게 섬(7)	(말씀 위에 든든히 섬)
3. 감사함을 넘치게 하라 함(7)	(날마다 감사함)

564

이단을 경계해야 할 이유	골 2:8
1. 철학과 헛된 속임수임(8)	(진리를 가장한 철학적 거짓임)
2. 세상의 초등학문임(8)	(성경을 변조한 세상적 궤변임)
3. 사람의 전통임(8)	(그럴듯한 인간적 미혹임)

565

성도의 삶(1)	골 3:1-4
1. 땅의 것을 생각지 않음(2)	(세상 정욕을 멀리함)
2. 위의 것을 찾음(1)	(천국을 소망함)
3. 그리스도 나타나실 때 함께함(4)	(예수 재림 영광에 함께함)

566

성도의 삶(2)	골 3:1-4
1. 위의 것을 찾음(1)	(천국을 소망함)
2. 그리스도와 함께 함(3)	(예수님을 본받음)
3. 예수님 나타나심을 기다림(4)	(예수 재림을 사모함)

567

골로새 교인을 향한 바울의 권면	골 3:12-14
1. 오래 참음을 옷 입으라 함(12)	(끝까지 인내하라 함)
2. 피차 용서하라 함(13)	(서로 화합하라 함)
3. 모든 것 위에 사랑 더하라 함(14)	(무엇보다 사랑을 베풀라 함)

568

골로새 교인을 향한 바울의 권면	골 3:14-16
1. 모든 것에 사랑 더하라 함(14)	(사랑을 우선하라 함)
2. 감사하는 자가 되라 함(15)	(하나님 은혜에 감사함)
3. 하나님을 찬양하라 함(16)	(하나님께 영광 돌림)

569

가정생활의 원칙	골 3:18-21
1. 남편에게 복종하라 하심(18)	(아내가 남편에게 순종함)
2. 아내를 사랑하라 하심(19)	(남편이 아내를 사랑함)
3. 부모에게 순종하라 하심(20)	(자녀가 부모 훈계를 따름)

570

영적 지도자의 자격	골 4:1-5
1. 기도로 깨어있으라 함(2)	(영적으로 사리를 분별함)
2. 그리스도의 비밀을 말하라 함(3)	(천국 복음을 전파함)
3. 세월을 아끼라 함(5)	(하나님 위한 삶에 최선 다함)

571

기도에 힘써야 할 이유	골 4:3-4
1. 전도 문이 열리기 위함(3)	(구원받을 자를 만나기 위함)
2. 마땅히 할 말을 나타내기 위함(4)	(성령의 인도하심 받기 위함)
3. 그리스도 비밀 말하기 위함(3)	(담대히 복음 전파하기 위함)

데살로니가전서

항상 기뻐하라 쉬지 말고 기도하라 범사에 감사하라(살전 5:16-18).

572

성도를 위하는 바울	살전 3:9-13
1. 믿음의 부족을 보충함(10)	(믿음의 성숙을 간구함)
2. 모든 사람에 대한 사랑 넘침(12)	(이웃 사랑을 실천케 함)
3. 거룩함에 흠이 없게함(13)	(성결한 삶으로 성화되게 됨)

573

하나님 기쁘시게 하는 삶	살전 4:1-11
1. 거룩함 (3)	(음란 버리고 경건함)
2. 형제를 사랑함(9)	(이웃 사랑을 실천함)
3. 자기일에 힘씀(11)	(남을 의지 않고 부지런함)

574

재림때 성도의 축복	살전 4:14-17
1.죽은 자 일어나고 산 자 올려짐(16,17)	(부활체 변화체로 영화로운 몸입음)
2.공중에서 주를 영접함(17)	(예수님과 기쁨으로 하나됨)
3.항상 주와 함께 있게됨(17)	(예수님과 천국을 누림)

575

데살로니가 교회에 권하는 바울	살전 5:12-13
1.다스리는 자들을 알라 함(12)	(주의 종의 수고에 감사하라 함)
2.사랑 안에서 귀히 여기라함(13)	(주의 종을 존경하고 따르라 힘)
3.너희끼리 귀히 여기라 함(13)	(이웃 사랑을 실천하라 함)

576

하나님의 뜻	살전 5:16-18
1.항상 기뻐하라 하심(16)	(늘 기뻐하라 하심)
2.쉬지 말고 기도하라 하심(17)	(끊임없이 기도하라 하심)
3.범사에 감사하라 하심(18)	(모든 일에 감사하라 하심)

577

성도의 삶	살전 5:16-18
1.항상 기뻐해야 함(16)	(언제나 기뻐하는 삶)
2.쉬지 말고 기도해야 함(17)	(끊임없이 기도하는 삶)
3.범사에 감사해야 함(18)	(어떤 상황에도 감사하는 삶)

데살로니가후서

평강의 주께서 친히 때마다 일마다 너희에게 평강을 주시고
주께서 너희 모든 사람과 함께 하시기를 원하노라(살후 3:16).

578

바울이 칭찬한 데살로니가 교회	살후 1:11-12
1. 하나님께 합당하게 여기심 받음(11)	(하나님께 온전한 믿음으로 나아감)
2. 모든 선을 행함(11)	(매사에 선한 행실을 다함)
3. 하나님께 영광 돌림(11)	(하나님께 찬양 드림)

579

마지막 때의 징조	살후 2:1-4
1. 주의 날이 이르렀다 함(2)	(재림이 가까웠다고 미혹함)
2. 배교하는 일이 있음(3)	(종교 통합과 다원주의 성행함)
3. 불법의 사람이 나타남(3)	(적그리스도가 나타남)

580

하나님의 심판받는 자	살후 2:10-12
1. 진리 없이 구원 받지 못한 자(10)	(하나님 말씀을 배척한 자)
2. 미혹 받아 거짓을 믿는 자(11)	(영적 분별력이 없는 자)
3. 불의를 좋아하는 자(12)	(악을 꾀하는 자)

디모데전서

하나님은 모든 사람이 구원을 받으며 진리를 아는 데에
이르기를 원하시느니라(딤전 2:4).

581

디모데에게 권면한 바울	딤전 1:3-7
1. 다른 교훈 가르치지 못하게 하라 함(3)	(비진리 이단을 막으라 함)
2. 족보에 몰두하지 말라 함(4)	(족보에 매이지 말라 함)
3. 선한 양심과 믿음으로 사랑하라 함(5)	(온전한 사랑을 실천하라 함)

582

바울이 감사한 이유	딤전 1:12
1. 충성되이 여겨 주셨음(12)	(충성된 자로 인정하심)
2. 직분을 맡기셨음(12)	(사명을 주심)
3. 능하게 하셨음(12)	(감당할 능력을 주심)

583

바울의 감사(1)	딤전 1:12-13
1. 충성되이 여기심(12)	(충성된 자로 인정해 주심)
2. 직분을 맡겨주심(12)	(직분 주심)
3. 하나님의 긍휼하심(13)	(하나님이 보살피심)

584

바울의 감사(2)	딤전 1:12-14
1. 긍휼하심을 입음(13)	(불쌍히 여김을 받음)
2. 풍성한 은혜를 받음(14)	(구원의 은혜를 받음)
3. 직분을 맡음(12)	(복음 사역 감당함)

585

디모데에게 권면한 바울	딤전 1:18-20
1. 선한 싸움을 하라 함(18)	(영적으로 대적하라 함)
2. 믿음을 가지라 함(19)	(하나님 말씀 위에 굳게 서라 함)
3. 착한 양심을 가지라 함(19)	(거듭난 양심 가지라 함)

586

주의 종의 자격(1)	딤전 3:1-3
1. 가르치기를 잘함(2)	(은혜롭게 설교함)
2. 술을 즐기지 않음(3)	(방탕하지 않음)
3. 돈을 사랑하지 않음(3)	(탐욕을 멀리함)

587 주의 종의 자격(2) — 딤전 3:3-5

1. 다투지 않음(3)   (자기 주장 내세우지 않음)
2. 관용함(3)   (너그럽게 받아들임)
3. 집을 잘 다스림(4)   (가정의 본을 보임)

588 집사의 자격 — 딤전 3:8

1. 정중하고 일구이언하지 않음(8)   (점잖고 말 바꾸지 않음)
2. 술에 인박히지 않음(8)   (방탕하지 않음)
3. 더러운 이를 탐하지 않음(8)   (불의한 재물 탐하지 않음)

589 좋은 일꾼의 자세 — 딤전 4:6-7

1. 형제를 깨우침(6)   (성도들을 깨우침)
2. 말씀과 교훈으로 양육 받음(6)   (말씀과 교훈으로 자라감)
3. 경건에 이르도록 연단함(7)   (거룩의 훈련을 받음)

590 그리스도 일꾼의 신앙 자세 — 딤전 4:6-7

1. 허탄한 신화를 버림(7)   (이단을 물리침)
2. 좋은 교훈을 양육 받음(6)   (하나님 말씀으로 교훈 받음)
3. 경건에 이르도록 연단함(7)   (영적 성숙위해 훈련 받음)

591 그리스도 일꾼의 신앙 — 딤전 4:6-13

1. 좋은 교훈을 양육 받음(6)   (하나님 말씀으로 양육 받음)
2. 경건에 이르도록 연단함(7)   (영적 성숙 위해 고난을 견딤)
3. 하나님께 소망을 둠(10)   (천국을 소망함)

디모데를 향한 바울의 권면	딤전 4:7-13
1. 자신을 연단하라 함(7)	(자신의 고난을 견뎌냄)
2. 연소함 업신여기지 못하게하라 함(12)	(연소함을 무시 못 하게 하라 함)
3. 믿는 자에게 본이 되라 함(12)	(성도들의 모범이 되라 함)

참 과부의 신앙	딤전 5:5-6
1. 하나님께 소망을 둠(5)	(하나님만 의지함)
2. 항상 간구와 기도함(5)	(기도를 생활화 함)
3. 향락을 멀리함(6)	(세상 풍조를 따르지 않음)

돈을 사랑하는 자	딤전 6:9-10
1. 믿음에서 떠남 (10)	(세상 탐욕에 빠짐)
2. 시험과 올무에 빠짐 (9)	(사탄의 미혹 받음)
3. 많은 근심이 자기를 찌름(10)	(세상 염려로 평안이 없음)

디모데에게 권면한 바울	딤전 6:11-16
1. 선한 싸움을 싸우라 함(12)	(영적 전투에서 이겨라 함)
2. 예수 나타날 때까지 명령 지키라 함(14)	(예수 재림 때까지 말씀 행하라 함)
3. 하나님께 영광 돌리라 함(16)	(하나님 이름을 높이라 함)

디모데후서

모든 성경은 하나님의 감동으로 된 것으로 교훈과 책망과 바르게 함과 의로 교육하기에 유익하니 (딤후 3:16).

596

전도자의 자세	딤후 1:8
1.능력으로 주를 증언함(8)	(담대히 복음 전함)
2.갇혀도 부끄러워하지 않음(8)	(핍박을 두려워하지 않음)
3.고난받음(8)	(십자가 고난에 동참함)

597

진정한 전도자	딤후 2:1-4
1.예수님과 함께 고난을 받음(3)	(예수님의 고난에 동참함)
2.생활에 얽매이지 않음(4)	(복음 전파에 전무함)
3.예수님을 기쁘시게 함(4)	(예수님께 충성을 다함)

598

귀히 쓰는 그릇 비유	딤후 2:20-21
1.자기를 깨끗하게 함(21)	(자신을 정결하게 가꾸는 성도)
2.모든 선한 일을 준비함(21)	(이웃 사랑을 실천하는 성도)
3.주인의 쓰심에 합당함(21)	(하나님을 기쁘시게 하는 성도)

599

말세의 현상	딤후 3:1-5
1.자기를 사랑함(2)	(하나님과 교제가 끊어짐)
2.선한 것을 좋아하지 않음(3)	(이웃 돕기에 무관심함)
3.경건의 모양만 있음(5)	(구원을 사모하지 않음)

600

하나님이 성경을 주신 목적	딤후 3:15-17
1.감동된 교훈을 교육함(16)	(말씀을 깨닫고 성화됨)
2.일을 행할 능력을 갖춤(17)	(성령 충만으로 선한 일을 행함)
3.예수 믿음으로 구원에 이름(15)	(하나님 속한 자로 천국 들어감)

601		
성경의 유익		**딤후 3:15-17**
1. 하나님의 감동된 교훈 받게 함(16)		(말씀의 진리를 깨닫게 함)
2. 하나님의 사람이 되게 함(17)		(성령으로 거듭나게 함)
3. 예수 믿고 구원 받게 함(15)		(예수를 구 주삼고 천국 가게 함)

602		
성경이 완전한 이유		**딤후 3:15-17**
1. 교훈과 의로 교육함(16)		(성도로 성화되기 때문)
2. 하나님 사람으로 온전하게 됨(17)		(하나님의 사람으로 양육되기 때문)
3. 구원에 이르는 지혜가 있음(15)		(말씀으로 구원받기 때문)

603		
전도자의 삶		**딤후 4:1-5**
1. 때를 얻든지 못 얻든지 항상 힘씀(2)		(언제 어디서나 전도함)
2. 고난을 받음(5)		(핍박을 견뎌냄)
3. 직무를 다함(5)		(사명에 충실함)

604		
영생을 얻는 비결		**딤후 4:6-8**
1. 선한 싸움을 싸움(7)		(의로운 삶을 이룸)
2. 달려갈 길을 다 마침(3)		(맡은 사명을 감당함)
3. 믿음을 지킴(4)		(오직 예수님 신앙 지킴)

605		
바울을 도우신 하나님		**딤후 4:18**
1. 악한 일에서 건져내심(18)		(어려움 당할 때 구원하심)
2. 천국 가도록 구원하심(18)		(천국의 소망을 주심)
3. 영광이 되심(18)		(영광을 받으심)

606

믿음을 저버린 데마	딤후 4:10
1. 세상을 사랑함(10)	(세상 유혹에 빠짐)
2. 바울을 버림(10)	(주의 종을 멀리함)
3. 데살로니가로 감(8)	(세상으로 돌아감)

디도서

우리로 그의 은혜를 힘입어 의롭다 하심을 얻어
영생의 소망을 따라 상속자가 되게 하려 하심이라 (딛 3:7).

607

하나님의 청지기	딛 1:7
1. 책망할 것이 없음(7)	(말씀대로 행함)
2. 제 고집대로 하지 않음(7)	(자기 주장만 내세우지 않음)
3. 더러운 이득을 탐하지 않음(7)	(불의한 소득을 멀리함)

608

이단들의 특징	딛 1:10-11
1. 마땅치 아닌 것 가르침(11)	(진리 아닌 다른 복음 전함)
2. 더러운 이득을 취함(11)	(속임수로 부당 이익을 가짐)
3. 가정을 무너뜨림(11)	(가정을 파탄나게 함)

609

예수님이 십자가 지신 이유	딛 2:14
1. 불법에서 속량하심(14)	(죄 사함 받게 하심)
2. 우리를 깨끗케 하심(14)	(성결하게 살게 하심)
3. 자기 백성되게 하심(14)	(하나님의 자녀되게 하심)

빌레몬서

형제여 성도들의 마음이 너로 말미암아 평안함을 얻었으니
내가 너의 사랑으로 많은 기쁨과 위로를 받았노라(몬 1:7).

610
바울이 빌레몬에게 감사한 이유   몬 1:1-7

1. 성도에 대한 사랑이 있음(5)   (성도들을 사랑함)
2. 성도들을 평안케 함(7)   (성도들을 잘 돌봄)
3. 기쁨과 위로를 받음(7)   (귀히 여기고 섬김)

611
바울이 칭찬한 빌레몬   몬 1:5-7

1. 성도들에게 믿음과 사랑을 베품(5)   (성도들을 사랑의 대상 삼음)
2. 믿음의 교제로 선을 알게함(6)   (영적인 믿음의 교제를 함)
3. 바울에게 기쁨과 위로를 줌(7)   (주의 종에게 순종함)

612
오네시모를 추천한 바울   몬 1:8-12

1. 갇힌 자 중에서 낳은 아들이라 함(10)   (변화된 아들이라 함)
2. 유익한 사람이라고 함(11)   (전보다 도움이 된다 함)
3. 심복이라고 함(12)   (나같은 동역자라 함)

613
빌레몬에게 간청하는 바울   몬 1:16-18

1. 사랑받는 형제로 둘 자라 함(16)   (오네시모가 이전과 다름)
2. 빚진 것 내 앞에 계산하라 함(18)   (오네시모 위해 손해 변제함)
3. 내게 하듯 영접하라 함(17)   (동역자로 받아들임)

히브리서

믿음은 바라는 것들의 실상이요 보이지 않는 것들의 증거니(히 11:1).

614

천사보다 우월하신 예수님	히 1-4
1. 아름다운 이름 기업으로 얻으심(4)	(그리스도이심)
2. 너는 내 아들이라고 들으심(5)	(메시아이심)
3. 모든 천사의 경배를 받으심(6)	(천사들 경배 받기에 합당하심)

615

성도의 신앙 자세	히 3:7-14
1. 완고하지 않음(8)	(말씀에 순종함)
2. 미혹되지 않음(10)	(영적으로 분별함)
3. 확신한 것을 끝까지 붙잡음(12)	(받은 은혜를 늘 기억함)

616

대제사장 되시는 예수님	히 4:14-16
1. 하나님의 아들이심(14)	(성육신하신 독생자이심)
2. 죄가 없으심(15)	(인류 죄를 대신하심)
3. 우리 연약함을 동정하심(14)	(긍휼히 여기는 인성 가지심)

617

성도의 신앙	히 10:19-25
1. 예수님의 피로 담력 얻음(19)	(십자가 공로로 담대함)
2. 맑은 물로 씻음 받음(22)	(회개함으로 정결케 됨)
3. 그날이 가까울수록 더욱 모임(25)	(임박한 재림으로 모이기 힘씀)

618

의인의 삶	히 10:38-39
1. 믿음만으로 삶(38)	(말씀 중심의 삶)
2. 뒤로 물러가지 않음(38)	(담대하게 앞서 나아감)
3. 영혼구원에 이름(39)	(구원을 이루는 삶)

619

믿음의 의미	히 11:1-2
1. 바라는 것들의 실상임(1)	(바라는 것을 확신함)
2. 보이지 않는 것들의 증거임(1)	(천국 향해 담대히 나아감)
3. 선진들이 이로써 증거를 얻었음(2)	(믿음의 조상들이 증거를 얻음)

620

에녹으로 보는 예수님 사역	히 11:5-6; 유 1:14-16
1. 하나님을 기쁘시게 함(히 6)	(하나님의 기쁨되심)
2. 죽지 않고 하나님께로 옮겨짐(히 5)	(부활 승천하심)
3. 주께서 임하여 심판하신다 함(유 15)	(재림 때 심판하심)

621

아브라함의 믿음	히 11:8-10
1. 부르심에 순종함(8)	(하나님의 뜻에 즉시 순종함)
2. 갈 바를 알지 못하고 나아감(6)	(하나님을 신뢰하고 길 떠남)
3. 약속의 땅에 거류함(9)	(하나님의 언약을 이룸)

622

사라의 믿음	히 11:11-12
1. 약속한 이를 미쁘신 줄 알음(11)	(하나님의 신실하심을 믿음)
2. 잉태할 수 있는 힘을 얻음(11)	(아브라함의 믿음에 동의함)
3. 많은 후손이 생육함(12)	(하나님의 약속 실현을 믿음)

623

모세의 신앙 결단	히 11:23-26
1. 공주의 아들 자리를 거절함(24)	(세상 권세를 버림)
2. 하나님 백성과 고난 받기 좋아함(25)	(동족과 고난을 함께함)
3. 그리스도를 위해 수모 당함(26)	(예수님으로 인해 핍박 받음)

624

모세의 신앙 의미	히 11:24-29
1. 공주 아들 지위를 거절함(24)	(세상 명예와 권력을 버림)
2. 상 주심을 바라봄(26)	(하늘 상급 받기를 소망함)
3. 홍해를 육지 같이 건넘(29)	(천국에 들어감)

625

믿음의 경주자 의미	히 12:1-2
1. 무거운 것을 버림(1)	(세상 염려와 욕심을 멀리함)
2. 얽매이기 쉬운 죄를 버림(1)	(범하기 쉬운 죄를 멀리함)
3. 예수를 바라봄(2)	(천국을 소망함)

626

성도의 신앙 자세	히 13:5-7
1. 돈을 사랑하지 않음(5)	(물질 탐욕에 빠지지 않음)
2. 다른 교훈에 끌리지 않음(9)	(이단의 미혹에 빠지지 않음)
3. 그들의 결말 주의하여 믿음본받음(7)	(주의 종들 순교적 믿음 본받음)

627

주의 종을 따르는 성도	히 13:7-18
1. 말씀의 인도에 순종함(17)	(말씀 따라 순종함)
2. 행실의 결말을 주의하고 본받음(7)	(삶의 행실을 본 받음)
3. 기도로 도움(18)	(중보 기도 함)

628

찬송드리는 이유	히 13:15
1.예수로 말미암음(15)	(예수 믿고 변화됨)
2.예수 이름을 증언함(15)	(성령 충만으로 신앙 고백함)
3.입술의 열매임(15)	(하나님께 예배 드림)

야고보서

이와 같이 행함이 없는 믿음은 그 자체가 죽은 것이라(약 2:17).

629

시험을 이기는 과정	약 1:2-4
1.온전히 기쁘게 여김(2)	(기쁨으로 받아들임)
2.믿음의 시련으로 인내함(3)	(믿음으로 고통을 견딤)
3.조금도 부족함이 없게함(4)	(믿음의 성장을 이룸)

630

좋으신 하나님	약 1:16-18
1.진리 말씀으로 우리를 낳으심(18)	(새 피조물로 거듭나게 하심)
2.온전한 은사를 내려 주심(17)	(각종 은사를 부어 주심)
2.첫 열매가 되게 하심(18	(구원에 이르게 하심)

631

경건한 성도(1)	약 1:19-27
1.성내기를 더디함(19)	(스스로 화를 다스림)
2.온유함으로 말씀을 받음(21)	(말씀을 겸손히 마음에 새김)
3.말씀을 행함(22)	(말씀대로 실천함)

632

경건한 성도(2)	약 1:27
1. 세속에 물들지 않음(27)	(세상 죄를 멀리함)
2. 고아와 과부를 돌봄(27)	(연약한 자들에게 긍휼을 베풂)
3. 정결함(27)	(하나님 계명대로 행함)

633

혀를 조심해야 하는 이유	약 3:1-12
1. 작은 키로 배를 뜻대로 운행함(4)	(작지만 큰 반응을 일으킴)
2. 불과 같기 때문임(6)	(자신과 남을 파괴함)
3. 한 입에서 찬송과 저주가 나옴(10)	(이중인격자임)

634

하나님을 대적하는 자	약 4:1-7
1. 정욕으로 쓰려고 다툼(3)	(쾌락을 좇아감)
2. 세상과 벗되고자 함(4)	(세상 죄로 하나님과 원수됨)
3. 성령을 사모하지 않음(5)	(성령님을 멀리함)

635

지혜로운 자의 신앙	약 4:7-10
1. 주 앞에서 낮춤(10)	(하나님께 겸손한 자세를 가짐)
2. 하나님께 순종함(7)	(하나님 계명에 순종함)
3. 하나님과 가까이 함(8)	(하나님과 친밀히 동행함)

636

성도의 삶	약 4:8
1. 손을 깨끗이 함(8)	(회개의 삶)
2. 마음을 성결케 함(8)	(거룩한 삶)
3. 하나님을 가까이 함(8)	(하나님과 친밀한 삶)

637

재림 때 성도의 신앙	약 5:7-10
1. 서로 원망하지 않음(9)	(상대 허물을 덮어줌)
2. 길이 참고 마음 굳건히 함(7)	(끝까지 마음 가다듬고 참음)
3. 선지자들 고난을 본받음(10)	(선지자처럼 고난을 견딤)

638

맹세하지 않을 이유	약 5:12
1. 땅으로 하지말라 함(12)	(남의 신임 얻으려는 기만 때문임)
2. 하늘로도 하지 말라 함(12)	(못 지키면 심판 받기 때문임)
3. 그렇다 아니다 하라 함(12)	(진실하면 필요 없기 때문임)

639

기도 응답 받는 방법	약 5:13-16
1. 고난 당하는 자 기도함(13)	(자신 위해 개인기도함)
2. 서로 죄 고백으로 병 낫기 기도함(16)	(상대방 병 낫도록 합심기도함)
3. 병자 위해 장로에게 기도 청함(13)	(주의 종에게 치유 중보기도 청함)

베드로전서

만물의 마지막이 가까이 왔으니 그러므로 너희는
정신을 차리고 근신하여 기도하라(벧전 4:7).

640

예수님 부활의 축복	벧전 1:3-4
1. 거듭나게 함(3)	(거듭나게 함)
2. 산 소망을 갖게 함(3)	(부활 소망을 갖게 함)
3. 하늘 유업을 잇게 함(4)	(천국을 상속케 함)

641
성화의 삶	벧전 1:13-15
1.사욕을 본받지 않음 (14)	(세상 욕망을 버림)
2.모든 행실에 거룩함(15)	(하나님 말씀대로 순종함)
3.주실 은혜를 바람 (13)	(천국을 소망함)

642
하나님을 경외하는 이유	벧전 1:17-21
1.너희도 거룩하라 하심(16)	(하나님 거룩을 본받으라 하심)
2.행위대로 심판하심(17)	(행한 대로 갚으심)
3.대속함 받음(18)	(십자가 피로 죄 사함 받음)

643
하나님 말씀의 능력	벧전 1:23-25
1.전해진 복음임(25)	(말씀으로 증거됨)
2.거듭나게 함(23)	(성령 충만을 주심)
3.세세토록 있음(25)	(영원히 변치 않음)

644
거듭난 자의 신앙	벧전 2:1-3
1.비방하는 말을 버림(1)	(악한 말을 금함)
2.신령한 젖을 사모함(2)	(말씀을 사모함)
3.구원에 이르도록 자라감(3)	(믿음이 성화 되어감)

645
성도의 신앙	벧전 2:1-5
1.신령한 집을 세움(5)	(교회 중심 신앙)
2.신령한 젖을 사모함(5)	(말씀 중심 신앙)
3.신령한 제사를 드림(2)	(예배 중심 신앙)

성경적 부부 신앙	벧전 3:1-7
1. 아내는 남편에게 순종함(1)	(아내는 돕는 배필로 남편 따름)
2. 남편은 아내를 귀히 여김(7)	(남편은 아내를 귀하게 여김)
3. 생명의 은혜를 함께 받음(7)	(함께 영생을 누림)

646

원수를 이기는 방법	벧전 3:1-7
1. 악을 갚지 말고 복을 빎(9)	(원수를 사랑함)
2. 혀를 금하여 악한 말 그침(10)	(상처주는 말을 금함)
3. 선을 행하며 화평을 구함(11)	(용서와 화해로 평안함)

647

종말 때 성도의 신앙	벧전 4:7-11
1. 정신차리고 기도함(7)	(깨어 기도함)
2. 서로 사랑으로 죄를 덮음(10)	(상대 허물을 받아들임)
3. 청지기 같이 봉사함(9-10)	(맡은 일을 감당함)

648

성도의 헌신	벧전 4:10-11
1. 선한 청지기 같이 봉사함(10)	(종으로서 정성 다해 섬김)
2. 하나님이 공급하시는 힘으로 함(11)	(성령의 인도하심을 받음)
3. 하나님이 영광 받으시게 함(11)	(하나님께 영광을 돌림)

649

사역자의 신앙 자세	벧전 5:2-3
1. 하나님 뜻에 따라 자원함(2)	(말씀따라 스스로 열심을 다함)
2. 더러운 이를 취하지 않음(2)	(불의한 사욕을 챙기지 않음)
3. 양무리의 본이 됨(3)	(성도의 본이 됨)

650

651

마귀 대적하는 방법	벧전 5:7-9
1. 모든 염려 주께 맡겨야 함(7)	(하나님만 의지함)
2. 깨어 근신해야 함(8)	(영적인 분별력을 가짐)
3. 믿음을 굳건히 해야 함(9)	(강하고 담대한 믿음을 가짐)

베드로후서

사랑하는 자들아 너희가 이것을 바라보나니 주 앞에서 점도 없고 흠도 없이 평강 가운데서 나타나기를 힘쓰라(벧후 3:14).

652

재림에 대한 예언	벧후 1:19-21
1. 어두운 데 비추는 등불 같음(19)	(세상을 향해 진리를 선포함)
2. 사사로이 풀 것이 아님(20)	(세상 지식으로 알 수 없음)
3. 성령의 감동 받고 말함(21)	(성령의 인도함으로 전함)

653

거짓 교사들의 악행	벧후 2:1-3
1. 자기들 사신 주를 부인함(1)	(예수님을 부인함)
2. 호색을 따름(2)	(성적 타락에 빠짐)
3. 탐심의 말로 이득을 삼음(3)	(미혹하여 불의한 돈을 챙김)

654

거짓 선지자들의 특징	벧후 2:17-22
1. 물 없는 샘(17)	(말씀이 메마름)
2. 육체의 정욕으로 유혹함(18)	(음란하고 방탕함)
3. 캄캄한 어둠이 예비됨(17)	(지옥 심판 받게 됨)

655

성도의 종말 신앙	벧후 3:12-14
1. 하나님의 날이 임하길 기도함(13)	(예수 재림을 기다림)
2. 새 하늘 새 땅을 바라봄(13)	(천국을 사모함)
3. 주 앞에 흠 없이 나타나길 힘씀(14)	(예수님 만날 때까지 성화됨)

656

재림을 준비하는 성도	벧후 3:8-13
1. 끝까지 회개함(9)	(날마다 죄를 자복함)
2. 거룩과 경건하게됨(11)	(예배 중심의 삶)
3. 새 하늘 새 땅을 바람(13)	(천국을 소망함)

657

재림을 사모하는 성도	벧후 3:14-18
1. 무법한 자들의 미혹 받지않음(17)	(이단들의 미혹을 분별함)
2. 예수를 아는 지식에서 자라감(18)	(지속적으로 믿음이 성장함)
3. 흠없이 평강 중 나타나기를 힘씀(14)	(거룩한 삶으로 재림 준비함)

요한일서

사랑하지 아니하는 자는 하나님을 알지 못하나니
이는 하나님은 사랑이심이라(요일 4:8).

658

세상에 오신 예수님	요일 1:5-7
1. 빛이심(5)	(생명이 되심)
2. 어두움이 없으심(5)	(죄가 없으심)
3. 우리를 죄에서 깨끗하게 하심(7)	(십자가 대속으로 구원하심)

659

구원자되신 예수님	요일 2:1-2
1. 대언자가 되심(2)	(중보자되심)
2. 의로우심(2)	(죄가 없으심)
3. 화목제물이 되심(2)	(십자가로 대속하심)

660

계명을 지키는 자	요일 2:3-5
1. 예수님을 알게 됨(3)	(예수님을 믿음)
2. 진리 속에 있게 됨(4)	(말씀 안에 거함)
3. 예수님 사랑 속에 있게 됨(5)	(예수님과 하나 됨)

661

예수님의 새 계명	요일 2:7-8
1. 처음부터 가진 옛 계명임(7)	(모세 율법의 십계명임)
2. 들은 바 말씀임(7)	(예수님을 예표한 말씀임)
3. 참된 것임(8)	(영원한 생명의 말씀임)

662

세상을 사랑하지 않을 이유	요일 2:15-17
1. 아버지 사랑이 그 안에 없음(15)	(하나님 사랑과 겸할 수 없음)
2. 모든 정욕이 세상에서 왔음(16)	(세상 죄악이 가득함)
3. 세상 정욕은 지나감(17)	(일시적으로 머물다 사라짐)

663

하나님의 사랑	요일 3:1-3
1. 자녀로 일컬으심(1)	(하나님의 자녀 삼으심)
2. 그와 같이 깨끗하게 하심(3)	(성령으로 성화되게 하심)
3. 장래 예수님 같게 하심(2)	(재림 때 예수님의 영화 주심)

664

죄를 짓는 자	요일 3:4-8
1. 불법을 행함(4)	(세상 탐욕에 빠짐)
2. 예수를 알지 못함(6)	(예수님을 믿지 않음)
3. 마귀에게 속함(8)	(미혹되어 선악을 분별 못함)

665

마귀에게 속한 자	요일 3:6-12
1. 죄를 지음(8)	(하나님 말씀을 거부함)
2. 형제를 사랑하지 않음(10)	(형제를 돌보지 않음)
3. 행위가 악함(12)	(선악을 분별치 못함)

666

전능하신 하나님	요일 4:7-11
1. 사랑이심(8)	(본질상 사랑이심)
2. 사랑은 하나님께 속함(7)	(모든 사랑의 근원이심)
3. 독생자를 보내심(9)	(자신의 사랑을 나타내심)

667

독생자를 보내신 하나님	요일 4:9-10
1. 우리를 사랑하심(10)	(인류를 사랑하심)
2. 우리에게 화목제물로 보내심(10)	(인류의 죄를 사해 주심)
3. 우리를 살리심(9)	(인류를 살리심)

668

하나님을 사랑하는 자	요일 5:1-8
1. 예수 그리스도를 믿음(1)	(예수를 구원주로 고백함)
2. 계명을 지킴(3)	(말씀대로 순종함)
3. 세상을 이김(4)	(죄 사함으로 영생 누림)

요한이서

누구든지 이 교훈을 가지지 않고 너희에게 나아가거든
그를 집에 들이지도 말고 인사도 하지 말라(요이 2:10).

669

사랑의 의미	요이 1:4-6
1. 처음부터 가진 것임	(말씀 따르도록 주어짐)
2. 계명을 행하는 것임	(말씀대로 지켜나감)
3. 서로 사랑하는 것임	(이웃 사랑을 실천함)

670

미혹하는 자	요이 1:7-11
1. 예수님 육체로 오심을 부인함(7)	(그리스도의 성육신을 부인함)
2. 적그리스도(7)	(그리스도를 대적함)
3. 교훈에 거하지 않는 자(9)	(하나님 말씀을 거부함)

671

이단에 대한 성도의 자세	요이 1:10-11
1. 집에 들이지 않음(10)	(영접하지 않음)
2. 인사도 하지 않음(10)	(대면하지 않음)
3. 악한 일에 참여하지 않음(11)	(불의를 멀리함)

요한삼서

사랑하는 자여 네 영혼이 잘됨 같이 네가 범사에 잘되고
강건하기를 내가 간구하노라(요삼 1:2).

672

성도의 축복	요삼 1:2
1. 영혼이 잘됨(2)	(영적인 평안함)
2. 범사에 잘됨(2)	(육신적인 만족함)
3. 강건하게 됨(2)	(영육간 건강한 형통을 이룸)

673

가이오를 칭찬한 바울	요삼 1:5-8
1. 나그네를 신실하게 행함(5)	(선교사로 정성껏 대접함)
2. 이방인의 아무것 받지않게함(7)	(물질적 도움까지 협력함)
2. 진리 위해 함께 수고함(8)	(동역자로 선교에 동참함)

674

디오드레베의 악행	요삼 1:9-10
1. 으뜸되기를 좋아함(9)	(자기 중심적임)
2. 교회를 비방함(10)	(요한을 견제함)
3. 성도들을 교회에서 내쫓음(10)	(파벌 싸움을 일으킴)

유다서

가인의 길에 행하였으며 삯을 위하여 발람의 어그러진 길로 몰려 갔으며 고라의 패역을 따라 멸망을 받았도다(유 1:11).

675

유다의 신앙	유 1:1
1. 부르심을 받음(1)	(사역자로 택함 받음)
2. 하나님 안에서 사랑 얻음(1)	(하나님의 지속적 사랑 받음)
3. 예수 위해 지키심을 받음(1)	(예수재림까지 하나님 보호받음)

676

영원한 형벌 받을 자	유 1:4-7
1.예수 그리스도를 부인함(4)	(하나님을 대적함)
2.비밀리에 들어온 사람(4)	(복음을 부정하는 거짓 교사)
3.다른 육체를 따라감(7)	(육체의 정욕에 빠짐)

677

악인들의 멸망 이유	유 1:11-13
1.가인이 잘못 행한 길을 감(11)	(가인이 형제 아벨을 죽임)
2.발람이 어그러진 길을 감(11)	(발람이 우상숭배와 음행함)
3.고라가 패역한 길을 감(11)	(고라가 모세에게 반역함)

678

영생에 이르는 자	유 1:20-25
1.거룩한 믿음을 세움(20)	(성숙한 믿음으로 성화됨)
2.성령으로 기도함(20)	(성령의 인도하심에 따름)
3.어떤 자를 불에서 끌어냄(23)	(계명 거부한 자 전도함)

요한계시록

내가 진실로 속히 오리라 하시거늘 아멘 주 예수여 오시옵소서(계 22:20).

679

계시록을 받은 요한	계 1:1-4
1.속히 일어날 일들을 알게됨(1)	(예수님 예언을 깨달음)
2.본 것을 다 증언함(2)	(천국의 비밀을 증거함)
3.일곱 교회에 편지함(4)	(모든 이에게 예수 재림을 알림)

680

예수님의 사명	계 1:5-7
1. 피로 죄에서 해방하심(5)	(십자가 피로 구원주 되심)
2. 죽은 자 가운데 먼저 나심(5)	(부활의 첫 열매 되심)
3. 구름 타고 오심(7)	(영광의 재림주 되심)

681

에베소 교회 칭찬하신 예수님	계 2:1-3
1. 악한 자들을 용납하지 않음(2)	(이단들을 멀리함)
2. 예수 이름을 위해 견딤(3)	(오직 예수 신앙으로 핍박 견딤)
3. 게으르지 않음(3)	(예수님 위해 충성을 다함)

682

서머나 교회 칭찬하신 예수님	계 2:8-11
1. 환난과 궁핍에서도 부요함(9)	(박해 중에도 영적 풍요함)
2. 죽도록 충성함(10)	(순교 각오로 충성 다함)
3. 둘째 사망의 해 받지 않음(11)	(영원한 형벌 심판 받지 않음)

683

사대 교회 권면하신 예수님	계 3:1-6
1. 받은 말씀을 생각하라 하심(3)	(복음의 감격을 잊지 말라 하심)
2. 회개하라 하심(3)	(세상 것 버리고 말씀 따르라 하심)
3. 흰옷을 입으라 하심(5)	(죄 사함으로 옳게 행하라 하심)

684

라오디게아 교회 권면하신 예수님	계 3:18
1. 불로 연단한 금을 사라 하심(18)	(성숙한 믿음을 가지라 하심)
2. 안약을 발라보라 하심(18)	(믿음 지키라 하심)
3 흰옷 입으라 하심(18)	(성결하게 살라 하심)

685
요한이 본 천국 — 계 4:4-6

1. 수정같은 유리 바다 같음(6) (성결한 성전이 있음)
2. 등불 켠 일곱 영이 있음(5) (완전하신 성령님 계심)
3. 흰옷 입은 24장로들이 있음(4) (구원 받은 성도들이 있음)

686
계시록 인 떼실 때 예수님 — 계 5:1-7

1. 다윗의 뿌리임(6) (메시아이신 예수님)
2. 일찍 죽임 당한 어린양임(6) (십자가에 죽으신 예수님)
3. 하나님의 일곱 영이 있음(6) (완전하고 거룩하신 예수님)

687
구원받은 자들의 예배 — 계 5:8

1. 두루마리를 취하심(8) (어린양의 계시록을 보게 됨)
2. 각각 거문고를 가짐(8) (찬양으로 경배 드림)
3. 향이 가득한 금대접 가짐(8) (보배로운 기도로 영광 돌림)

688
예수님의 재림 심판 — 계 6:12-13

1. 해가 검은 실로 짠 상복 같음(12) (지상 진리가 사라짐)
2. 달이 온통 피 같음(12) (지상 교회가 사라짐)
3. 별들이 떨어짐(13) (타락한 주의 종들 사라짐)

689
대환난 이긴 성도의 축복 — 계 7:9-17

1. 옷에 어린 양 피 씻어 희게함(14) (예수의피 죄 사함 받고 천국감)
2. 어린양 목자 생명샘 인도 받음(17) (천국에서 영생을 누림)
3. 어린양 앞에 구원하심 찬양함(10) (천국 찬양으로 영광 돌림)

690

흰옷 입은 자들	계 7:13-17
1. 큰 환난에서 나옴(14)	(환난 중 믿음으로 승리함)
2. 어린양 피에 옷 씻어 희게 됨(14)	(예수 십자가 피로 정결케됨)
3. 성전에서 밤낮 하나님 섬김(15)	(천국에 들어가 늘 예배 드림)

691

첫째 나팔 재앙	계 8:7
1. 불이 쏟아짐(7)	(참혹한 심판)
2. 수목 삼분의 일이 타 버림(7)	(육적 권세자들의 멸망)
3. 수목과 각종 풀 타 버림(7)	(거짓 성도들의 멸망)

692

둘째 나팔 재앙	계 8:8-9
1. 산같은 것이 바다에 던져짐(8)	(적그리스도 세상 지배함)
2. 바다 생명의 피조물들이 죽음(9)	(많은 성도가 죽임 당함)
3. 배들 삼분의 일이 깨어짐(9)	(수많은 교회가 무너짐)

693

대환난중 황충 의미	계 9:3-4
1. 전갈 같은 권세 받음(3)	(거짓 선지자로부터 고통받음)
2. 인침 받지 않은 자만 해하심(4)	(육신적인 자들 고통받음)
3. 땅의 푸른 것, 수목 해하지 말라 하심(4)	(주의 종과 성도들 보호받음)

694

작은 두루마리 의미	계 10:8-11
1. 갖다 먹으라 하심(10)	(계시록을 깨달음)
2. 입에는 꿀 같고 배에는 쓰리라 하심(10)	(말씀은 기쁨이나 전함은 고통임)
3. 다시 예언하리라 하심(11)	(사명자로 하나님 말씀 대언함)

695

두 증인 의미	계 11:3-11
1. 권세를 받고 예언함(3)	(성령의 능력으로 계시록 전함)
2. 짐승에게 죽임 당함(7)	(적그리스도에게 순교 당함)
3. 생기로 일어서 하늘 올라감(11,12)	(부활 승천함)

696

하나님의 성전 의미	계 11:19
1. 성전이 열림(19)	(예수님의 임재)
2. 언약궤가 보임(19)	(예수님의 재림)
3. 우뢰, 지진, 우박이 있음(19)	(예수 재림 때 심판)

697

성도가 복된 이유	계 14:13
1. 주 안에서 죽음(13)	(예수 믿으며 일생 마침)
2. 수고를 그치고 쉼(13)	(끝까지 충성하고 안식함)
3. 행한 일이 따름(13)	(수고의 대가로 상급 받음)

698

거짓교회 음녀	계 17:15-18
1. 앉아있는 물은 열국 백성임(15)	(가톨릭 다원주의 널리 퍼짐)
2. 땅의 왕들 다스리는 큰 성임(18)	(적그리스도 세상 나라 통치함)
3. 짐승으로 인해 망하게 됨(16)	(재림 때 적그리스도와 지옥 감)

699

예수님의 최후 예언	계 22:12
1. 속히 오리라 하심(12)	(재림 때가 가까이 옴)
2. 줄 상이 있다 하심(12)	(상급을 예비하심)
3. 행한 대로 갚아 주리라 하심(12)	(행위대로 보답하심)

예수님의 사명	계 22:16
1. 다윗의 자손이심 (16)	(다윗의 혈통에서 나심)
2. 율법을 지켜 행하라 하심(16)	(계시록으로 깨닫게 하심)
3. 광명한 새벽별이라 하심(16)	(재림으로 구약 예언 성취되심)

보라 내가 속히 오리니 내가 줄 상이 내게 있어 각 사람에게 그가 행한 대로 갚아 주리라 나는 알파와 오메가요 처음과 마지막이요 시작과 마침이라(계 22:12-13).

진실로 속히 오리라 하시거늘 아멘 주 예수여 오시옵소서(계 22:20).

참고 문헌

1. 국내도서

권호.『본문이 살아있는 설교 작성법』. 서울: 아가페북스, 2019.
김계봉.『설교학』. 서울: 해피&북스, 2019.
김장환.『설교 커뮤니케이션』. 서울: 커넬출판사
문성모.『곽선희 목사에게 배우는 설교』. 서울: 두란노, 2008.
소재찬.『설교, 누구나 잘 할 수 있다』. 서울: 생명의말씀사, 2005.
신성욱.『김창인 목사의 설교 세계』. 서울: 두란노, 2020.
신성욱.『설교의 삼중주』. 사울: 킹덤북스, 2020.
이창안.『설교스피치 Turning Point』. 도서출판 성림, 2006
정원석.『설교가 쉽다』. 서울: CLC, 2021.
정장복.『설교 전달의 크리닉』. 서울: 예배와설교아카데미, 2003.
정장복.『한국 교회의 설교학 개론』. 서울: 예배와설교아카데미, 2001.
주승중.『성경적 설교의 원리와 실제』. 서울: 예배와설교아카데미, 2006.
최식.『보여주는 설교』. 서울: 도서출판 CPS, 2022.

2. 번역서

데이비드 알렌 외 11인.『본문이 이끄는 설교』. 김대혁 외 1인 옮김. 서울: 아가페북스, 2020.
레그 그랜트.『탁월한 설교 이렇게 하라』. 김양천 외 1인 옮김. 서울: 프리셉트, 1996.
아힘 헤르트너, 홀거 에쉬만.『다시 설교를 디자인하라』. 손성현 옮김. 서울: KMC, 2014.
켄트 에드위즈.『깊은 설교』. 조성현 옮김. 서울: CLC, 2012.
토니 메리다.『설교다운 설교』. 김대혁 옮김. 서울: CLC, 2016.

CLC 설교 방법론 시리즈

1. 프리칭 예수
찰스 L. 캠벨 지음 | 이승진 옮김 | 신국판 변형 | 428면

2. 청중을 사로잡는 구약의 내러티브 설교
스티븐 D. 매튜슨 지음 | 이승진 옮김 | 신국판 | 472면

3. 증언하는 설교
토마스 G. 롱 지음 | 이우제, 황의무 옮김 | 신국판 | 358면

4. 인물설교, 이렇게 하라
R. 래리 오버스트릿 지음 | 이승진 옮김 | 신국판 | 310면

5. 강해설교(증보판)
해돈 W. 로빈슨 지음 | 박영호 옮김 | 신국판 양장 | 311면

6. 강단의 비타민 일인칭 강해설교
켄트 에드워즈 지음 | 김창훈 옮김 | 신국판 | 271면

7. 현대인을 위한 성경적 설교: 포스트모던 문화와 관련된 설교 기술
잭 에즈윈 지음 | 이승진 옮김 | 신국판 | 430면

8. 하나님 말씀과 대화 설교
루시 앳킨슨 로즈 지음 | 이승진 옮김 | 신국판 | 272면

9. 최신 설교 디자인: 설교 디자인의 이론과 실제
데니스 M. 캐힐 지음 | 이홍길, 김대혁 옮김 | 신국판 | 220면

10. 전방위 설교
마이클 J. 퀵 지음 | 이승진 옮김 | 신국판 | 408면

11. 강해설교를 위한 12가지 필수 기술
웨인 맥딜 지음 | 최용수 옮김 | 크라운판 변형 | 480면

12. 성경적 설교
조성현 지음 | 신국판 | 264면

13. 포브릿지 프리칭
박현신 지음 | 크라운판 양장 | 504면

14. 개혁주의 표준설교법
페트루스 판 마스트리히트 지음 | 이스데반 옮김 | 신국판 | 224면

15. 성육신적 설교와 커뮤니케이션
데이비드 데이 지음 | 최승근 옮김 | 신국판 | 320면

16. 설교 고쳐쓰기
민병남 지음 | 신국판 | 272면

17. 구약성경의 강해설교
해돈 W. 로빈슨, 패트리시아 바튼 편집 | 김대혁 옮김 | 신국판 | 320면

18. 매력적인 강해설교
데니얼 에이컨, 빌 커티스, 스테판 러미지 | 권호, 김대혁, 임도균 옮김 | 460면

19. 현대 강해설교
이종욱 지음 | 신국판 | 160면

20. 설교가 쉽다
정원석 지음 | 신국판 | 376면